楽市楽座はあったのか

中世から近世へ

長澤伸樹

平凡社

装幀　大原大次郎

楽市楽座はあったのか◉目次

第三章　織田信長と「楽市楽座」

終章　「楽市楽座」がもたらしたもの……239

〈凡例〉

本文中で取り上げた史料の原文・読み下しについては、巻末の史料編に一括し（一部は原文のみ）、各史料の出典（自治体史・史料集）は、以下の通り略記した。

『八日市市史　第五巻』……………『八史』五―史料番号
『戦国遺文　佐々木六角氏編』…『戦六』史料番号
『静岡県史　資料編』………………『静資』巻数―史料番号
『新編岡崎市史　第六巻』…………『岡史』六
『愛知県史　資料編』………………『愛資』巻数―史料番号
『戦国遺文　後北条氏編』…………『戦北』巻数―史料番号
『富山県史　史料編』………………『富史』巻数―史料番号
『加賀藩史料』………………………『加史』巻数
『新座市史　第一巻』………………『新市』一―史料番号
『戦国遺文　今川氏編』……………『戦今』巻数―史料番号

『岐阜県史　史料編』………………『岐史』巻数
『岐阜市史　史料編』………………『岐市』巻数
『増訂織田信長文書の研究』…『信文』巻数―史料番号
『兵庫県史　史料編』………………『兵史』巻数
『豊臣秀吉文書集』…………………『秀文』巻数―史料番号
『福井県史　資料編』………………『福資』巻数
『滋賀県八幡町史』…………………『八幡』巻数
『滋賀県史』…………………………『滋史』巻数―史料番号
『厚木市史　近世資料編』…………『厚資』巻数―史料番号
『野洲郡史』…………………………『野史』巻数

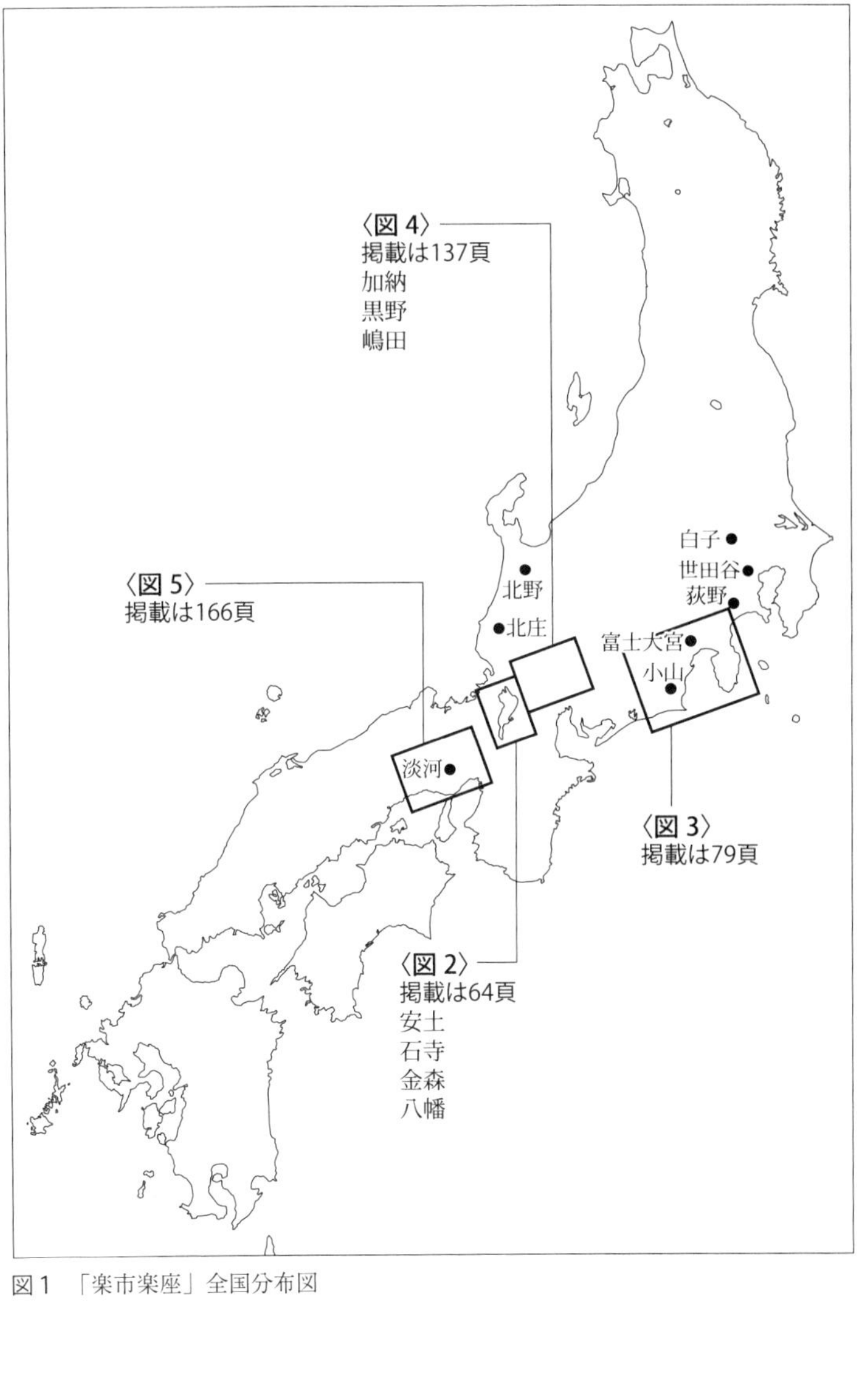

図１　「楽市楽座」全国分布図

はじめに――創られた「自由」、有事と背中あわせの「平和」

画期的な経済政策というイメージ

「楽市楽座《らくいちらくざ》」。日本史を学んだ経験のある読者ならば、一度くらいは聞き覚えのある言葉だろう。戦国大名による兵農分離や検地・刀狩、惣無事令と並んで、中世から近世への時代変化を推し進めた象徴的な政策として、日本史では早くから注目を集めてきたキーワードの一つである。

では、その意味するところを問われたとき、私たちはこの言葉から一体、どんなものを連想するだろうか。〈自由な商売が認められた市〉〈規制緩和を実現した市〉〈多くの人や商品で賑わう平和な市〉。おそらく読者の多くは、こういったイメージが脳裏をよぎったのではないだろうか。

今日、この言葉を目にする場面といえば、たとえば、商店街や縁日、フリーマーケットといった、商品取引の行われる場所が真っ先に挙げられるだろう。さらに近年では「平成の楽市楽座」のような、景気回復や減税を謳う政治的スローガンであったり、さらには、娯楽施設や通販サイトの名前にまで用いられる場合もある。

現代版「楽市楽座」ともいえるこれらの事例は、いずれもマイナスイメージを払拭し、停滞する地域経済の活性化や、消費者の購買意欲向上をはかるための、カンフル剤のような意味合いを多分に含んでいると考えられる。

このように今なおその認知度が高く、かつこれほど便利な、耳当たりのよい歴史用語もなかなか珍しいのではないだろうか。では、「楽市楽座」を行った歴史上の人物と問われれば、誰が思い浮かぶだろうか。

多くの人は、すぐさま「織田信長」の名前を挙げるに違いない。政策の具体的内容までは分からなくとも、信長とセットで取り上げられることが多いため、破壊と創造を体現した時代の寵児《ちょうじ》・信長ならではの偉業、といった印象が強いはずである。

これと同じく、冒頭で紹介した兵農分離や惣無事令といった政策も、社会体制の変化を実現させた、豊臣秀吉の代表的法令として有名である。だが、これらはいずれも研究の大幅な見直しが進み、その実態が明らかにされたことで、従来のイメージは大きく塗り替えられつつある。では、そうした現状に対し、学術用語としての「楽市楽座」はこれまでどのように理解され、具体的な議論がなされてきたのだろうか。

教科書に記された姿

高校の教科書を例に取り上げてみよう。たとえばかつて筆者もお世話になった『詳説日本史B』（山川出版社）では、信長の統一事業として、「安土の城下町に楽市令を出して、商工業者に自由な営業活動を認めるなど、新しい都市政策を打ち出していった」という解説がなされている。

その目新しさをポイントに挙げながら、一見すると信長が生み出したオリジナルの政策とも取れる表現になっている。その正否については後述するが、少なくとも先に述べたような、現代社会に定着している「楽市楽座」の一般的なイメージと、捉え方に大きな違いはない。

一方、教科書の記述のベースにあたる研究では、流通史や経済史を中心に多くの成果が積み重ねられ、一時期は、戦国時代を分析する重要テーマの一つとさえいわれてきた。現在では、市での自由取引・商業活性化や城下町の建設・振興といった、江戸時代の流通・商業にもつながる経済効果をもたらした法令、とするのが通説である。

ところが、そんな経緯を辿りながら、実のところ研究者の間でも「楽市楽座」については未だ〈自由商売の市場〉〈革新的な政策〉のような漠然とした理解が根底にある。

とりわけ、信長との関連でこれを読み解く手法は、長らく学界における定石《じょうせき》とされてきた。それはすなわち、信長がその生涯において、もっとも多くの「楽市楽座」を実行した戦国大名にほかならないからである。

学問の世界では、そのたった一つの事実から類推する形で、時代の寵児である信長が推し進めた一大プロジェクトとして「楽市楽座」は強調され、天下統一から近世への幕開けにふさわしい、画期的な経済政策という高い評価が与えられてきたのである。「楽市楽座」とはいわば、他の戦国大名と比較して、革命家・織田信長のはたした役割と、彼のもつ独創性を描き出すための格好の素材でしかなかった。

信長の専売特許ではない

もはや「楽市楽座」といえば信長、というような図式で語られてきた訳だが、はたしてそれは本当に時代の変化を象徴するような、かつ信長の偉業と呼ぶにふさわしい政策だったのだろうか。

織田信長像（長興寺蔵）

結論からいえば、「楽市楽座」は信長独自の政策ではないし、ましてや信長が推し進めることで全国に波及していったわけでもない。この点はすでに、一九七〇年代頃より、研究の中でたびたび指摘されていた周知の事実であって、新知見というわけでは決してない。

しかしながら、それ以降も研究の傾向はほぼ変わらず、近年になってようやくその軌道修正がはかられつつある、というのが現状である。後世における偏った見方が、教科書や参考書などに影響を与え、その結果、信長独自の政策という誤ったイメージが独り歩きしてしまった。

現在、このように広く一般にも定着している「楽市楽座」の理解がことごとく間違ったものであるとはいわないまでも、どこか抽象的な印象は拭い切れない。こうした点はこれまでの研究でも指摘されており、その曖昧さは近年の研究の進展でより際立ちつつある。本書はそんな「楽市楽座」という概念（政策）を取り上げ、従来のように「なにがすごいのか」を論ずるのではなく、異なった視点・手法から、それが一体何だったのかという根本的な疑問をぶつけるものである。

とくに、「楽市楽座」が「なにを意図したもの」であり、中世から近世への転換期に「なにをもたらしたのか」を改めて問うことは必要不可欠であるといえよう。

前者については、近世社会の成立にはたした重要性が常に注目され、「楽市楽座」を実施することが、天下統一をめざす戦国大名にとってのステータスのように捉えられてきた。しかし、さまざまな地域や異なる大名の下で行われた以上、共通のマニュアルやひな型が確立していた可能性は考え難《がた》く、はたしてそれらを一様に「同じ特徴・目的をもつ」ものと括って良いものかは、検討の余地がある。また、豊臣秀吉や徳川家康は、天下人としてその地位を確固たるものとしていく真っ只中にあっても、「楽市楽座」はほとんど行っていない。ゆえに権力強化と結びつける評価には少なからず限界もある。

後者について、江戸時代の成立までを見通して、その歴史的意義を評価しようとするならば、当時の地域社会で「楽市楽座」が「どのように映り、どう評価されていたのか」にも言及する必要があるだろう。

「楽市楽座」がこの時期にのみ現われた背景は、先行研究でもたびたび触れられるポイントの一つである。だが、その効果は市《いち》や町（都市）以外に、実際にどの範囲まで及ぶものであり、どれくらい持続して展開していたのだろうか。政策としての賛否も含めて、対象となった地域に残る後世の記録や痕跡から、これらを問うフィードバック作業は、従来見落とされてきた視点である。

また、概説書やテレビなどで「楽市楽座」がビジュアル付きで説明されるケースとなると、話はより複雑になる。というのも、その中で描かれる姿といえば、いくつもの町屋が建ち並ぶ城下町（ほとんどは岐阜や安土）を訪れた商人や百姓たちが、「楽市楽座」と書かれた制札を目にし、「ここでは税が免除され、誰でも自由に商売ができるそうだ」などと、諸手を挙げて喜ぶ場面がほとんどではないだろうか。ただし、これらは書き手の主観や想像に拠るところが大きく、また後述する地域差や「楽市楽座」の具体的な内容が意識されていない点を鑑みると、これを全面的に「史実」として捉えるのはいささか問題がある。

これまでの研究では「自明の理」として明確に指摘されてこなかったことだが、実は、「楽市楽座」の様子を描いた同時代の絵画史料（絵図・屏風など）は、現在までに一つも確認されていないのである。しかも、のちに本書で紹介するように、「楽市楽座」の対象となった都市や町の景観を描いた江戸時代の絵画史料はいくつかあるが、そこに描かれた姿も「楽市楽座」の影響を直接うけたものとは断定されていない。

そのため、普段こうした学術的な背景に接する機会をもたない人が、いざ「楽市楽座」についてて学ぼうとすると、あたかもその対象となった場所は、どこも同じように、商いを求める人々で絶えず賑やかな空間であったかのような錯覚に陥りやすい。
つまるところ「楽市楽座」となった景観を実態に即して復元していくためには、目下、古文書(文字資料)が唯一の手がかりということになる。こうした制約(欠点)も、「楽市楽座」に関する飛躍したイメージを生む要因の一つになっているといえよう。

このようにおおざっぱに見ただけでも、生ずる疑問は少なくない。そういった意味で本書は、これまで人口に膾炙《かいしゃ》してきた「楽市楽座」像とは大きくかけ離れた姿を形作っていくことになるかもしれない。ただ、そんな視点にこそ、これまで「通説」にどっぷりはまることによって捉えきれなかった、「楽市楽座」の実態(全体像)を解き明かすヒントが隠れているようにも思う。

本書はこうした視点から、「楽市楽座」という歴史的事象に、より具体的に迫っていく。なお、同テーマについては、先にまとめた拙著の中で、専門的に詳しく言及している。本書の大筋はこれをベースとしながら、そこで言及できなかった内容や新知見もいくつか盛り込んでいる。

実際にどのような史料が残っていて、これまでどのような方法・視点で研究が進められてきたかも含め、さまざまな事例分析を通して、一般の読者にも分かりやすく解説するよう心がけたつもりである。紙幅の都合上、触れられなかった部分もあるが、本書を通じて「楽市楽座」に対する議論が、よりいっそう深まることを期待したい。

第一章　「楽市楽座」を疑う

中世史と近世史、それぞれの評価

「楽市楽座」についての辞書的な解釈を示すと、①市でのあらゆる税を免除し、②経済的利益を独占した座（同業者組合）を解散させ、③誰でも自由な商売を可能にする政策をさし、そこで実現したあり方が、そのまま近世に継承されていくというものが一般的であろう。

だが実際には、そのような変化を明確に示す史料的根拠は残されていない（もちろん後世に史料が散逸した可能性もある）。また後述するように、関連文書は全国各地に残っているが、そのほとんどは一度きりしか出されていない。こうした史料上の制約は歴史学、とりわけ中世史を研究する際には付き物だが、「楽市楽座」の分析に関していえば、同じフィールドの中で、それが以降どのように展開し、収束に向かっていったのかを段階的に辿ることを難しくしている要因でもある。

しかし、そうした制限を抱えながら、これまで中世史研究者は、自由市場の実現や座の排斥に加え、周辺に展開する市町の機能を吸収し、地域経済の中心的存在へと押し上げた、いわゆる近世城下町のひな型を形作るものとして、「楽市楽座」の意義を高く評価してきた。

一方、そんな画期的あり方がそのまま継承されたはずの近世だが、とくに都市史や流通史を専門とする近世史研究者からは、江戸時代に「楽市楽座」が地域の中でどのように受け止められていたのかも含め、全国市場の展開や商品流通の発達にもたらしたであろう経済効果についての積極的な評価は聞こえてこない。

中世史側からみた評価が過大であるとはいわないまでも、近世への橋渡しという位置づけに関しては、中世史・近世史双方の研究者の間でも、共通認識や、しっかりとした議論がなされているとは言い難いのが現状なのである。そこで改めて研究史を振り返ることで、これまで「楽市楽座」のどういった面が明らかにされ、なにが問題として残されているのかを明確にし、本論へと進んでいきたい。

「楽市楽座」をめぐる研究

「楽市楽座」を扱った研究の歴史は意外にも浅く、本格的な議論が始まったのは、二十世紀半ばになってからである。とくに信長との関連でいえば、それまでは、いわゆる皇国史観の強い影響をうけて、天下万民の助けとなる関所撤廃や、道路整備・架橋などの交通政策が、革命的進歩を成し遂げた信長の偉業として高く評価されていたほどである。これは現在でも、戦国大名である信長（織田政権）が、天下人へ駆け上がるきっかけとなった、彼自身の画期を特徴づける事業の一つとされる。一方で「楽市楽座」に対する注目度はさほど高くなく、史料はありながら、積極的な検証はほとんどなされていなかったのである。

その後、詳しい経緯は明らかでないが、一九二〇年頃を境として、学界でも「楽市楽座」に関心が集まるようになる。ここからは、議論が活発化し始めた当該年代以降の研究で提示された、代表的な「楽市楽座」の理解について紹介しておこう。煩雑にはなるが、研究の流れと問題点を摑むためにもご容赦いただきたい。

①諸役免除《しょやくめんじょ》と自由商売の性質をもつ市、座特権を認めない市を作るもの（平泉澄）

②新しい城下町建設や都市復興のため、商人の来場を促す自由商売・課税免除の市を実現させるもの（小野晃嗣）

③隷属的な関係からの解放を求める商工業者を、大名の直属支配や株仲間結成にまで推し進めた政策。市での自由商業の確立を基本とするが、一時的かつ特定地域から、信長の台頭とともに全国展開していき、その対象は都市や宿、市など地域によってさまざま（豊田武）

④市における諸役免除と座の解体を通して、領国支配の拠点となる城下町の建設・繁栄を目的としたもの（脇田修）

⑤信長と敵対する寺内町《じないまち》の経済特権（「大坂並」）に対抗するため、商人の優遇・招聘《しょうへい》が可能な門戸開放の市設立を目的としたもの（藤木久志・神田千里）
⑥市場外部（俗世）との間にある権利や規制から解放され、自由と平和な状態をさす「楽」の原理に支えられた理想郷が「楽市楽座」である（網野善彦）
⑦権力支配や制限・負担の排除を基本属性とする「楽市場」こそ、中世社会で普遍的に存在していた市本来の姿。「楽市楽座」を謳う法令は、これらを安堵《あんど》という形で戦国大名が掌握しようとするために用いた建前である（勝俣鎮夫）
⑧「楽市楽座」の多くは自由商業の実現を骨子としているが、中には諸役免除や座特権の否定を意図したもの、さらには在地が自主的に実施する場合もあり、その内容や伝播する過程には地域差や時代差があった（佐々木銀弥）
⑨荒廃した市の復興や、城下町建設を目的とした一時的な興隆政策。やがて都市全体を「楽市楽座」が覆うことで、権力支配から独立していた市を取り込み、商工業者の直接支配にも成功した安土が、近世的支配（近世都市）の先駆けにあたる（小島道裕）

これらは主に、戦前から八〇年代までの研究で、この時期に現在の通説としての「楽市楽座」像が確立していくことになる。それぞれ詳しくみていこう。

①は、もっとも早く定義づけを行った研究で、それまで関心の低かった「楽市楽座」の意義を問う必要性を初めて説いたものである。この時点ではまだ、信長との関連性はほとんど意識されていない。②は、「楽市楽座」のもつさまざまな特権が、城下町建設のために付与された時限的なものと捉え、その建設ラッシュがピークを迎える近世初頭に、「楽市楽座」も必然的にその姿を消すとする。「楽市楽座」が、中世から近世への移行期にのみ現われる、時代の産物であることを強調したものといえる。

③は、当時の社会が満場一致で求めたものが、自由商業の「楽市楽座」であり、それを信長が権威づけ、のちに全国展開していく政策へと押し上げたとみるのである。やがて近世にその流れが普遍化することで、「楽市楽座」は当たり前のものとして自然消滅すると捉え、この見解が、以降の研究における通説となっていく。

④は、信長の「楽市楽座」が、一部地域のみの実施という不徹底さでありながらも、その狙いは一貫して、座の否定と解体による中世的商業体制からの脱却にあったとし、政策としての完成と近世的支配の幕開けは、全国規模で「楽市楽座」を実施した秀吉の時代だとする。⑤は、信長の生涯を費やした「石山《いしやま》合戦」における都市・流通政策を天下統一過程の画期とし、「楽市楽座」のもつ政治史的意義を明らかにしたものである。⑥⑦⑧については後述する。

⑨は、市の復興から近世城下町の成立までに頻出した意義に注目する。とくに戦国時代、領主直属の家臣が住む区域と、その周縁で自立する在郷の市とに分かれていた空間を統合させた「楽市楽座」の働きと、それを実現した信長の役割を評価する。権力がそれを自らの支配下へ組み込む手段として、自立志向の強い地域に立つ市に、「楽市楽座」はその効果を発揮したというのである。

一見して明らかなように、いずれも「楽市楽座」が古い中世的な支配からの脱却をはかり、経済特区を追認ないし新たに生み出すため、権力が主体的に推し進める政治色の強い政策とみている。また、そこから権力の政治的立場を問う一方、「楽市楽座」によって賑わう空間が、近世城下町の成立に至るまでの流れを見通すもので、その多くは信長の事績との関連で検証されるケースが多かったといえよう。

ただ、信長の天下統一構想の中だけで、「楽市楽座」のもつ意義を評価してしまうのは、あまりに拙速すぎるだろう。そうした批判の高まりから、九〇年代以降の研究は、「楽市楽座」に対するイメージを大きく変えていく。

⑩「楽市楽座」は武力支配が目的ではなく、市や町からの要求をうけて、戦国大名が秩序維持をはかるために採る最終手段（平和宣言）をさす。「楽市楽座」に関する法令や市

場はすべて、地域からの働きかけがあって初めて成立した（池上裕子）
⑪都市を本拠とする町人と、他所から商売にやって来る商人との間に生じる軋轢《あつれき》や格差を防ぐため、双方への課税免除を積極的に宣言したもの。本来得られる収入の多くを犠牲に、戦国大名自らが身を切った形（桜井英治）
⑫自立的な在地領主が、市に拠点を置こうとする戦国大名との交渉の末に認めさせた、市の活性化につながる特権（新秩序）をあらわす（安野眞幸）
⑬「楽市場」は、中世にありきたりな市。その言葉は自由な売買をあらわす程度で、それ以上の特別な意味をもたず、諸役免除もその状態を具体化したものの一つにすぎない（仁木宏）

要約した内容からも明らかなように、それまでの理解と大きく異なり、「楽市楽座」を実施する戦国大名の立場ではなく、それを享受した側から評価する視点が加わっている。その上で、いずれも平和や均衡を求める地域社会からの働きかけにより、戦国大名を突き動かして実現させた公共の社会政策と捉え、権力の一方的な支配の道具という従来の見方を否定した点に特徴がある。

とくに⑬は、「楽市楽座」とその地域に残る他の文書を比較し、時系列に辿ることで、「楽市楽座」の内容そのものや文言に、突出した特徴がないことを突き止めた。特定の市再生・保護のため、自由な売買が行われる市、というあり方を戦国大名が強調したものだが、むしろ地域によっては、ほかとの差別化を維持するために、市が自ら「楽市楽座」を望んだこともあったという。

近年、最新の戦国大名像を提示した黒田基樹氏によると、戦国時代は紛争や混乱が絶えず、平和と繁栄を第一にした市では、独自の秩序維持をはかろうとする動きが加速しており、「楽市楽座」はそうした動向を戦国大名が追認することで生まれたものだという。

このように受け手となる側から見直されたことで、「楽市楽座」とは、地域が主体となって勝ち取った自由や平和をあらわすもので、それを政策として実施する戦国大名以上に大きなメリットが対象となった地域にあったと考えられるようになっている。ただ、このような新しい解釈が現在、どれだけ一般に浸透しているかと問われれば心許ない。「楽市楽座」が誰のための政策であったかという点については、本書の最後で改めてふれることにしたい。

見直すべき四つのポイント

そこで、本書では次の点に注目しながら、具体的な追及を試みていきたい。

❶「楽市楽座」については、政策を執り行う戦国大名の立場の違いはもちろん、彼らが支配する領国や、その市が開かれている地域特有の姿を抜きに、そのすべてを統一政権や畿内近国《きんごく》との関わりで分析するのが、これまでの研究の定石であった。

だが、市を構成する要素は一つに限定されない。商品として流通する品物や、それを扱う商人の存在はもちろん、交通路や地形などの立地条件であったり、ときには戦国大名間の争いであったりなど、政治的な事情も背後に存在する場合がある。これらの特色とその比重は、いずれも地域によって異なっていたと考えられ、その差異は「楽市楽座」が及ぼす影響力にも関わるものであったに違いない。市の動向は、その個々が立脚する地域社会の変化とともに捉えていくべき問題なのである。

❷中世と比べ、近世（江戸時代）になると、地域の歴史をひもとく材料（史料）が豊富になっていく。すなわち、武士や寺社が記した日記などはもちろん、庶民の間でも家督相続や権利主張のため、自らの家の系譜や来歴、職能などの起源をまとめた由緒書《ゆいしょがき》が数多く作成されるようになる。

「楽市楽座」が社会構造の転換につながるほどの役割を果たしたとすれば、それは周辺地域にも強いインパクトを与え、こうした数々の記録にも書き留められたであろう。近世へ向けて「楽市楽座」がどう受け継がれたのかを解くには、これら後世の史料からみた地域の歴史も丹念に追う必要がある。

「楽市楽座」の文書は確認しうる範囲で、その約六割が紙（紙本）で作成されている（残りは木札）。こうした形態の違いについて、法令を受け取る側の実態、つまり住民の有無に対応したものとする見方もある。だが、紙か木札かは、それまで市や村などに出されていた文書の形態に倣ったり、文書をもらう側の要求によって変わる場合もあるため、その違いだけを突き詰めても意味をなさない。

文書は発給者が一方的に与えるものではなく、それを要求し、受け取る相手が必ず存在する。そう考えれば、文書をもらった時点で、受け手側も一度は「楽市楽座」という文言と向き合っていることは間違いない。重要なのは、そこで彼らがそれをどう理解し、受け止めたかという点なのである。

❸また、あえて「楽市楽座」と称したことの意味をどのように捉えるかも重要であろう。商いが盛んであった中世後期・戦国時代には、市や町が街道沿いでひしめき合うように立ち並んでいた。領国支配の安定化につなげるため、戦国大名は法令を通じて、こうした物流拠点を掌握することに努めていくわけだが、その中でなぜ、特定の市や町にだけ「楽市楽座」という表現がなされたのだろうか。

戦国大名の意に適《かな》った環境づくりが目的であれば、それに見合う条文を細かく設けて規制すれば事足りるだろう。かといって、闇雲に文書を出していたわけでもないことは、史料の残存状況がそれをよく示している。

先にみた九〇年代以降の研究は、地域社会の働きかけによって生み出されるものが「楽市楽座」であり、必ずしも権力の恣意的な支配のための政策とは捉えていない。また、一部では自主的な「楽市楽座」宣言があったことも想定されている。

「楽市楽座」という言葉の特殊性に注目が集まりがちだが、実際には当時、「楽市楽座」となっていない市の方が圧倒的に多いことは、研究ではあまり言及されていない。しかも、その中には「楽市楽座」以上の特権を与えられている市もある。そのため、こうした事実は一般的な理解としても浸透せず、戦国時代は全国各地の市が「楽市楽座」であった、という誤解を生む原因にもつながっているのだろう。

「楽市楽座」が賑わいを生み、城下町建設に結びつくバロメーターだとすれば、江戸時代以降も脈々と、権力がこれを普及継承していくのは自然の成り行きであったろう。だが先述したように、そうした傾向は少なくとも史料からはうかがえない。そのため、広く商人や物流の支配体制に多大なる影響をもたらしたとする見方にも少なからず疑問が生じる。

同じ社会構造の下に成立したことを前提とするならば、「楽市楽座」とそれ以外の市は、根本的になにも変わらないはずである。そうであれば、「楽市楽座」であることのメリットとは一体何なのだろうか。こうした問題は、「楽市楽座」文言のある史料だけを見ていては解けない。

❹さらに、「楽市楽座」研究でもっとも多い傾向として、天下人・織田信長という狭いフィルターの中で過大評価する点が挙げられる。これまでの研究は、信長が岐阜や安土で行った、いわゆる「楽市楽座」の中でももっとも著名な事例を繰り返し取り上げることには長《た》けていた。しかし、それと比べて他の戦国大名が実施したケースとなると、詳細な議論や研究史上での位置づけは積極的になされておらず、中には後述するように、文言だけを都合よく引用し、ほとんど分析すらされていない史料もある。

結果的に、信長の事例で用いた視点を援用するような形で、残るケースも当時の社会情勢に照らし合わせ、ほぼ同じ特徴をもつであろう、という推測で一括りにし、「楽市楽座」の全体像が描かれてきた。同じ戦国大名が実施した「楽市楽座」という政策でありながら、実は分析対象への向き合い方にこれだけの温度差があったのである。

これでは当然ながら、信長の「楽市楽座」、という強いイメージを払拭することはおろか、信長以外の事例はすべて特筆すべき点がないもの、という誤った見方をも生じかねない。

古典的理解からの脱却へ

そうしたときに、ここ数年めざましく進展している信長（織田政権）研究の動向がカギとなる。これまで同研究については、天下統一をめざす信長ならばこうする「はずだ」、という結論ありきの予定調和的な議論や、戦前から続く信長中心史観ともいうべき古典的理解が大勢を占めていた。

しかし近年では、そうした姿勢に警鐘を鳴らし、政治史や軍事史・交通史・貨幣史など、信長という人となりを特色づけるさまざまな事績について、ゼロベースで全面的に見直す作業が進められており、信長もほかの戦国大名と大きく変わらない立ち位置にあったことが明らかにされている。こうした視点は「楽市楽座」を見直す際にも大いに適用できるはずであろう。

当然ながら「楽市楽座」とは、革新家・信長という人物像を描き出すための材料としてあるのではないし、ましてや、信長自身の動向や他の政策と都合よく結びつけて、補正評価してよいものでもない。「楽市楽座」への先入観を取り払うためには、信長とのつながりだけに捉われず、むしろこれをいったん切り離して、より多くの事例検証を積み重ねていく必要があるといえよう。

さて、こうしてみると、いよいよ通説として述べられている理解が断片的であることはもちろん、その根拠も曖昧な形で議論が進んでいた点に気づかされるはずだ。

市そのものの景観に加えて、商人の出入りや彼らの扱う品物など、さまざまな要素が、「楽市楽座」によってどう変わったのか。さらには、対象となる市や、諸役免除などの得られる特権は、地域によって明確な違いはあるのか。「楽市楽座」となった市とその周辺地域は、江戸時代以降どのような歴史を歩んでいったのか。そして究極的な問題として、「楽市楽座」がどのような背景の下で成立し、なぜ江戸時代以降、史料上から姿を消してしまったのか。こうした数々の疑問についても、これまでの研究では、必ずしも具体的な回答が提示されてきた訳ではない。その限りにおいて、はたしてわずかひと握りの事例から、「楽市楽座」を、中世から近世への社会転換を促す政策と捉えてよいのだろうか。

それによってなにが行われ、他の市や都市とどのように異なっていたのかを、当時の政治・社会情勢の推移の中で明らかにすること。このあと、時代は確実に近世へと向かっていくわけだが、その転換期の中で「楽市楽座」のもたらすさまざまな変化が、江戸時代の人々にどのような影響を与えていたかを問う余地も残されているのである。

中世の市をめぐる慣習

このように課題は想像以上に山積しているが、「楽市楽座」を見直す作業に入る前に、その対象となった中世における市のあり方と、「楽市楽座」のもつ「楽」の概念について見ておくこととしよう。

そもそも日本の歴史の中で、市（市場）はどんな性質をもち、人々にどのような場として認識されていたのだろうか。その起源をひもとく上で注目されるのが、中世社会に広く存在していた市をめぐる不思議な慣習である。

①堀河院殿上《てんじょう》の小庭と、南池の東方に見事な虹が出た。陰陽頭《おんようのかみ》の賀茂成平《かものなりひら》を召して、世間の習いでは、虹の見えるところに市を立てるらしく、これが真実かどうか、その根拠について内々に尋ね調べさせた（中略）。長元《ちょうげん》年中、宇治殿（藤原頼通）の時代にも、同じ場所で虹が見えることがあり、市が立てられた。

（【史料1】『中右記』寛治六年六月七日条）

②今日また賀陽院《かやのいん》殿にて虹が見えたようである。二十五日には再び市が立てられた。

（【史料2】『中右記』寛治六年六月二十二日条）

③白河上皇の六條中院邸前にある池に虹が立った。ここに市を立てることについて議論があったが、公所（宮中）では（市を立てる）先例はないとのことで、その話は沙汰止みとなった。

（【史料3】『百錬抄』寛治三年五月三十日条）

④高陽院《かやのいん》に市が立った。虹が立ったことによる。そこで専門家に（その由来について）調査を命じた。

（【史料4】『百錬抄』寛治三年六月二十五日条）

⑤辰の刻（朝八時頃）、興福寺金堂の北東隅から南西方向へかけて虹が吹き上がり、寺中が騒ぎとなった。二十五日から三日間市を立てるという。

（【史料5】『愚管記』応安五年八月四日条）

平安時代から室町時代にかけて、公家が記した日記の数々からは、現代人が思い描くイメージやプロセスとは大きくかけ離れた市の特性と、中世人たちの「内」に潜んだ宗教的観念が垣間見える。その中で、市の立つきっかけとして頻繁に登場する「虹」は、もともと神々が地上へ降り立つことの暗示で、天界と俗世をつなぐ架け橋（出入口）と考えられていた。市は、そうして虹を渡り、やって来る神を出迎える祭祀的な場として開かれたのである。

中世から近世を通じて、庶民の教科書として用いられた『庭訓往来《ていきんおうらい》』には、市町興行《いちまちこうぎょう》を行う際に招き迎えるべき存在として、商工業者のほかに「猿楽・田楽・獅子舞・傀儡子《くぐつし》・琵琶法師・県御子《あがたみこ》・傾城《けいせい》・白拍子《しらびょうし》」などの名前が挙げられている。こうした人々が名を連ねるのも、市を立てる行為そのものの始まりが、現世に降り立つ神を迎え、祀る儀式だったことに起因しているからである。網野善彦氏はこのほかにも、河原や中洲・辻、あるいは墓所や寺社門前といった、異界との境目も市の立つ場であったとしている。

また、市へと入った物は、たとえそれが盗品であっても、すべてが「供物《くもつ》」となり、それまでの所有関係がいったん断ち切られ、神へと捧げられた。そののち、改めて神から与えられた品物という形で、初めて交換売買が可能になるとされた。今でこそ、市に神秘的な側面を感じたり、そうした場面を日常的に目の当たりにする機会はほとんどないが、神の依り代《よりしろ》として祀られた大木（市神）が多く聳《そび》えていたように、市がもつ本来の姿は、日常生活から切り離された、いわゆる非日常的な聖なる空間と考えられていたのである。勝俣鎮夫氏は、こうした市の機能と売買の論理が、楽市場にも通ずるとしている。

すなわち、権力支配が浸透する戦国時代に生き残った、市の原初的な典型こそが楽市場であり、課税免除や自由通行などの権利が付与されたのは、そこが神仏の拠る聖域だったことに由来するという。その上で、権力と無関係に存在していた楽市場は、文書には現われない性質をもち、その掌握をめざす戦国大名からのアプローチ（「楽市楽座」の発令）によって、初めて実体として姿を明確にしたというのである（先行研究⑦）。

しかし、勝俣氏のいうように、たとえ楽市場が普遍的な存在だったとしても、なぜ特定の市だけを「楽市楽座」と公にする必要があったのだろうか。勝俣氏は、城下町や新設市場の繁栄のための特例措置とするが、残された史料をみると、単純な繁栄だけを目的と捉えるには説明し難い事例が多いことに気づく。

戦国大名が領国の安定化をはかるためには、物流支配の要《かなめ》となる市の掌握は欠かせなかったはずで、楽市場が各地に簇生《そうせい》していたとすれば、必然的に勝俣氏が想定した以上に同様のアプローチがなされたはずで、楽市場の存在もさらに明確な姿で浮かび上がっていたに違いない。

実際に、戦国大名が新市の開設と「繁昌《はんじょう》」を、その土地の領主（国人）へ促したり、既存

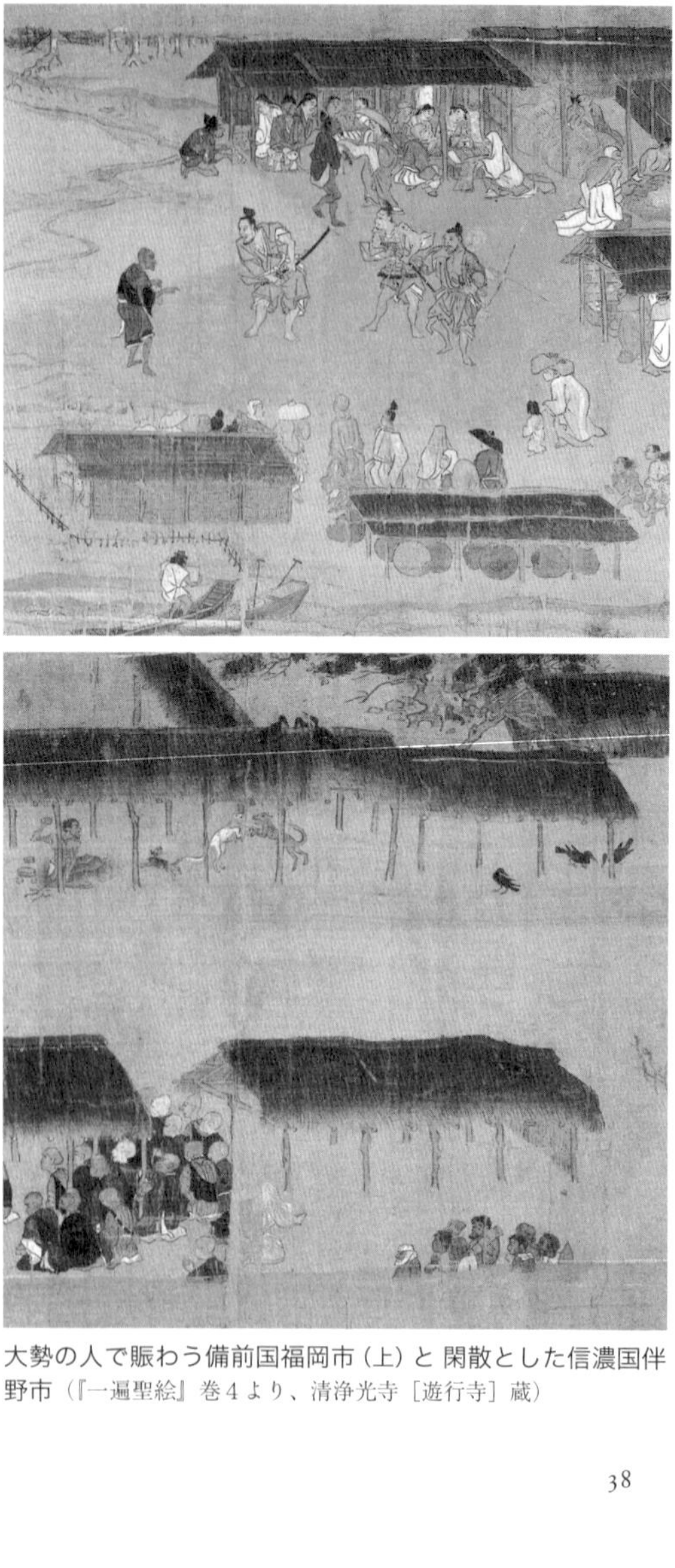

大勢の人で賑わう備前国福岡市（上）と閑散とした信濃国伴野市（『一遍聖絵』巻4より、清浄光寺［遊行寺］蔵）

の市へ諸役免除や債務破棄などの特権を安堵した事例もあるが、それらはいずれも「楽市楽座」になっていないケースがほとんどである。こうしてみると、古くから市に根づいてきた聖なる論理を、戦国大名自身が「楽市楽座」とするか否かを決定づける根拠にしていたと考えるのはかなり難しい。この点は、第二章でも詳しく追及したい。

市の話に戻ろう。絵画史料として知られる十三世紀末成立の「一遍聖絵《いっぺんひじりえ》」（「一遍上人絵伝」）には、二つの対照的な市の様子が描かれている。一つは、川沿いに建ち並ぶ掘立小屋《ほったてごや》の前に、陳列する商品を求めて多くの人で賑わう市（備前国福岡市《びぜん》）であり、もう一つは、乞食や犬の姿だけが小屋の下に物寂しくみえる市（信濃国伴野市《しなの》）である。いずれも、中世における市の光景を如実に伝えるものとして、あまりに有名である。

虹の立つ日など自然発生的な条件で開かれた当初の市は、中世になると、毎月特定の日に開かれる形（定期市）が一般的となり、貨幣経済と商品流通が発達した中世後期以降は、月六回の六斎市《ろくさいいち》も現われた。十五世紀半ば以降には、各地に台頭した戦国大名による領国支配が進み、より広い地域で六斎市の成立が促される。こうした市の多くは交通の要衝に開かれ、商人たちは商いの場を求め、ときに「他国商人」と称されるように、領国の枠を超えて各地の市を巡っていた。

戦国大名と市

この頃になると、商人の中には、常設の「見世棚《みせだな》」を構えて商売に従事する者（町人）が現われ、市も次第に町の様相を呈していくようになる。ただし、このような形態へただちに移行したわけではなく、定住に結びつく可能性は流動的で、商売のあり方も、常設店舗による商売と定期市が混在していたのが実態と考えられている。

そんな輝かしい側面とは裏腹に、周知のごとく中世の市では、公家や有力寺社を本所（領主）と仰ぐ同業者組織である「座」の活動も盛んであった。彼らは一定の課役や奉仕を負担する代わりに、仕入れ・営業などの排他的な独占権や、通行税免除などの特権を認められた。これにより、市では座に属さない新興商人の参入が妨げられ、円滑な商品流通を阻害したことから、座へ対抗する動きが強まっていく。

京都から離れた地域では、本所の支配が十分に及ばないこともあり、たとえば近江では、商人は農村を基盤として、必ずしも座を組織せず、取り扱う品種の垣根を越えて集団（衆）を組み、地域内での商業活動に従事した。彼らは領主の保護を受けないため、自ら「古実《こじつ》」と称した不文の慣習法を通じて、秩序維持に努めたのである。

また、商品流通が浸透した戦国期には、多くの商人が市への進出をはかったことで、商売権益をめぐる商人間相論《そうろん》も多発するようになる。そこで「掟書《おきてがき》」「法度《はっと》」という形で慣習法が成文化され、商人の中には相論を有利に進めるために偽文書を作成したり、戦国大名と被官関係を結んでいったりする者も現われた。

ほかにもこの時期、市では頻発する自然災害や戦火の影響から、質取り（国質《くにじち》・所質《ところじち》）や譴責使《けんせきし》（不法行為取り締まりを行う役人）による打ち入りといった、来場者への収奪・狼藉が目立つようになる。門前に市を抱えた寺社が、非分行為を取り締まる「禁制《きんぜい》」の発給を戦国大名へ盛んに求め、戦国大名自身が、市や商人の保護を積極的に打ち出していくようになるのも、かかる状況による。「楽市楽座」はこのような市をめぐる情勢と、商売上の旧秩序破壊を望む社会的背景の下で生まれた、まさに時代を特色づける産物といってよいだろう。

「楽」ということ

では、「楽市楽座」の柱となる「楽」とはどういう状態をさすのだろうか。この問題については、一九七〇年代における網野善彦氏（先行研究⑥）の研究で、その性質に大きな注目が集まった。

網野氏の研究は、津《つ》・泊《とまり》・宿《しゅく》など、市や町に次ぐ空間に「都市的な場」という表現をもって光を当て、中世都市の原理を明らかにするため、そこに形作られた「無縁」「公界《くがい》」「楽」という、三つの共通概念に注目するものである。その議論を集約した『無縁・公界・楽』（平凡社選書、一九七八年）は、歴史学界はもとより、他分野にも大きな反響を呼んだことで知られ、今なお長く読み継がれる氏の代表作である。

同書によると、「無縁」とは、世俗との貸借的関係や主従制的支配から解放された状態で、「公界」は平和集団（共同体）そのものをあらわし、これらは中世における聖地に等しく、当時の史料では「無縁所《むえんじょ》」「公界《くがい》寺」という語で現われる。これこそが、日本固有かつ中世都市の自由と平和を支えた根本的な原理であり、堺《さかい》や桑名《くわな》・博多《はかた》は、それらに立脚することで不可侵領域としてのアジールを形成し、私的支配からの

室町通付近の店棚の様子（『洛中洛外図屏風（上杉本）』右隻三・四隻より、米沢市上杉博物館蔵）

自立姿勢を明確にしたという。

　網野氏は、こうした「無縁」「公界」と同等の原理として、市や津・泊・宿などに存在した「楽」の歴史的展開を、楽市場との関わりで説いた。

　すなわちそれは、あらゆる縁や規制から解き放たれた「自然」状態をさし、「無縁」「公界」以上に、より積極的な自由・平和を表現する言葉であった。不入《ふにゅう》権や貸借関係の破棄、自由通行の保障など、「楽」で規定された権限をもつ楽市場は、まさに理想的な世界であるがゆえ、やがて信長・秀吉らに取り込まれ、その本質を失っていくという。

この説に従えば、市を「楽」に、座を「楽」にすること。すなわち市、そして座に対するさまざまな負担を取り払い、自由なあり方とすること。文字面から純粋に解釈すれば、これが「楽市楽座」の意味するところであろう。

また、自治都市である伊勢《いせ》桑名（現、三重県桑名市）が、自ら「十楽之津《じゅうらくのつ》」と称し、商人の間でも認知されていたことは有名である（「今堀日吉神社文書」『八史』五）。

①此津者諸国商人罷越、何之商買をも仕事候、殊昔より十楽之津ニ候へ者、保内より我か（我）ま（侭）ゝなとゝ申儀もおかしき申事候、（年未詳九月五日。二七九号）

②桑名ハ十楽之湊にて諸国之商人相立事不レ珍候、其段桑名衆此折紙ニ相見え候事、（永禄元年九月二十六日。二〇七号）

③於二桑名一此方へ荷物取候事、十楽津候間、さ様ニ不レ可レ有之由候、如何候、在レ之儀候哉、（中略）桑名ハ既ニ、　上儀をさへ不レ致二承引一、被レ加二御退治一津にて候（中略）桑名ハ十楽津之由、桑名衆四人の折紙を取て被レ出候、大略何の売物にも座在レ之御事候条、以外虚言候、（永禄元年十月二十八日。二〇八号）

戦国期、美濃から伊勢桑名を経て、近江へ運ばれる美濃紙《みのがみ》の専売権をめぐって、「保内《ほない》」と「枝村《えだむら》」という、湖東《ことう》村落を基盤とする有力商人が争いを繰り広げていた。右はいずれも、永禄元年（一五五八）、保内（現、滋賀県東近江市）が枝村（現、滋賀県犬上郡豊郷町）の紙荷《かみに》を桑名で差し押さえた問題について、守護六角《ろっかく》氏による裁許を仰いだ際の相論文書の一部である。

①は、桑名における美濃紙の独占権を主張した保内の訴えについて、取引先である桑名が枝村へ述べた見解である。それによれば、（桑名は）昔より諸国から商人が往来し、商売に従事できる「十楽之津」であるとして、保内側の主張を真っ向から否定している。

②は、専売権を訴える保内に対し、枝村側が提出した反論である。そこでも桑名は「十楽之湊」であり、諸国の商人が商売を行うのは日常的であることが、「桑名衆折紙」（①のこと）に示されているという。

一方、③は②に対する保内側の反論だが、そこで桑名は「上儀」さえ相容れずに退治する地で、保内だけの勝手な振舞いはそもそも不可能である。自由商売と言いつつも実際は「座」があり、枝村のいう「十楽津」は虚言と切り捨てている。このあとの相論の展開については詳細な研究があるが、ここでは「十楽」が、商人の往来と商売の自由化をあらわしていることが分かる。

実は数例しかない「楽市楽座」

この「十楽」とは、極楽浄土に往生する者が受ける十種の快楽をさす仏教用語で、早くは『往生要集』にその名がみえる。戦国期には先述した桑名のほか、越中放生津《えっちゅうほうじょうづ》（現、富山県射水市放生津町）の「放生津市十楽」（天正四年カ）、能登鳳至《のとふげし》・河井両町（現、石川県輪島市）における「素麪之座之事、誰にても望次第可為十楽」（天正十五年）、伊勢松坂町（現、三重県松阪市）の「当町之儀、為十楽之上」（天正十六年）などがある。

このほか、近年では「若州江相立入馬之儀、何も十楽」（年未詳）とする史料も新たに見出されている。先述した史料とあわせ、いずれも海に面して栄えた湊津《みなとつ》や、水上交通の発達した地域における商売のあり方を示すものとして、限定的に現われているのが分かるだろう。

網野氏はこの「十楽」が「楽」と同じく、理想世界の現実化を志向する言葉として意識的に使われたとする。網野氏の指摘は的を射たものといってよい。①では、十楽が「昔より」の権利として主張されており、これ以前から続く伝統的な姿として存在していたことが読み取れる。「楽市楽座」も同様であった可能性が考えられよう。

自由商売をはじめ、諸役免除や主従関係からの解放が、理想の世界「楽」の最たる特徴とする網野氏の指摘をうけ、勝俣氏は、自由・自治を貫く無数の楽市場が自生したと推定し、その不可侵領域に、安堵（「楽市楽座」の発令）という形で介入した戦国大名によって、存在が明るみに出たと説いた。ただ、楽市場が外部とまったく無関係のまま、堅固な要塞のごとく存立し得たかは疑問が残る。

また、市が「楽市楽座」のような特権をもつことと、「楽市楽座」であることも、峻別して捉えるべきであろう。前者については、戦国期に全国各地の市で確認できるが、後者は特定地域にわずか数例しかない。

戦国大名は、地域間を結ぶ交通・流通ネットワークの中枢でもあった市を保護し、あるいは復興や新設のために、何らかの特権を与える内容を含む文書をいくつも出しているが、勝俣氏の説に従うなら、なぜその中で、楽市場（であると認められること。あるいは、その存在が公にされること）がごく一部だけに限られたのだろうか。

勝俣氏のいうように、聖なる領域を本質とする楽市場が普遍的存在であり、かつ市としての本質が同じであれば、戦国大名から特権安堵などの措置を受けた市のほとんどが「楽市楽座」となっていてもおかしくない。理想郷に等しい空間でありながら、市は、戦国大名を前に自ら「楽市楽座」であることを放棄したのだろうか。

また、「楽市楽座」は安堵だけに限らず、新市を立てる際の条件としても現われている。勝俣氏はこれを、本来の楽市場の性格に、「楽市楽座」であるという権力側の変更が加わったものとみる。

しかし、勝俣説には、市のもつ地域的特色が抜け落ちているという問題点がある。そのため、戦国大名との接点をもち、開設や復興といった同様の過程をもつ市でありながら、「楽市楽座」になることの違いがどこにあるかはみえてこない。

繰り返しになるが、数ある市の中で、なぜごく一部だけが「楽市楽座」となったのかは、該当する史料の文面だけを読んでいても詳《つまび》らかにはならない。文書を出した戦国大名の立場はもちろん、とくにその市が開かれた地域の環境や、当時の周辺を取り巻く社会情勢、他の市・都市との相関関係なども加味し、多角的かつ総合的に捉え直す必要がある。

楽市場と都市

本章の最後に、楽市場と都市の関係についても触れておきたい。

これまでの研究の中で、「楽市楽座」により、自由な商売を保障された市では、往来や定住人口が増加し、まもなくヒト・モノの流れが集中する一大都市へと発展を遂げる、という図式が一般化されてきた。この点については、小島道裕氏の研究がポイントになる。

それによると、それまでの城下町は、領主の居館を中心に、家臣や直属商工業者（給人《きゅうにん》）の居住する区域が、土塁や堀による惣構《そうがまえ》内で同心円状に広がっていた。一方、惣構の外には、権力支配と無縁の「楽」に規定された市が立ち、これら主従制と非主従制にもとづく二つの空間が、惣構を境に併存する二元的構造が、戦国期城下町の一般的な姿であったという。

ここでの市は、網野氏が指摘するように、主従関係の及ばない自立的かつ平和な領域であるため、領主は、市のもつ伝統的な原理に依拠せざるをえなかった。そこで採られたのが、城下全体を「楽」（楽市）として抱え込むことであった。これにより、在地の市を城下へ引き入れ、両空間の一元化を実現した安土城下（町割《まちわり》）を、近世城下町の先駆けと捉えたのである。

戦国大名とりわけ信長は、古くからの慣習であり自立の根拠たる「楽」を、法令で自ら発し保障する立場となることで、非主従制の原理を貫いていた在地の市と、そこで活動する商工業者の直接掌握を実現した。その上で小島氏は、自治・平和としての「楽」を活かす必要がない、すなわち領主と密接に結びついた地域では、「楽市楽座」は必要なく、楽市場も存在しない。安土のような都市成立経緯が一般化することで、「楽市楽座」は歴史から消滅すると説いた。小島氏が提示した、都市空間の一元化という発展モデルは、移行期の城下町研究における通説となっている。

しかし安土を、近世城下町の成立過程を示す記念碑的な存在とみる点については、近年の研究では懐疑的な見方が強い。小島氏に限らず「楽市楽座」と安土を絡めて論ずる際には少なからず、天下人・信長の最終的な政治拠点、というバイアスがかかっている点も否めない。とくに安土へ宛てた法令は、中世における都市法や市場法を総括するかの如き豊かな内容をもつことから、近世における町掟《まちおきて》のひな型とも評される。さらに、安土「楽市楽座」を出発点として、同様の都市形態や、住民の保護・集住を促す内容の町掟が一般化したと考えられがちだが、後述するように、実は「楽市楽座」の中にも、街道筋にありながら城下町化を果たすことなく、衰退していった事例は少なくない。

だが、従来こうしたケースは例外として処理され、ほとんど問題視されていない。この現象に至る要因が自然的なのか、あるいは人為的なのかも含めて、社会構造の転換を果たす役割が本当にあったのかという「楽市楽座」の根幹にもかかわる問題である。

たとえわずかな期間しか実施されなかった政策だとしても、日本史上に何らかのインパクトを残したことは間違いない。その残した「なにか」を見極めるためには、近世という時代の先を見通す前に、それぞれの「楽市楽座」が、戦国大名自身はもちろん、その時期その地域にとって、どういった役割をもつものであったかを見直すことが必要なのである。

第二章　戦国大名と「楽市楽座」

成立の背景を見極める

これまでの研究が分析対象としてきたのは、「楽市楽座」という文言を含んだ史料や、その法令が出された市であった。結果的に「楽市楽座」という言葉の特殊性だけは常に強調されるが、実のところ、それ以外になにが特殊なのかは曖昧な部分も多い。とくに対象となる市が、同じ時代かつ同じ地域に開かれていた他の市や都市とどのように違うのかは、はっきり分かっていない。

ひとくちに「楽市楽座」といっても、成立した時代背景はもちろん、条文の内容や、文書を出した戦国大名の立場もさまざまである。そこで改めて、「楽市楽座」となった場の性格（条件）や、法令（文書）に示された内容について、その特徴を細かくみていきたい。

まず「楽市」とあるように、その対象は市が主であるが、中には「金森町《かねがもりちょう》」「世田谷新宿《せたがやしんしゅく》」などのように、町や宿が対象となった場合もある。いずれも共通して、文書を出す先は「場所」（空間）であって、特定の個別商人だけを優遇しようとしたものではないことが分かる。

この市とは、先にみたような、一ヶ月のうち特定の日にのみ開かれる、いわゆる中世に典型的な定期市をさすものだろう。一方、町や宿は、常設店舗の「見世棚」をもつ町場《まちば》をさすとみられ、住人による日常的な商売が行われた、商業空間の中心部に相当すると考えられる。その場合、前者について、市の開かれていない日は「楽市楽座」が定める内容は適用されないことになり、その経済効果や求心力は後者ほどではなかったと推察される。

また、これら対象となる空間は「楽市楽座」となる以前から、長くその地域の中心的な交易拠点として確立していたものが多い。新市《しんいち》や新宿《しんしゅく》など、「楽市楽座」にあわせて新しく作られる場もわずかにあるが、いずれも街道筋や河川沿いという、物流を意識した立地となっている点に、これを主導した権力側のねらいが見え隠れする。

では実際に、法令を構成する内容（条文）をひもといていこう。

「楽市楽座」の中でもっとも多くみられるのは、押売《おしうり》・押買《おしかい》や喧嘩口論など、市における非分行為を禁じた「治安維持」である。

中世の市では、借銭《しゃくせん》・借米《しゃくまい》などの債権を取り立てるために、武士の下から派遣された使者（譴責使）による厳しい催促や、同じ国ないし場（所）に住む第三者へ、債務の連帯責任を負わせる「国質・所質」といった質取り行為がたびたび発生した。とくに商品流通が発達した戦国時代は、多くの商品や特産物が流通し、それを求めて、遠方から不特定多数の人々が市を訪れるようになった時代でもある。その一方で、戦国大名による領土紛争の余波から、乱《らん》暴狼藉《ぼうろうぜき》や武力介入による混乱から市を避ける人も増え、商売が滞ることも少なくなかった。

こうしたトラブルを防ぐべく、市を管轄する領主は、徹底した秩序の維持のため、来場者を保護する施策を設けることに奔走した。外からやって来る人々に対して、平和な状態が客観的に見て保たれていること。これこそが市そのものと、そこでの安定した取引を成立するための大原則だったのである。

次に頻出するのが「諸役免除」である。「諸役」とは、市場での売買に賦課される営業税や、来場にかかる通行料、あるいは住人に賦課される伝馬《てんま》人足《にんそく》（労役）などをさす。いずれも重い負担となっていたことから、来場者の増加や物流促進をはかるために設けられた免除措置である。

「楽市楽座」の場合、「一切不可有諸役」「諸役一切不可有」のように大々的な特権として掲げられたことからも分かるように、来場者や住人にとっては大きな魅力だったといえよう。ただし、一部では「五ヶ年之間」という期限付きや、「越居《おっきょ》」すなわち市に居住することで初めて諸役免除が認められるなどの例外もあった。

しかし一部の研究では、「楽市楽座」のほとんどに「諸役免除」の条文が含まれることから、同じ条文を備えていれば、他の市や都市もすべて、実質的な「楽市楽座」とみなしてもよいとする見解がある。そのため、参考書やメディアにおいても、商業振興に結びつく諸役免除が認められた市は、「楽市楽座」として紹介されることも少なくない。

ただし、これらの特権は「楽市楽座」以外の市や都市に宛てた法令のほか、寺社や村落に出された禁制などにも頻出する。逆に「楽市楽座」でありながら諸役免除が認められていないケースや、治安維持が定められていない場合もある。諸役免除が「楽市楽座」を構成する中心的な要素であることは疑いないが、これを必要条件として捉えてよいかについては疑義があろう。

商売にかかる負担や危険因子を取り払うことは、支配の基盤となる市を抱えた領主にとっての務めであり、そうした条文が存在することだけをもって、すべての場が「楽市楽座」であったと判断することは誤りである。重視すべきは、数ある市や都市の中で「楽市楽座」となり得た背景を見極めることであり、諸役免除などの特権は、対象となる場の条件に応じて付随する、あくまで二次的なものと捉えた方がよいだろう。

このほかにも、来場者（居住者）へ、借銭借米など旧領主に負った債務の破棄を認める「徳政令」も多々みられる。これは第一章で紹介した、網野善彦氏の唱える「無縁」の世界に通ずるもので、「楽市楽座」となった空間へ入ることで、来場者はそれまでの縁がリセットされ、自由の身となるとされた。こうしてみると「楽市楽座」には、市を利用する人々が背負うさまざまなマイナス要素を取り払い、安全な体制を保障するあり方があったと想定することができる。

「楽市」「楽座」「楽市楽座」の違い

そこで今度は、「楽市楽座」という言葉の用いられ方にも注目してみたい。関連文書では「楽市」一四通、「楽市楽座」七通、「楽座」については一通でのみ、それぞれ使用が確認される。数の残存状況から比較すれば、「楽市」に比べて「楽座」は、限られた場面でしか実施できない（されない）特殊な性格を帯びていたと考えられる。

また、「掟《おきて》」や「定《さだめ》」のような一つ書き（箇条書き）形式をもつ法令の場合、一般的には、第一条目に掲げられた内容が、その法令がもっとも強調（規制）したい箇所に相当するとされる。では、「楽市楽座」にかかる条文の配置はどのようになっているだろうか。

信長が出した法令の場合、有名な加納《かのう》（美濃国）の事例を除くと、一貫して冒頭の第一条に「楽市楽座」を掲げている。ところが、秀吉重臣や北条《ほうじょう》氏などほかの戦国大名になると、第二条以降に配置する事例が多い。こうした違いをどう捉えるかは、なお個々の分析が必要だが、単純に「楽市楽座」を前面に押し出すことで、なにか特別な意味をもたせようとしていたと仮定すれば、信長以外の大名は、「楽市楽座」という表現自体にさほど執着せず、政策としての重きも置いていなかった可能性が考えられる。

ここまで見てきた特徴は、いずれも時代の流れや信長の主導によって変化したわけではなく、法令を出すときの地域の事情や、それを作成する権力側の思惑が大きく関係していたものと思われる。

現存する史料は二二例

では改めて、「楽市楽座」に関する史料とは、現在までに一体どれだけの数が確認されているのだろうか。次頁の別表から明らかなように、「十楽」や「楽売楽買」など若干異なるものを除けば、「楽市」「楽座」に関する史料はわずか二二例しかない。その（史料上としての）始まりはもちろん、全体を通してみても、信長の専売特許でないことは明白であろう。

ほかの特徴も見てみよう。まず施行範囲だが、東は武蔵《むさし》国、西は播磨《はりま》国までを境として、おおむね近江《おうみ》・美濃《みの》を中心に展開し、首都市場圏に相当する畿内での実施例は確認されていない。

中世では、月三回ないし六回の日切りで開催される定期市が一般的だが、荘園領主である公家や寺社を多く抱え、商品流通が盛んな畿内では、住人の定着が進み、彼らによる常設店舗（見世棚）での日常的商売が主流であったと考えられる。ここに「楽市楽座」がみえない

内容	楽市楽座	条数	形態	文書群	出典
紙商買事、石寺新市儀者、為楽市条不可及是非	楽市	1	紙本（縦紙）	今堀日吉神社文書	①
富士大宮毎月六度市、一円停止諸役、為楽市可申付、并神田橋関停止	楽市	1	紙本（折紙）	大宮司富士家文書	②
当市場越居之者、分国往還不可有煩	楽市	3	木札	円徳寺文書	③
楽市楽座之上、諸商売すへき事	楽市楽座	3	木札	円徳寺文書	③
小山新市之事、為楽市申付之条、一切不可有諸役事	楽市	3	紙本	松平乗承家蔵古文書	④
金森市場之事、守山年寄衆令相談、急度相立様可有馳走、可為楽市楽座	楽市楽座	1	紙本（折紙）	守山村誌	⑤
楽市楽座たる上ハ、諸役令免許畢	楽市楽座	3	紙本（縦紙）	善立寺文書	⑥
為楽市楽雇《（座）》上、於何方茂同前之事	楽市楽座	5	紙本？	守山村誌	⑦
諸商売楽座仁雖申出、於軽物座唐人座者、任御朱印并去年勝家一行之旨	楽座	1	紙本（折紙）	橘栄一郎家文書	⑧
当所中為楽市被仰付之上者、諸座諸役諸公事等悉免許事	楽市	13	紙本（続紙）	近江八幡市所蔵文書	⑨
諸役一切不可有之事、為楽市定置所	楽市	5	紙本	大場信続氏所蔵文書	⑩
らくいちたる上ハ、しやうはい座やくあるへからさる事	楽市	5	木札	歳田神社文書	⑪
楽市楽座之上、諸商売すへき事	楽市楽座	3	木札	円徳寺文書	③
楽市楽座之上、諸商売すへき事	楽市楽座	3	木札	円徳寺文書	③
為楽市間、於当日横合□□不可有之	楽市	3	木札	難波文書	⑫
らく市楽座たるへき事	楽市楽座	3	？	洲崎文書	⑬
当所中為楽市申付上者、諸座諸役諸公事悉免許事	楽市	13	紙本	近江八幡市所蔵文書	⑭
新宿見立、毎度六度楽市可取立事	楽市	5	紙本？	新編武蔵風土記稿	⑫
当宿馬町之儀者、毎月十九日より廿五日迄一七日之間、如前々無相違可立之、為楽市間	楽市	1	紙本	木村文書	⑫
当町中楽市之上者、諸座諸役諸公事悉免許之事	楽市	7	紙本	近江八幡市所蔵文書	⑭
楽市之事	楽市	5	紙本？	大橋文書	⑮
当町中地子并諸役、五ヶ年之間免之訖、猶為楽市之上者、是又無其煩	楽市	1	紙本（折紙）	崇福寺文書	③

1982年）、⑨奥野高廣『増訂織田信長文書の研究』下巻（吉川弘文館、1988年）、⑩杉山博・下山治久編『戦国遺文 後北条氏編』第3巻（東京堂出版、1991年）、⑪名古屋市博物館編『豊臣秀吉文書集 一』（吉川弘文館、2015年）、⑫杉山博・下山治久編『戦国遺文 後北条氏編』第4巻（東京堂出版、1992年）、⑬『富山県史』史料編4 近世 中（富山県、1978年）、⑭『滋賀県史』第5巻・参照史料（滋賀県、1928年）、⑮『岐阜県史』史料編 古代・中世補遺（岐阜県、1999年）

〈表〉「楽市楽座」一覧

	和暦	西暦	発給者	対象・宛所
1	天文18年12月11日	1549	六角氏	近江・枝村惣中
2	永禄9年4月3日	1566	今川氏真	駿河・富士兵部少輔
3	永禄10年10月	1567	織田信長	美濃・楽市場
4	永禄11年9月	1568	織田信長	美濃・加納
5	永禄13年12月	1570	徳川家康	遠江・小山新市
6	（元亀3年）7月18日	1572	佐久間信盛	近江・（守山美濃屋小宮山兵介）
7	元亀3年9月日	1572	織田信長	近江・金森
8	天正2年5月	1574	佐久間信栄	近江・金森町
9	天正4年9月11日	1576	柴田勝家	越前・橘屋三郎左衛門尉
10	天正5年6月日	1577	織田信長	近江・安土山下町中
11	天正6年9月29日	1578	北条氏政	武蔵・世田谷新宿
12	天正7年6月28日	1579	羽柴秀吉	播磨・淡川市庭
13	天正11年6月	1583	池田元助	美濃・加納
14	天正12年7月	1584	池田輝政	美濃・加納
15	天正13年2月27日	1585	北条氏直	相模・荻野新宿
16	天正13年10月9日	1585	前田利長	越中・直海郷北野村
17	天正14年6月	1586	羽柴秀次	近江・八幡山下町中
18	天正15年4月3日	1587	北条氏規ヵ	武蔵・白子郷代官百姓中
19	天正17年9月13日	1589	北条氏直	相模・（荻野新宿）
20	文禄3年8月3日	1594	京極高次	近江・八幡町中
21	慶長5年10月21日	1600	間宮直元	美濃・嶋田町中
22	慶長15年正月	1610	加藤貞泰	美濃・黒野年老中

〔出典〕①村井祐樹編『戦国遺文 佐々木六角氏編』（東京堂出版、2009年）、②久保田昌希・大石泰史編『戦国遺文 今川氏編』第3巻（東京堂出版、2012年）、③『岐阜県史』史料編 古代・中世1（岐阜県、1969年）、④『新編岡崎市史』6巻・古代中世・史料編（岡崎市、1983年）、⑤日野正教編『守山村誌』（1888年）、⑥奥野高廣『増訂織田信長文書の研究』上巻（吉川弘文館、1988年）、⑦小島道裕「金森寺内町について――関係史料の再検討」（『史林』67-4、1984年）、⑧『福井県史』資料編3 中・近世1（福井県、

のは、卓越した市場経済にそぐわないとか、あるいはそもそも、そうした措置を要せずとも、すでに同等の環境が確立していたからであろうか。

法令としての広がり

次に、法令としての伝播状況について見ていこう。史料上で最初の事例は六角氏が出した、近江（石寺新市）宛てのものである。これを信長との関係も含めて辿っていくと、信長が中央へ進出するきっかけとなった上洛（永禄十一年）以前は、ほかに駿河《するが》国（富士大宮）のみと、断片的な事例しかない。

これが上洛以降、信長の中央進出過程と軌を一にするかのように、西国へも徐々に広まっていき、信長自らが拠点とした美濃や近江をはじめ、各地に配した重臣の支配地域などでも、その実施例が増加していく。

ところが信長の死後になると、一転、かつて信長が「楽市楽座」を実施した地域やその周辺都市で、同内容の法令が繰り返し発布されたほかは、東国で勢力を拡大した北条氏によるものが新たに数例検出される程度で、豊臣秀吉による天下統一を経てもなお、施行範囲はそれまでと比べてほとんど変化していない。

もしも「楽市楽座」が、領国支配の安定化など、多大な経済効果をもたらす政策であるならば、戦国大名たちは誰しも、これを積極的に取り入れたはずである。しかし、彼らの多くはそうしていない。それどころか信長の死後、天下人へと駆け上がった豊臣秀吉や徳川家康でさえ、これをほとんど取り入れなくなるのは、それが集権的な統治国家をなす上で、必ずしも政策的に重要でなかったからと考えられる。

しかしながら「楽市楽座」が実施されなかった市を例外と捉え、そこが地域経済の未発達な地であったとか、商品流通や戦国大名とまったく無関係に存在し、近世を迎えたなどと評価することは誤りである。

戦国大名が支配した領国では、いくつもの地域市場が立ち並び、その中には陸路や河川を通じて複数の市が間接的に結びつき、独自の流通ネットワーク（地域経済圏）も形成された。こうした市の治安を保つ環境（自治）や、商売上のルールが確立していれば、当初から権力が介入する余地はそもそもなかったと考えられる。

だが実際に、各地の市では「楽市楽座」とならないまでも、押売・押買や喧嘩行為などを禁じた戦国大名の法令（掟書・禁制）はいくつも出されており、その数は枚挙にいとまがない。禁制には、乱暴狼藉や放火などの非分行為を禁止する旨が明記され、違反者は処罰対象となったが、それは裏を返せば、当時そうした行為が実際に起こっていた、ないし起こり得る可能性があったことの証でもある。市や来場する商人を保護するためには、権力による細かな法整備が、安定した交易空間を作り出す近道かつ最大の手段でもあった。

違う見方をすれば、権力が積極的に働きかけ、厳格な管理統制の下に置かなければならないほど、市の治安を脅かすさまざまな問題が背後に存在していたと捉えることもできる。だとすれば、そこに限定的な「楽市楽座」を用いることも、地域に根差した市の存立に関わる問題との関連で捉えることができるのではないだろうか。

そこで、先の第一章で紹介した、佐々木銀弥氏の研究（先行研究⑧）に改めて注目してみたい。

佐々木氏は、戦国期における都市法や市場法にはそれぞれ、発令までの歴史的条件や背景、固有の目的や性格があることを重視する。その上で「楽市楽座」の評価も、従来のような信長との関わりや、旧体制否定といった画一的な見方に縛られず、他の市や都市に出された法令全体の中で位置づけ、そこに盛り込まれた多様な意図を明らかにすべきと主張したのである。

従うべき見解であるが、先に述べた通り、地域社会の視点で捉え直す研究が九〇年代に盛んとなったほかは、以後ほとんど顧みられることはなかった。そこで近年、佐々木氏の議論に立ち返り、史料にもとづく実証を重視した仁木宏氏は、モデル化にこだわらず、個別地域の中で「楽市楽座」がもつ意義を、市場法・都市法との相対化を通じて明らかにしている。

筆者もこれまで、こうした佐々木氏の問題提起に改めて注目し、近隣に出された法令との相対化に加え、「楽市楽座」の舞台となった各地域の社会情勢や地理的条件、さらには江戸時代以降の景観や歴史認識の変化に言及してきた。

このようにして近年ようやく、佐々木氏の指摘をふまえた研究が進み、個々の「楽市楽座」のもつ地域性に加え、戦国大名が「楽市楽座」という言葉を用いた（意識的に使い分けた）背景が、徐々に明らかとなりつつある。しかしながら、中世社会における「楽市楽座」という事象そのものの成立背景や、事例が検出される範囲の偏りをどう説明するかなどは、今なお課題として残されている。

以下では、それぞれの市や戦国大名自身が当時抱えていた、地域ごとの経済的・政治的問題との関わりで「楽市楽座」を読み直し、その性格や特徴ごとに分類を試みる。信長だけにとどまらず、できる限りの事例を紹介しながら、中世から近世への転換期における「楽市楽座」の役割について、その全容をひもといていくことにしたい。

自由を保障する楽市――石寺

近江国蒲生《がもう》郡（現、滋賀県近江八幡市・東近江市・日野町・竜王町）のうち、観音寺山（繖《きぬがさ》

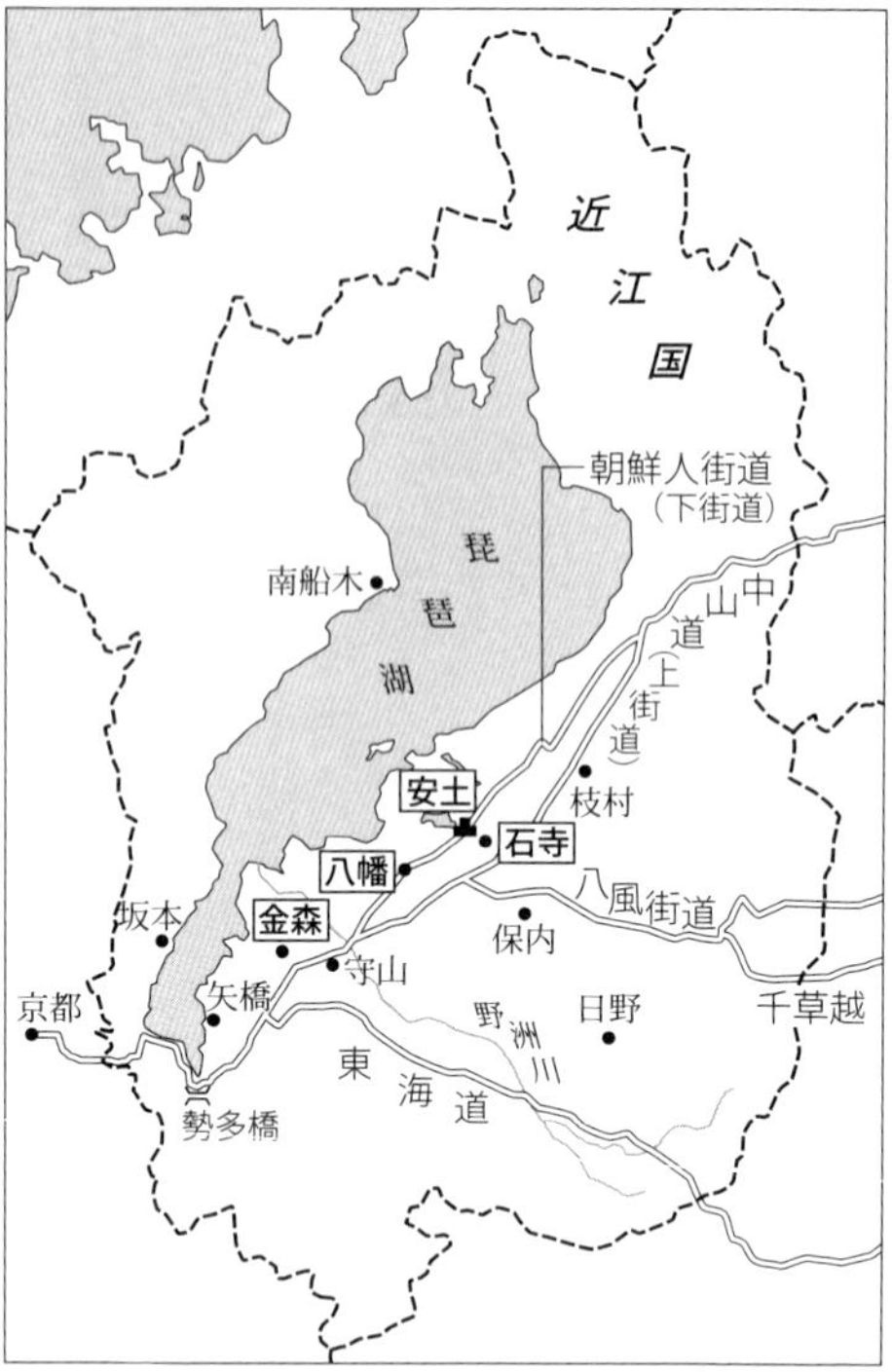

図2　近江国「楽市楽座」分布図

山《やま》）の南麓に位置した石《いし》寺《でら》（現、近江八幡市）は、上街道である中山道《なかせんどう》がすぐそばを通る。こうした地の利を下に、中世には「観音寺之麓石寺宿」「ハタコ石寺」などと称する宿駅としての機能を備え（『言継卿記』）、戦国期には、近江守護・佐々木六角氏が支配拠点を構えた観音寺城の城下町として栄えた。

　この石寺が立地する湖東地域は、中山道や東海道などの東西を結ぶ主要街道が走ることから、戦国時代には「国中所々」の沿道に、三斎市や六斎市などの定期市が数多く立ち並んでいた。また、伊勢街道や九里半《くりはん》街道など、伊勢・若狭と近江を結ぶ道を利用しての遠隔地商業も展開し、市では海産物や塩・紙・米・御服《ごふく》などのさまざまな商品が取引され、活況を呈

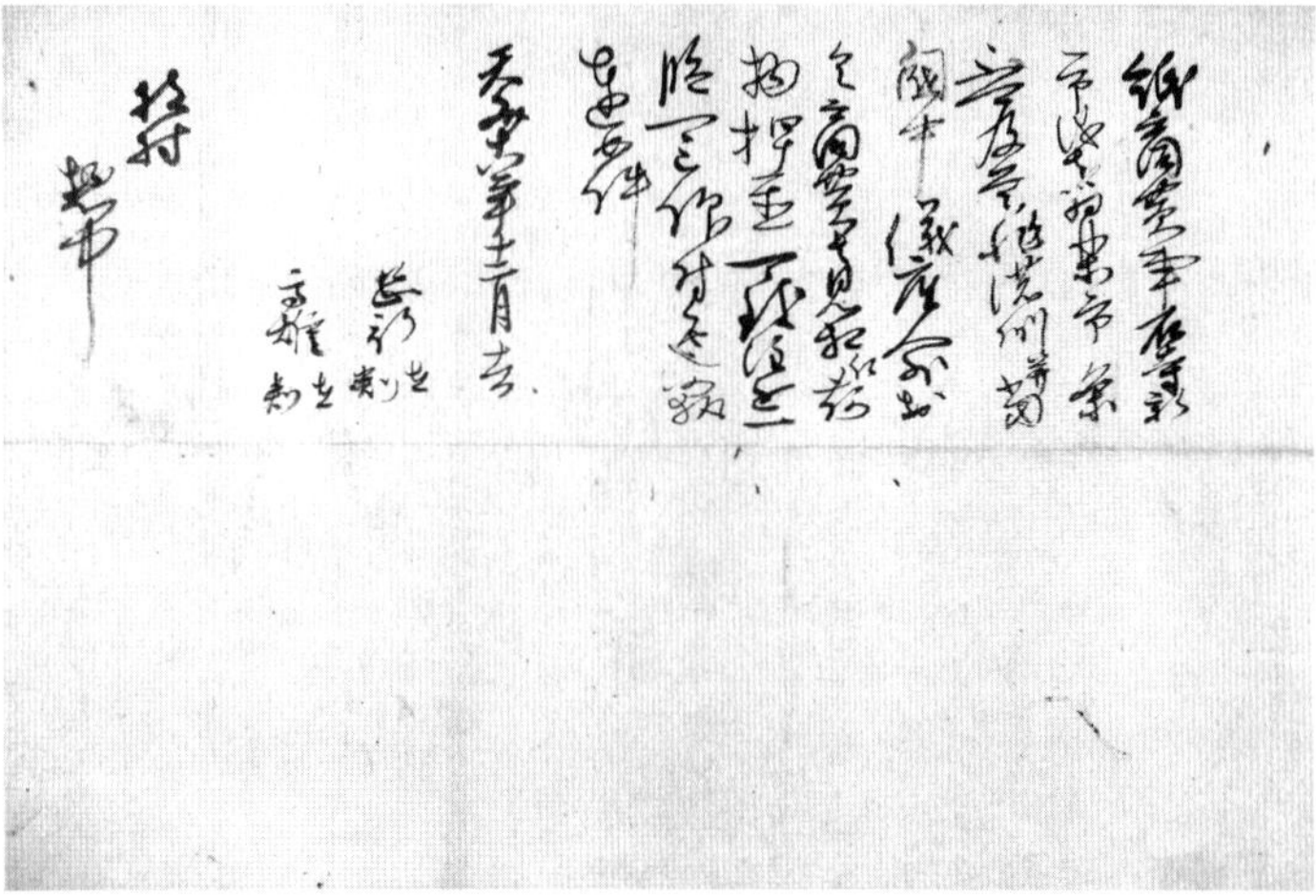

天文18年（1549）12月11日付け六角氏奉行人連署奉書案（東近江市今堀町所有、滋賀大学経済学部附属史料館保管）

していた（「今堀日吉神社文書」）。

　その担い手となったのが、本座《ほんざ》商人（枝村・横関）、得珍保《とくちんほ》今堀郷（現、東近江市）の保内ら四《し》本《ほん》商人（保内・小幡《おばた》・沓掛《くつかけ》・石《いし》塔《どう》）、五箇《ごか》商人（小幡・八坂・薩摩・田中江《たなかえ》）などの有力商人集団（「商人衆」）たちで、彼らは江戸時代に全国各地へ進出し、藩の経済を支えた近江商人の先駆けともいえる存在だった。

　そうした豊かな活動がうかがえる半面、戦国大名六角氏の庇護を得た保内商人が、広範囲にわたる商売権益の保持をめぐって、他の商人と長く激しい相論を繰り広げたことは、あまりに有名である。その中で、保内商人側の手元に残された一通の文書がある。

紙商売の事について、石寺新市は楽市であるため致し方がない。（それ以外で）美濃ならびに当国（＝近江国）内において、座人（枝村商人）以外が商売している場合は、見つけ次第荷物を差し押さえて、（六角氏のもとへ）報告するようにと重ねての仰せである。よって命令は以上の通りである。

（【史料6】天文十八年十二月十一日付け枝村惣中宛て六角氏奉行人連署奉書案）

周知のように、これが「楽市」文言のみえるもっとも古い史料である。だからなのか、その事実一点のみに捉われるかのように、一部の概説書などでは、戦国大名の中でももっとも早く「楽市」の実現に成功した六角氏の財政手腕の高さを強調し、その先進性を評価したりする突飛《とっぴ》な見方もある。

確かに信長よりも先駆けた事例であるならば、この石寺が「楽市楽座」の始まりの地であり、事実上、六角氏がその創設者ということになるのだろうか。答えは否である。この史料はあくまでも〝現存する〟、かつ〝発給年号が確実に分かる最古の史料〟というだけであり、それ以上でも以下でもない。この問題については改めて後述することとしたい。

権力すらも容易に介入できない場所

さて、右の文書は、枝村と保内の間で生じた、紙商売をめぐる相論に関わる史料としても有名である。近江国枝村では、十五世紀半ばから、美濃国大矢田郷（現、岐阜県美濃市）の市で調達した美濃紙を扱う商人の活動がめざましく、彼らは本所である宝慈院《ほうじいん》へ公事《くじ》として毎月納める代わりに、京都や近江国内での紙専売（本座）を認められていた。

ところがその後、室町幕府や近江守護にも代々安堵されてきたこの特権をめぐって、台頭する保内商人との間で、泥沼の争いへと発展していく。その相論に関わって、枝村商人は、座人（枝村商人）以外の紙商売は専売権侵害にあたる新儀行為だとして、上級権力である六角氏へ訴え、裁定を求めた。右はその際に、枝村側に下された裁定結果（裁許状）を保内商人側が写し取ったものである。内容は以下の通り。

すなわち、紙商売について、石寺新市は「楽市」であるため（そこでの座人以外の商売行為は）致し方ないが、それ以外の美濃・近江国内では、引き続き枝村商人以外の商売は禁じ、枝村による荷物の差し押さえも認める、というものである。

これまで「史上最初の楽市楽座」などといった謳い文句で紹介されることの多かった史料

であるが、文書自体は枝村商人へ宛てて、彼らの訴えに対する判決を通達したものである。石寺新市を対象に、市における非分行為の取り締まりや商売規則を具体的に定めたもの（掟書）とは異なるため、厳密には「法令」と呼ぶべきではない。

内容を詳しく見ていこう。ここでの趣旨は、①石寺新市が「楽市」であること、②それ以外での枝村の専売権を六角氏が追認したことの二点である。だとすれば、少なくともこれ以前から石寺新市は「楽市」として存在していたことになり、この段階で初めて、六角氏が上から「楽市」を設定したものでないことは明白である。

文書の中で六角氏は、石寺新市での（座人以外による新儀の紙商売）問題については、関与できない（「不可及是非」）ことをつよく主張している。これこそが網野善彦氏の指摘する、世俗的権力と無縁の場という「楽市」の性質を如実に示すものであろう。つまり、ここに記された最初期の「楽市」とは、通説とされてきたあり方、すなわち権力介入が不可能で、座人以外でも支障なく自由に商売ができる状態をさすとみてよい。

また、「楽市」といえば、市（商売）における諸役負担が免除されること、という意味合いで認知されていることも多い。しかしながら、ここではそうした特権の有無については一切触れられていない。あるいは論点である紙専売権の有効範囲について述べたにすぎず、あえて文書に記されなかったという可能性もある。だが、のちに紹介する別の「楽市楽座」文書の中にも、やはり「楽市」でありながら、諸役免除が認められていない市は確かに存在した。石寺新市の場合、関連史料を欠くため断定はできないが、たとえ「楽市」であっても、地域によっては諸役免除をともなわないケースがあったことも想定しておくべきだろう。このことは、他の史料を取り上げる中で改めて詳述したい。

石寺新市はどこにあったのか

話を戻そう。それでは、この石寺新市はどこに立てられていたものだろうか。具体的な位置は特定し難いが、地籍図の分析や発掘調査などの成果から、一つに石寺城下の南、中山道沿いの東老蘇《ひがしおいそ》にかつて残っていた地名「保内町」に比定する見方がある。

【史料7】年月日未詳六角氏奉行人奉書土代）

石寺に保内町を開設したことについて、保内商人たちは、保内町で商売を行うこと。万が一これに相反する者がいた場合、保内商人衆全員に処分を科すこととする。よって命令は以上の通りである。

蒲生郡佐々木山古城全図写（滋賀県立安土城考古博物館蔵）

右は、石寺に開いた保内町でのみ売買を行うよう、保内商人へ命じた文書の草案（下書き）にあたるもので、出された時期は明らかでないが、その命令主体は六角氏とみられる。ここに記された「保内町」とは、かつての地名「保内町」そのものであり、石寺新市の一角に開設された町場をさすと考えられている。

まず「石寺新市」について、これを開いた主体は明らかでないものの、観音寺城下である石寺付近に立てられたものとみて差し支えない。天文《てんぶん》年間（一五三二～五五）以降、国内における六角氏権力の浸透にともない、被官の集住や都市としての「石寺」の整備が進むようになる。「石寺新市」は、六角氏との折衝を求めて来場する人々を主な顧客と見込む形で開かれたものとみられる。

なお、「保内町」との相関関係については根拠となる史料に乏しく言及し難しいが、少なくとも権力介入

の及ばない石寺新市の中で、保内商人にのみ特定地域で売買強制を命じるのは、「楽市」の本質に反するものとなってしまう。この問題は、すでに仁木宏氏の批判があるように、必ずしも石寺新市と保内町を結びつけて解釈する必要はなく、それぞれ別個に成立したものとも考えられる。

では、座人以外でも自由売買が可能な市（石寺新市）がありながら、あえて右の草案で、保内商人に特定地域のみでの活動を命じた意図はどこにあるのか。

商人たちの慣習を尊重する六角氏

湖東の商人たちは、早くから「古実」と称した慣習や独自に定めた商売掟をもとに、市での商売権に制限を加え、活動区域の住み分けなど、互いを律する自立的経営を行っていた（「今堀日吉神社文書」）。そうした中で、十五世紀頃より遅れて進出した保内商人は、既存の湖東商人たちと対等の権利を主張すべく、山門や守護権力を窓口に、相論をたびたび引き起こすようになる。彼らの中には、六角氏家臣と被官関係を結び、手厚い保護を得ようとする者も現われ、六角氏側も、領国内の商品流通掌握を有利に進めるためか、癒着《ゆちゃく》とも取れるほど、保内商人の保護を積極的にはかっていくようになる。

発給年次にもよるが、先の草案にみえる「保内町（東老蘇）」について、保内商人との結びつきを強めようとする六角氏側の意図で開設されたものと仮定すれば、それは石寺新市が「楽市」となって以降、自らが肩入れする保内商人へ、独占権の行使が可能な場を特例として設けたことになるのだろう。石寺城下から一定距離を置いたのは、あるいは「石寺新市」へ来場する他の商人との無用な相論を避けるための措置だろうか。

いずれにせよ石寺には、権力介入の及ばない自由な新市（石寺新市）と、権力が自ら特定商人の活動特区として設定した町（保内町）という、二つの異なる性質の交易空間が立ち並んでいた可能性が高い。

しかし、これ以外の場面で、領国支配をすすめる六角氏が、市や商人へ掟書を掲げ、あるいは新市を積極的に立てることはほとんどなかったようである。流通支配に関する文書では、先述した相論関連を除けば、市の治安維持（犯人追捕）と新儀課役を免除したものがあるにすぎない。

地域内流通の拠点としては、湖東商人が数多く集う八日市（現、東近江市）や、港町として栄えた常楽寺《じょうらくじ》（現、近江八幡市安土町）が早くから存在し、ヒトやモノの往来は石寺以上に充実していたといえる。だが、こうした場にも六角氏が積極的に介入し、商業機能の強化を働きかけたり、厳格な規制を設けたりした形跡はない。それは既存の市町の多くが、不文の慣習によって成り立つ世界であったためであろう。また、現地で活動する商人たちが独自に定めた商売掟が存在していたことも影響していると考えられる。

六角氏自身、有名な分国法である「六角氏式目」（永禄十年）の制定を境に、不文の慣習を第一として相論裁許に臨むようになり、商品流通への向き合い方も、在地の主体性や意思を尊重する方向へと舵を切っていく。古くから存在する商人たちの自立的な活動や商業形態を前提に、これを最大限保障することが支配の上ではもっとも効率的で、そもそもここに六角氏が新たな規制を敷く余地はなかったのだろう。

商人たちにも根付いていた「楽市」の意味

では、石寺新市だけが「楽市」となった背景はどう捉えるべきなのだろうか。新興（座外）商人の市場参入を拒めない「不可及是非」との主張を、六角氏自身が仰せ付けた保内町と比較して考えるならば、やはりそこでの「楽市」は、六角氏が設定したものではないと捉えた方が蓋然性は高い。

さらにここで「楽市」という文言が用いられていることには、もう一つ大きな意義がある。すなわち、この言葉が相論裁許において一定の効力を有するためには、少なくともこれ以前から、六角氏はもちろん当事者である枝村や座人以外の商人にも、「楽市」という概念（条件・状態）とその意味が、確実に認知されていなければならない。そうでなければ、いざ「楽市」と掲げられたところで、受給者である枝村側は、なにを意図したものか理解できず、結果的に裁許状としての機能も果たせなくなってしまう。

このことから、少なくとも湖東の市場経済では、すでに「楽市」というあり方が、これ以前から、在地の慣習あるいは制度として根づいていたことは間違いない。本文書を「楽市楽座」の端緒を示す史料として、無造作に高い評価を与えることに疑問を呈する理由はここにある。

また、先行研究によると、重臣・伊庭《いば》氏の乱鎮圧を経た永正・大永年間（一五〇四〜二八）頃を境として、訴訟裁定に加え、領国内の流通・交通に六角氏が一定の権限を確立するようになる。とくに紛争が広域に及び、在地慣行や当事者間での解決が困難になることは、上位権力の介入を後押しした。これを待つかのように、保内は一六世紀以降、他の商人がもつ街道上の商品輸送権へも手を伸ばし、六角氏との「癒着」にも似た関係を築きつつ、湖東から伊勢・湖西《こさい》・若狭《わかさ》へと活動の幅を広げていく。

こうした状況をふまえると、既存の独占権を次々に脅かし、各地へ進出していく保内へ対抗するため、「既ニ上儀をさへ不致承引」「何之商買をも仕事」と謳われた桑名の「十楽」を手本として（「今堀日吉神社文書」『八史』五―二〇八・二七九）、枝村ら古参商人たちの間で独自に生み出された市での商売のあり方が、「楽市」であった可能性が想起される。これは佐々木銀弥氏が提唱した、在地型楽市楽座令に通ずるものであり、本文書に即せば、保内の台頭を抑えるため、枝村が自らの専売権を犠牲にした形となろう。

「楽市」になっても市は永続しない

六角氏は、石寺城下へ新市を立てるにあたり、相論のない自由かつ平等な場として、当所に限り、湖東の商人が主張し作り上げた商売形態をそのまま適用したと考えられる。だがこれ以降、六角氏が自ら「楽市」を宣言することはなかった。

八日市や常楽寺といった市町支配のあり方や、そこに活動基盤を置く商人との関係など、地域内流通に対する六角氏のスタンスは、既存の構造に依拠し、それを最大限活用することにあった。石寺新市における「楽市」も、湖東商人の自立的な活動を追認する中で可視化されたものにすぎず、流通構造の再編はもちろん、城下町建設の促進や、商業機能の集約をはかろうとするものではなかったと考えられる。

よく知られているように、このあと六角氏に代わって信長が近江一国を領有すると、繖山に隣り合う安土山に構えた安土城が、湖東地域の新たな政治拠点と位置づけられる。「楽市」となった新市を含む石寺の動向は詳らかでない。だが、隣接する山下《さんげ》に築かれた巨大な安土城下町が「楽市楽座」になったのと前後して、まもなくその役目を終えたのだろう。

たとえ「楽市楽座」となった市やそれを抱える城下町であろうと、発給主体である大名権力の没落はもちろん、流通・交通に特化した新たな市町の創設や街道の移設といった、領国体制の変化による影響は避けられず、その機能も容易には保てなかった可能性が高い。「楽市楽座」が必ずしも、永続的かつ安定した効果をもたらすものではないとする仮説を立証すべく、さらに別の事例を見ていきたい。

国境に出された家康の「楽市」――小山

中世から近世への過渡期に、都市の成立や商業の発達を促したといわれる「楽市楽座」。近世城下町や幕藩体制下の市場構造に結びつく、いわば時代の転換を象徴する政策として紹介されながら、その担い手として注目されるのは、ほとんどが信長である。

ほかにも秀吉や北条氏・今川氏など、時代を彩った有名な武将たちが「楽市楽座」をいくつも執り行っている。その中で、江戸幕府を開いた徳川家康もこれを実施していたことは、通史として描かれるどころか、一般的にもほとんど知られていない。

まずは、その史料を紹介しよう。時代は、家康が天下人に上り詰めるはるか前、東海地域を領有する一人の戦国大名として活躍していた頃のものである。

小山新市の事

一、楽市として申し付けるので、諸役（徴収）は一切行わないこと

一、公方人（＝家康被官）が押し買いに及んだ場合、その人物を特定し、報告すること

一、その市では、債務不履行の代償として第三者の身柄を拘束する行為は行わないこと

右の条文について、以上の通りである。

【史料8】永禄十三年十二月付け小山新市宛て徳川家康朱印状

本文書に書かれた宛先は、これまで三河《みかわ》国碧海《へきかい》郡の「小山《おやま》」（現、愛知県刈谷市小山町）をさすとして、若き日の家康が所領・三河国における経済基盤の確保と富国強兵をめざすための政策と考えられてきた。しかし、近年の研究によって、異なるもう一つの小山であること

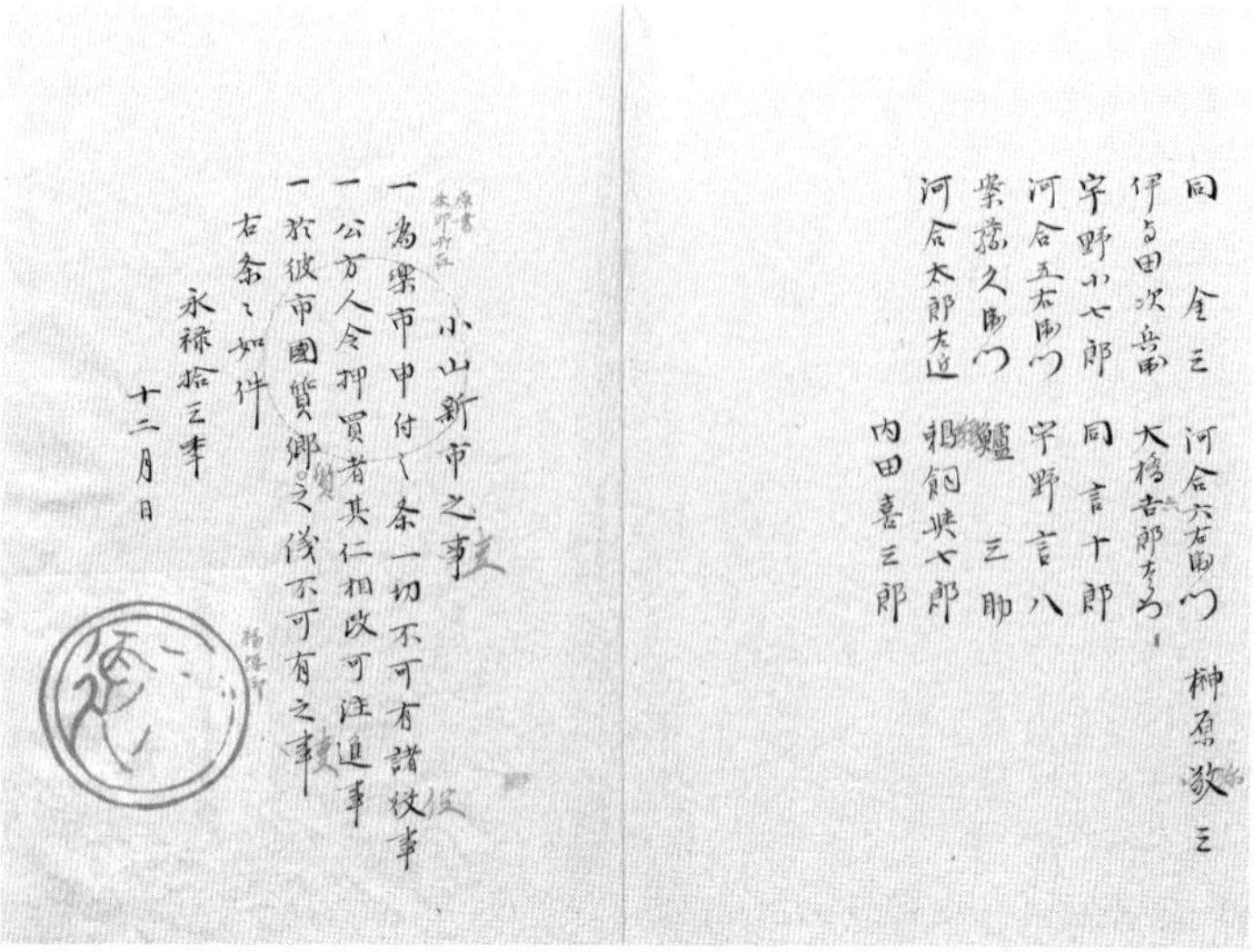

小山新市之事
一　為楽市申付之条、一切不可有諸役事
一　公方人令押買者、其仁相改可注進事
一　於彼市国質郷質之儀、不可有之事
右条々如件
永禄拾三年
十二月日

永禄13年（1570）12月付け小山新市宛て徳川家康朱印状写（「松平乗承家蔵古文書」より、国立公文書館蔵）

が明らかとなり、史料そのものの性格にも全面的な見直しが必要とされた。その「もう一つの小山」こそ、遠江《とおとうみ》国と駿河国の国境を示す大井川沿いに広がる、遠江国榛原《はいばら》郡（現、静岡県榛原郡吉田町）の「小山《こやま》」だったのである。

　戦国大名の支配領域（国・郡）の境界付近といえば、大名への帰属や村落間の用益をめぐる争いが頻発する、いわば紛争の最前線としても知られている。とりわけ、国を二分する境界線となった大規模な河川沿岸では、敵地侵攻や防衛を目的とする城郭（境目の城）がいくつも築かれ、対峙する陣営との間で争奪戦となった。有名な桶狭間《おけはざま》合戦や川中島合戦なども、所領拡大や城

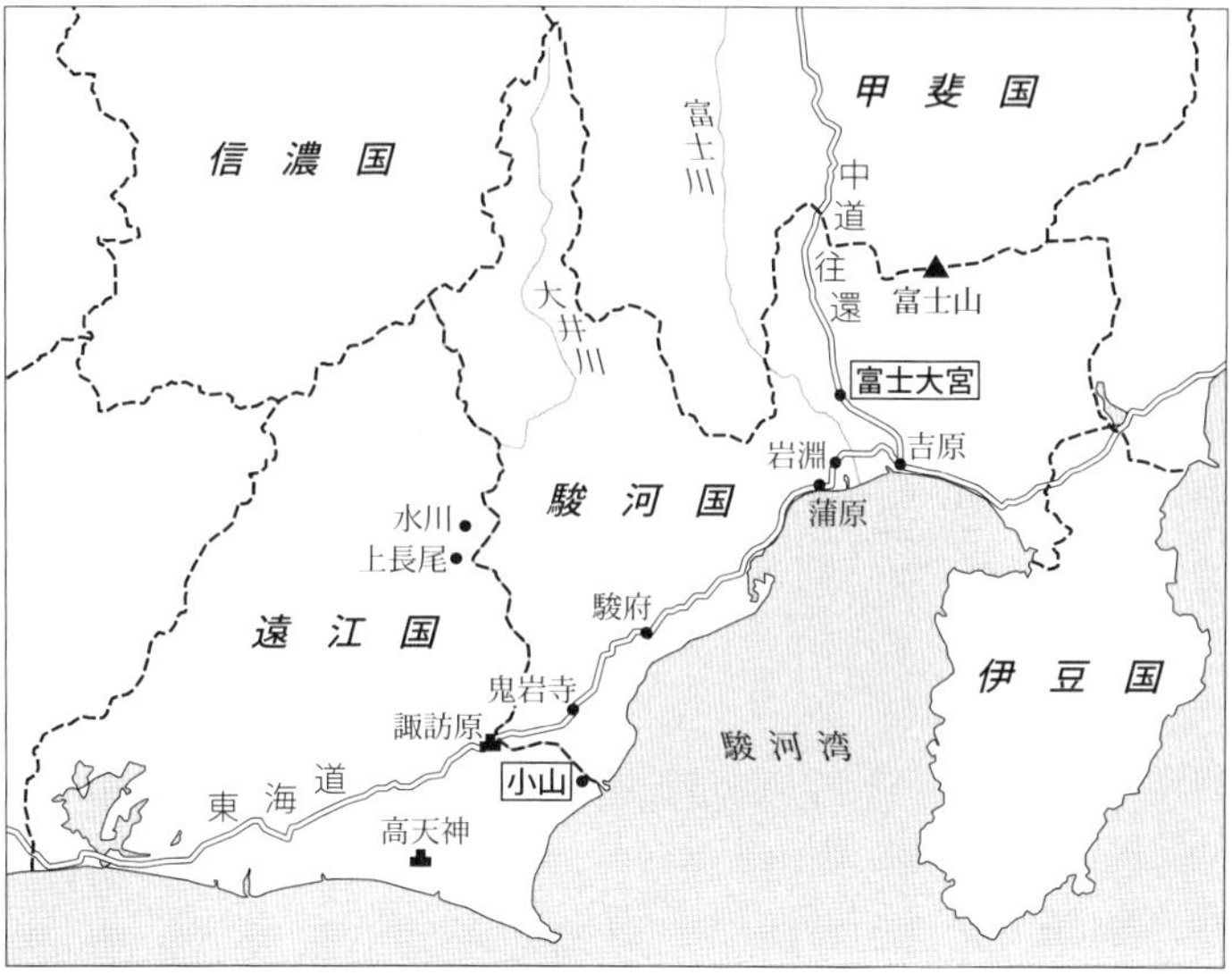

図3　駿河・遠江国「楽市楽座」分布図

郭奪還をめぐり、国々の境目で争われた戦いであった。

本文書が出される二年前の永禄十一年（一五六八）十二月、武田氏は、今川領国（駿河・遠江）の分割支配という家康との盟約を一方的に破棄して、家康領である遠江へと侵攻すべく、大井川沿いに境目の城（小山城）を築いた。同城は、馬場《ばば》信房《のぶふさ》の手でナワバリを拡張し、三重堀と土塁を備えるなど、諏訪原《すわはら》城や高天神《たかてんじん》城と並び、遠江国内における武田氏の主城と位置づけられている（「孕石《はらみいし》文書」『静資』八―九一二）。

小山は、こうした国境の最前線にあることに加え、大井川と下流に広がる駿河湾といった水上交通を押さえる上でも欠かすことのできない場でもある。伊勢海賊で有名な小浜《おばま》氏へ、大井川周辺に知行を与え、小浜氏自身も大井川沿いの寺社へ土地を寄進していることから、武田氏にとって同地一帯は、遠江侵攻をめぐる上での重要拠点であったことがうかがえる（「小浜文書」「能満寺文書」『静資』八―七六一・九一二）。

一方、遠江平定をはたして間もない家康は、来たる武田氏の侵攻に備えて、同城の攻略を至上命題とする形で、永禄十二年（一五六九）十月、家臣である大給真乗《おぎゅうさねのり》へ、小山を含む榛原郡二千貫文を与えた（「松平乗承家蔵古文書」七『岡史』六）。つまり、「楽市」を含んだ本文書はその直後に作成された文書ということになるのである。こうして同城を挟んでにらみあうような形で、以後、天正十年の武田氏滅亡に至るまで、両氏は長期にわたる攻防を展開していく。

このように、徳川・武田両氏の対立という差し迫った政治的背景の下で、その最前線ともいえる地域に立てられた新市（「楽市」）には、一体どんな意味があるのだろうか。また、家康は生涯において「楽市」をこの一度しか実施していない。「楽市楽座」が多くの新興商人が歓迎し、近世化に結びつく画期になったと目される、いわば時代の最先端の政策であったとすれば、のちに天下統一を果たすことになる家康は、なぜこれを長く広範囲で、かつ積極的に施行しなかったのだろうか。

かつての敵地に新市を開く家康の意図

話を小山の事例に戻そう。まず、家康が関わった新市の支配に関してみると、実は小山以外の遠江国内や三河国でも、市立てを積極的に行っていたことが史料から読み取れる。

根石原新市について、三年間は諸役免除とする。ただし三年を過ぎた後は、他の市のように諸役を徴収する。市に住居を構えた者は、たとえ借銭借物などの負債があっても、三年間は返済しなくてよい。市については、すべて本多左近左衛門に申し付けることで間違いない。よって以上の通りである。

（【史料9】永禄九年正月九日付け本多左近左衛門宛て徳川家康判物写）

たとえば、岡崎にほど近い根石原《ねんしばら》（現、愛知県岡崎市）に立てられた新市で、家康は「三ヶ年」の諸役免除を認めるとともに、市へ移住した者には、他所で負った債務があっても、これを同じく期限付きで免除とする徳政《とくせい》も認めている。

また、三河一向一揆の拠点として知られ、本宗寺《ほんしゆうじ》を核とする寺内町を形成した土呂《とろ》（「土

徳川家康像（滋賀県立安土城考古博物館蔵）

呂八町新市」。現、岡崎市美合町）や、武田方の遠江攻略の拠点である諏訪原城（「牧野市場」。現、静岡県島田市）など、のちに鎮圧・奪還に成功した敵方拠点周辺にも、家康はわざわざ新市を開いているのである（「譜牒余録巻三六」『愛資』十一―九一一、『家忠日記』など）。

これらの市は、東海道や矢作《やはぎ》川などの主要交通路に沿って開かれたもので、そこでは市や市升《いちます》を知行とする形で、国衆《くにしゅう》など在地領主が代官として、これを差配していた。右の文書でいえば、本多左近左衛門がそれにあたる。

こうした家康による市の開設拡大に向けた積極的志向が確認できる一方で、遠江侵攻をはかる武田氏も、この家康と競うかのように、大井川流域に点在する市を次々と手中に収めている。

定

旧来のように、鬼岩寺門前に市を立てること。諸々の法度等については、重ねて奉行衆からの連名で定めることとする旨、武田家より厳重のご命令である。よって以上の通りである。

（【史料10】元亀三年二月二十三日付け孕石元泰宛て武田家朱印状）

右はその一例で、遠江国孕石村（現、静岡県掛川市）を本拠地とする国衆・孕石元泰《はらみいしもとやす》に対し、知行地である駿河国藤枝郷内の鬼岩寺《きがんじ》（現、静岡県藤枝市）門前で、従来通りに市立てを行うことを認めている。文書では、追って「諸法度」つまり市場法を定めるともあって、武田氏は既存の市を再興するだけでなく、自分なりに手を加えることも忘れていない。

このほか、大井川上流の上長尾（榛原郡。現、静岡県川根本町）における「前々立市」など（「奥山文書」『静資』八―八四一）、掌握した市はいずれも、今川氏の代から交通の要衝に開かれていたものばかりで、こうした傾向は、後述する駿河国富士大宮の場合でも共通している。

こうしてみると、同じ幹線道路や河川沿いを舞台としながらも、武田氏とは対照的に、新市の開設や振興に意を注ぎ、国内の物流を効率よく掌握しようとする家康のねらいが明確に浮かび上がってくる。とくに敵地での新市開設となれば、家康権力の浸透をよりつよく可視化させるものとなったに違いない。どうやら小山新市と大給氏の存在も、こうした流れの中に位置づけて考えることができそうである。

国の境目に立てられた市

そこで、冒頭に掲げた掟書の解釈に移ろう。

第一条は、小山新市を「楽市」とするにあたり、あらゆる諸役の免除を認めたものである。ここで「楽市」を「申付《もうしつけ》」けているのは、文書を出した家康本人とみて相違なかろう。先に見た石寺新市と異なるのは、商人ではなく、市を開いた権力が「楽市」という空間を作り出す主体として現われている点である。これは、網野善彦氏や勝俣鎮夫氏が注目した、世俗と無縁の世界である「楽市」の本質に反するものだろう。

また、市での諸役について、先の根石原新市の場合、「三ヶ年」経過ののちは「自余之如市」、すなわち他の市と同じように諸役を負担せよと述べている。しかしながら、小山新市ではこうした条件なく「一切」が免除されたわけである。ここに小山新市のもつ特殊性が指摘できよう。同じ新市で、こうした特例ともいえる環境が整えられた背景には、境目という位置関係に加え、武田氏に備えるための切迫した状況が想定される。

先に述べた通り、国境では敵方へ侵攻し占領するため、一方では領国防衛の柱となる境目の城が構築され、双方の戦国大名が睨みを利かせた。こうした絶え間ない領土紛争が起こる地域では、城館こそが当該地域での当知行を象徴する最たる存在であった。
また、境目では敵味方の区別なく、稼ぎ場を求めた商人が行き交うニュートラル（「半手《はんて》」）な領域でもあったようである。

　半手における商売について定めること
一、（商人たちが）出合う際は、償銭（身代金）を取り交わすように、水川郷《みずかわ》で、互いに川端へ出て商売をすること
一、敵方から鉄砲や鉄が無事に確保できたならば、それに見合う二〜三百疋の人夫と馬を遣わすこと
一、書状に名前を記された商人以外は、商売してはならない。万一これに違反した者については、見つけ次第荷物などを奪い捕ってよい
（【史料11】年未詳九月晦日付け松木宗清等宛て穴山信君判物写〔部分〕）

　この史料（部分）からは、大井川西岸の水川郷（現、静岡県川根本町）において、実際に武田氏の保護下にある駿河国の商人たちが「河端へ出合」い、「半手商売」を行っていたことが知られる。国のボーダーラインをなす大河川沿いを舞台として、軍需物資を含めたさまざ

まな商品が行き交い、これらを求める来場者の賑わいは、さながら市のような様相を呈していたと思われる。

境目という不安定な地勢は、そこに立つ市での混乱を招く大きな要因であり、それは小山新市でも同様であったろう。第二条では、「公方人《くぼうにん》」による押買行為があれば、注進するよう求めている。ここでの「公方人」とは、家康被官をさす可能性が高く、彼らは武田氏の攻勢に備える物資を求めて市へやって来たのだろう。質取り行為を禁じた第三条とあわせ、家康はあらかじめ、そうした非法行為から商人を保護することを宣言したわけである。

「楽市」は商人を招き入れる広告塔

文書の構造に注目すると、「楽市」という特殊な言葉を除けば、戦国時代に多くみられる禁制や市場法とほとんど変わらない。また、市の戦後復興や町場化という長期的な課題のため、集住・振興を促す事例は多々あるが、小山新市に出された文書には、市への集住を呼びかける条文（特権の付与）は一切ない。それゆえに少なくとも、市そのものの機能は、武田氏の侵攻に備えるための一時的な物流拠点であって、城下町の建設までを視野に開かれたものではないことが分かる。

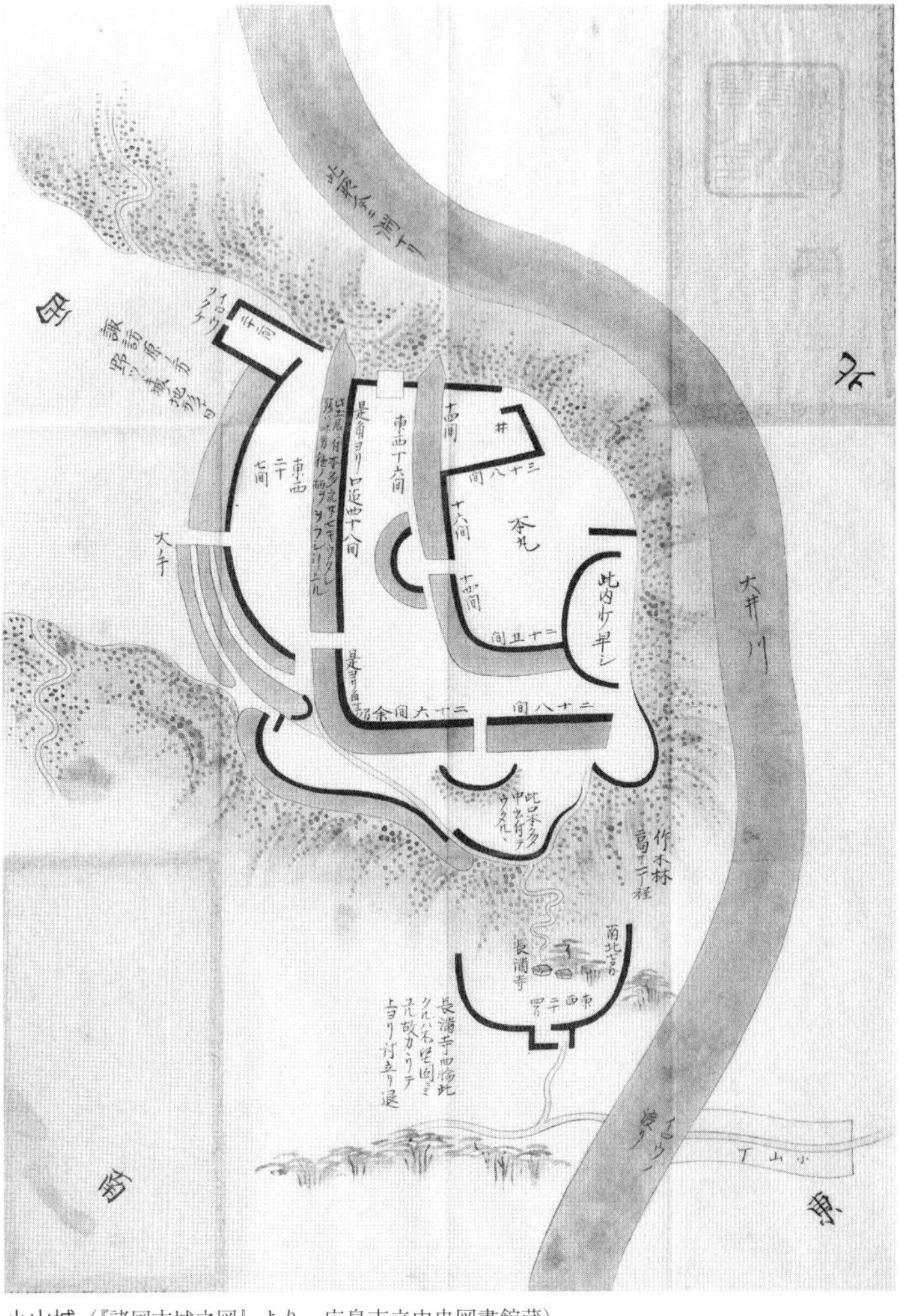

小山城（『諸国古城之図』より、広島市立中央図書館蔵）

ここから、家康が小山新市を「楽市」としたのは、当該地域一帯が自身の支配領域、すなわちナワバリに含まれていることを明確化する必要があったためと考えられる。軍事境界線において、武田氏の動向をいち早く把握するとともに、駿河湾に臨む水上交通支配の要地としても、大井川一帯の確保と拠点創出は、このときの家康にとって早急の課題であったといえよう。「楽市」はその指標となるものでもあった。

また、先に紹介した水川郷の事例に即せば、下流の小山新市でも同様に、徳川・武田の双方に属する商人が、稼ぎ場を求めて来場する可能性は十分に想定されたであろう。だとすれば、家康が「楽市」を掲げることは、境目を行き交う商人たちにとって、他の市とは異なることを広く認知させ、彼らを招き入れる広告塔としての役割も期待されたに違いない。そこには、武田氏へ間接的な経済損失を与えようとする、家康の戦略的思考が込められていたともいえるのではないだろうか。

家格秩序を踏まえた「楽市」——世田谷

「楽市楽座」研究の中で、織田信長に次いで、確認される史料の数とそれに比例した豊富な研究があることで知られるのが、北条氏である。本書冒頭でも述べたように、それまではどちらかというと、城下町建設や統一的な物流支配をめざす戦国大名が、「楽市楽座」という政策を、一方的かつ強固に推し進めたとする見方が根強かった。こうした流れを疑問視する池上裕子氏は、北条氏の事例をもとに、権力一辺倒ではなく、とくに法令（文書）の宛先となる在地の動向から、「楽市楽座」の成立過程を見直したのである。

池上氏の研究によれば、天正《てんしょう》年間（一五七三～九二）にかけて隣国への所領拡大をはかった北条氏は、交通の要衝に、円滑な物資輸送や情報伝達が可能となる町場の構築を模索していた。このとき本領の武蔵国内では、相当数の荒地《あれち》（旧耕地）が存在しており、在地では町人や有力百姓を主導として、その開発意欲が高まっていたという。

そこで、物資輸送の円滑化と、耕地増加にともなう年貢（諸役）増収を見込んだ北条氏は、在地の開発申請を受け容れ、これを推進するための拠点として、「新宿」を特別に設定した。さらに北条氏は、この「新宿」を先述した町場へといち早く発展させるため、定期市を開き、一時的な諸役免除を認めた「楽市」として賑わいを演出したという。

つまり、空間としての「楽市」そのものは、先にみた家康の事例と同じく、戦国大名が創り上げるものに変わりはない。だが、北条氏の場合、それを実現するための過程として、地域開発という在地側の要求と、それを行うための核となる「新宿」の設置が不可欠だったというのである。その最たる例が、次の武蔵国・世田谷新宿（現、世田谷区）に出された一通の掟書である。

掟

一、市の開催日は一ヶ月につき以下の通りとする

一日　六日　十一日

十六日　廿一日　廿六日

一、押買狼藉は決して行わないこと

一、国質郷質は取ってはならない

一、喧嘩口論は行わないこと

一、諸役は一切徴収しないこと

以上である。

右を、楽市として定め置くこととする。よって以上の通りである。

（【史料12】天正六年九月二十九日付け世田谷新宿宛て北条氏政掟書）

世田谷に設けた新宿に六斎市を開き、平和かつ諸役免除の「楽市」とする内容である。楽市を「定置」くとあって、ここでも先の徳川氏の事例と同じように、戦国大名が「楽市」と

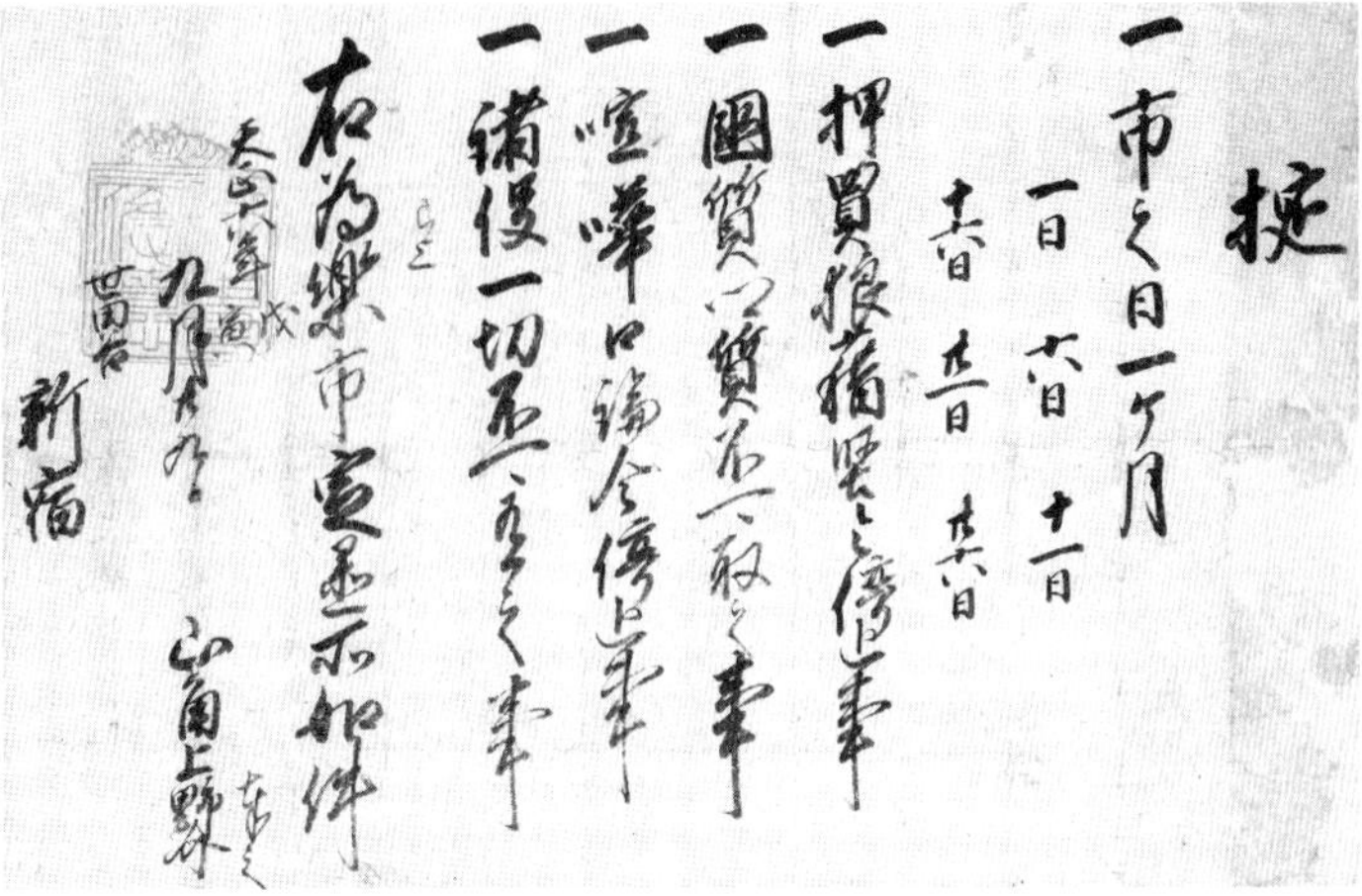
掟
一 市之日一ヶ月
　一日　六日　十一日
　十六日　廿一日　廿六日
一 押買狼藉堅停止之事
一 国質郷質不可取之事
一 喧嘩口論令停止事
一 諸役一切不可有之事
右為楽市定置所如件
天正六年戊寅　九月廿九日　山角上野介 奉之
世田谷 新宿

天正６年（1578）９月29日付け世田谷新宿宛て北条氏政掟書（大場代官屋敷保存会所蔵文書、世田谷区立郷土資料館保管）

いう空間を創出する存在として現われている。

ここで立てられた六斎市は、世田谷区で行われている有名な伝統行事「世田谷のボロ市」の始まりを示すものとしても知られている。同市は江戸時代以降、開催日や規模を変えながら、農具や古着など農村の商品需要を満たすべく、毎年十二月と一月（各十五・十六日）に開かれる形で定着し、現在に至っている。

戦国大名による「楽市楽座」の対象となった市は、ほとんどが江戸時代に入って衰退し、近代までにその姿を消してしまっている。そうした中で世田谷は、規模を縮小しながらも、四百年以上にわたり、市の伝統と賑わいを今に伝えている稀有の事例といってよい。

さて、戦国時代に立てられたこの世田谷市について、研究の中では自由商売の市、という抽象的な評価でしか描かれていない。北条氏の支配する領国では、この他にも街道沿いに市が多数開かれており、その数は七十近くにのぼるともいわれる。中には当主自らが市を立てたり、これを保護する内容の文書（朱印状）を出したケースもいくつか含まれている。

その中で北条氏が実施した「楽市楽座」については、この世田谷以外に、後述する荻野《おぎの》（相模国）と白子《しらこ》（武蔵国）でしか確認されていない。相対的にみるとかなり厳選した形であるが、研究ではこのように限定的となった事情は、史料解釈や位置づけの中に考慮されていない。だが、先に紹介した池上氏の研究成果をはじめ、世田谷という地域史の中で捉え直した場合、その機能や「楽市」となった背景には、もう少し具体的な意味がありそうである。

北条氏が世田谷を重視する理由

そこで、同じ武蔵国内に設けられた高萩新宿（現、埼玉県日高市）の事例も紹介しよう。

市法度の定め　　高萩新宿

二日　　七日　　十二日
十七日　　廿二日　　廿七日

一、押買狼藉・喧嘩口論は決して行わないこと
一、国質郷質は取ってはならない
　また、市の開催日に借銭借米の催促を行ってはならない
一、新宿であるので（役を賦課する公使）介入は一切認めない。ただし、他の郷村で以前から役を務めておきながら、それを放棄して移り住むような者をここに置いてはならない。もし置いた場合は、その役を務めさせること
　右のように定める。よって以上の通りである。

（【史料13】天正十一年十一月十日付け高萩新宿宛て北条家掟書写）

内容そのものは、世田谷宛ての掟書とほとんど変わらないのだが、ここでは市日に来場した者への債務破棄（第二条）と、外部からの不当な介入を排除する不入権（第三条）が与えられていることに注目したい。

ところがこれより早く、無縁の原理を基本属性とするはずの「楽市」が設定された世田谷では、同じ「新宿」という場に開かれた市（六斎市）でありながら、債務破棄の徳政令や、

不入権の行使は認められていない。諸役免除があることを除けば、特権内容からみた世田谷の相対的位置は、高萩よりも低いといわざるを得ないのである。

世俗権力と無縁の「楽市」となることと、それに類する特権としての債務破棄や不入権をもつことの違いはどこにあるのか。それは世田谷という地を治める領主の性格と、それに対する北条氏の政治的スタンスに求められる。

関東へ進出し、各地に支城を築いた北条氏には、本拠地・小田原とこれら支城を結びつける往還路の整備が急務であった。その一つとして、小田原と江戸をつなぐ街道と、その道筋にある世田谷という地に白羽の矢が立ったわけである。

吉良氏という名門への配慮

その世田谷（武蔵国荏原《えばら》郡）は、多摩川の浸食で形成された武蔵野台地と、多摩川沿いの沖積《ちゆうせき》平野にまたがる集落で、南北朝期以来、武家の名門である足利氏の庶流・吉良《きら》氏が、有力領主として当地一帯を支配していた。このあと吉良氏は戦国期に入り、北条氏と接近し、天文八年（一五三九）頃には、当主・吉良頼康が北条氏綱の娘を迎え、姻戚関係を結んでいる（『快元僧都記』）。

とくに足利氏一門という家格から「吉良殿様」「世田谷御所」などとも称された吉良氏は、北条家の虎印と並ぶ大きさの印判《いんばん》を使用するなど、領国内に存在した他の在地領主とは一線を画した立場として認識されていた（『快元僧都記』）。先に紹介した北条氏との姻戚関係も、そうした地位の高さが成立背景にあるとされ、北条氏は吉良氏にのみ「着到以下迄無役」すなわち軍役を免除とし（『北条氏所領役帳』）、厚礼な書札礼《しょさつれい》の文書を出すなど、領内における一定の独立性を認めている。

また一説では、当時、関東管領《かんとうかんれい》・北条氏が、公方《くぼう》たる足利氏と敵対関係にあったことから、足利氏に次ぐ権威をもつ吉良氏を保護することで、権力基盤の安定化をめざしたとする見方もある。

いずれにせよ、そうした政治的流れと北条―吉良（世田谷）の関係をふまえると、はたして、そこで世田谷に発せられた掟書と「楽市」は、吉良氏のもつ権限と自立性を否定し、北条氏自らが強固な支配基盤を築くためのものと評価してよいのだろうか。

「楽市」は地域へのアピール材料

新宿と六斎市の設置そのものは、支城を結ぶ街道整備と町場創出という北条氏の都合によるものとみて相違ない。しかし、諸役免除と「楽市」の設定については、吉良氏の存在が大きく関わっていたとみえる。というのも、北条領国内に成立した新宿の場合、諸役免除は町場として発展するまでの間など一定期間のみか、そもそも免除すら認められていないケースが大半であった。だが、世田谷ではその一切が恒常的に免除された格好である。これは、先に紹介した領主・吉良氏の政治的立場と、それにもとづく特権を承《う》けたものと捉えて間違いない。

北条氏の後ろ盾を得た吉良氏は、世田谷以外に、蒔田《まいた》や品川、芝といった江戸湾に面した、いわゆる都市的な場にも一定の支配権を確立している。関東支配の安定化をめざす北条氏にとってみれば、吉良氏のもつ高い権威に加え、こうした水陸交通を扼《やく》する地域を活用しない手はなかったはずだ。

その上で周辺地域の中で唯一、世田谷を「楽市」と定め、一切の諸役免除、すなわちこれまで同様の「無役」を安堵としたのは、吉良氏権力の存続と自身の庇護下にあることを視覚的に強調し、これを対外に発信するためのものと考えられる。「楽市」は、世田谷という空間の特殊性と、南武蔵における経済的優位性をより際立たせるための特権であり、北条・吉良両氏にとって、互いにメリットを有するものであったといえる。

掟書に債務破棄条項が存在しないのは、債権をもつ領主権力・吉良氏が未だ顕在だったためで、たとえ経済振興の必要性があろうと、吉良氏存続をはかる以上は、北条氏であってもこれを容易に否定できなかったためとみられる。

ここから生ずる疑問として、北条氏から独立した権限をもつのであれば、なぜ吉良氏自身は一度も「楽市楽座」を実施しようとしなかったのかという点がある。

北条氏と同じように、吉良氏も早く天文十九年に「上小田中市場《かみこだなか》」（現、神奈川県川崎市）など、交通の要衝に立つ市へ諸役免除を認める文書を出しているが（「泉澤寺文書」『戦北』一―三八五）、中でも、芝村（港区）の百姓に宛てた次の文書は、北条氏掟書との差異を比較する上でも興味深い。

【史料14】天正十六年七月二十四日付け柴村百姓中宛て吉良家制札）

制札

右について、柴村新宿を不入の地として立てることとするので、万が一横合非分《よこあいひぶん》などの行為があった場合は、報告するようにとの仰せである。よって以上の通りである。

ここから吉良氏も自ら新宿を設置し、ここに不入権を与え、繁栄を促していることが確認できる。江戸湾沿いに位置する芝は、船舶の往来が盛んな湊であり、吉良氏はその特性を活かした拠点創出を進めていたとみられる。北条氏掟書と意味するところは同じでも、このように吉良氏が市や新宿へ出した文書には、いずれも「楽市」の文言はない。その高い家格に加え、水運とそれを用いた地域間の密接なネットワークを操る吉良氏にとってすれば、そもそも「楽市」などという表現は不要なものであったのだろう。

そうだとすれば、「楽市楽座」という政策にみる北条氏と吉良氏の違いは、むしろ網の目のように広がる交通網と、そこに点在するいくつもの伝馬宿《てんましゆく》や市を差配する立場にある北条氏自身が、経済振興の促進や在地との利害関係の調整をはからなければならない、という必要性に迫られたことから生じたものと考えられる。

復興策としての「楽市楽座」——北野

「楽市楽座」の実施される場所はどこかと問われれば、読者の多くは、市や町、城下町を思い浮かべることだろう。確かにこれまで見てきたとおり、そのほとんどが交通の要衝に位置する、都市的な空間が主な場所として選ばれていることは間違いない。だが実はこのほかにも、一般的にはあまり知られていない、意外な場所もその対象に含まれていたのである。

次の史料をみてほしい。

直海郷《のみ》
北野村

定

一、前々のように市を立てること、もし道理に合わないことを申し懸けてくる輩《やから》がいれば知らせなさい。すぐに成敗する

一、楽市楽座とすること

一、国質所質（を取ること）は停止とする

右の条文に違反する者がいれば処罰する。よって以上の通りである。

（【史料15】天正十三年十月九日付け直海郷北野村宛て前田利長掟書写）

その場所こそ「村」であった。右の文書は、前田利家《まえだとしいえ》の嫡男として、のちに豊臣家の政務を司る「五大老」の一人としても名を馳せる、初代加賀藩主・前田利長《としなが》（利勝《としかつ》は初名）が出したものである。

天正十三年（一五八五）八月、羽柴《はしば》秀吉は対立する佐々成政《さっさなりまさ》征伐のため、前田利家を先鋒に越中《えっちゅう》への進軍を開始する。翌九月、この戦いで降伏した成政に代わり、利長は越中三郡（射水《いみず》郡・砺波《となみ》郡・婦負《ねい》郡。現、富山県西部）を与えられた。秀吉の佐々攻めが行われた越中で

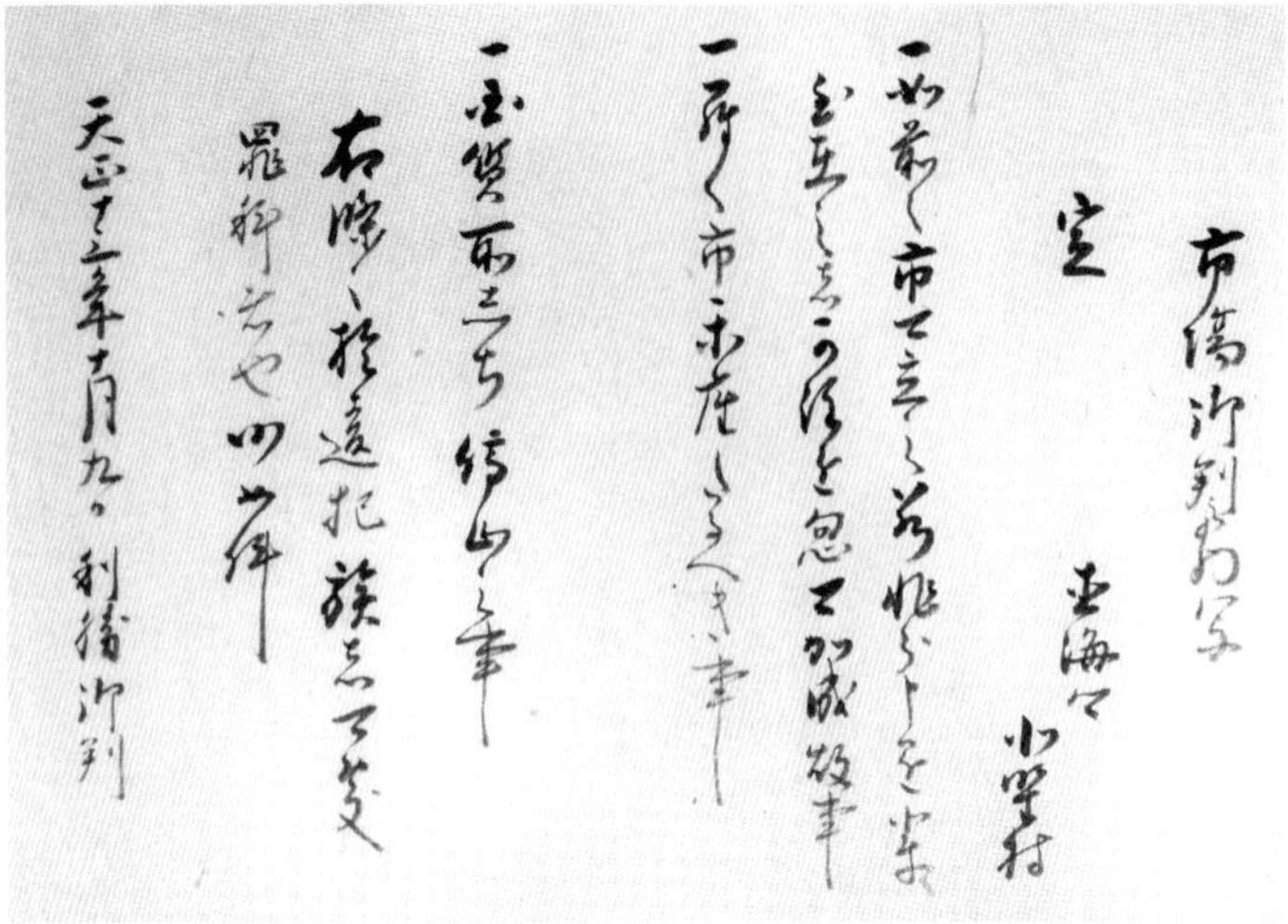

天正13年（1585）10月９日付け直海郷北野村宛て前田利長掟書写（「洲崎文書　御印写 寛政２年」より、南砺市立城端図書館蔵）

は、これより早い明徳《めいとく》元年（一三九〇）に、本願寺五代綽如《しゃくにょ》によって井波《いなみ》（現、富山県南砺市）の地に真宗瑞泉寺《ずいせんじ》が開かれている。

現在、井波別院《いなみべついん》として知られる同寺は、加賀・越中・越後《えちご》・信濃・能登・飛騨《ひだ》の門徒から浄財を募って建立されたといわれ、十五世紀頃には堀や土塁を備えた「町家三千余」をもつ「寺内《じない》」を形成し、守護や守護代と対立する越中一向一揆の拠点となった（『瑞泉寺由来記』）。

しかし、天正九年九月、織田信長から越中一国を与えられた佐々成政の焼き討ちによって寺地《じち》を失い、一時的に別地への移転を余儀なくされた。それが、砺波平野の南端に開かれた、城端町《じょうはなまち》（砺波郡。

現、南砺市）に隣接する「直海郷北野」（砺波郡。現、南砺市）であった。

ここに寺地を構えた瑞泉寺は、秀吉の越中進軍に際し、あらかじめ秀吉方に協力する旨の「一揆等被相催、於忠節者、如先々本知以下無異儀」とする約束を交わしている（「瑞泉寺文書」『富史』三―七四）。こうした経緯から、秀吉はすぐさま同寺に対する軍勢の狼藉放火や「寺内町人」への非分《ひぶん》行為を停止する三ヶ条の禁制を出し、保護をはかった（天正十三年閏八月。「瑞泉寺文書」『富史』三―一三六）。その宛所には「北野寺内」とあって、北野ではこのとき、瑞泉寺を核とする寺内町が開かれていたことが分かる。問題となる利長の掟書はその二ヶ月後、利長が砺波郡を知行して間もない時期に出されたものになる。

北野市に対する利長のスタンス

利長が出した文書の中でも、流通支配に関するものは比較的豊富に残されており、前田家の家督を継承する慶長三年（一五九八）以降になると、その数は越中のほか、能登や加賀などでも急増していく（『加賀藩史料』）。

本書が注目する市の支配に限っていえば、とくに北野村宛て掟書の翌年に、篠河村《ささがわ》（砺波郡。現、富山県高岡市笹川）に宛てて出された次の史料がある。

定　篠河村

一、当町の市日は毎月二日　四日　七日　十二日　十四日　十七日　廿二日　廿四日　廿七日に開くこと

一、押買押売をしてはならない

一、国質所質は取ってはならない。また町人に対して不合理なことを申し懸ける者がいた場合は、搦め捕った上で報告すること

右の条文に違反する者がいれば、すみやかに処罰する。よって以上の通りである。

（【史料16】天正十四年八月十三日付け篠川村宛て前田利長掟書）

月九回開催の定期市と、そこでの治安維持を定めたもので、一見すると北野村の掟書とそう変わらない。しかし、そこに「楽市楽座」の文言は記されていない。こうした違いはなにに起因するのだろうか。利長の知行地である、①射水郡戸破《ひばり》（現、富山県射水市）、②砺波郡立野《たての》（現、高岡市）、③砺波郡佐加野《さがの》（現、高岡市）の市に宛てた別の事例から、もう少しその背景を探ってみよう。

①の文書では「へわり村市事、如前々立候様ニ可申付候、市日の事も有来ことくたるへく」として、市を以前と同じく立てるとともに、開催日も従来に倣うよう命じている（慶長

十年九月。「中越史料カード」『富史』四―九)。

②の文書も同じく「たての新村市日、如前々たるへき」とあって、旧来の市日を安堵する内容であるが、さらに「新村町諸役之事、可為如先々」「地子之儀給人かたへ可納所」とし、諸役を免除している(慶長十一年四月。「富山県立図書館所蔵文書」『富史』三―一二五)。

一方、③の文書では「さか野村ニ市をたて申度候者、早々申つけ候べく候、あれち《荒地》なともひらき《開》可申候」「定市日之事、一、毎月二日・五日・八日・十二日・十五日・十八日・廿二日・廿五日・晦日たるへし」とあって、新市開設の許可や市日の設定と合わせて、荒地の開発も命じている(慶長十一年六月。「中越史料カード」『富史』四―一一)。

前田利長像(魚津歴史民俗博物館蔵)

これ以外の文書でも、たとえば新川郡春日村(現、下新川郡入善町春日)における「近年就退転可取立之由尤候、然者来年中諸役令免許」(慶長九年十月。「金沢市立図書館所蔵文書」『富史』三―一二〇)や、隣国・加賀国でも、泉野新町(現、石川県金沢市泉）に対する「当町新儀に取立候之間、諸役儀三ヶ年之間令免許」（慶長八年四月。「国初遺文」『加史』一）などの例がある。

また、市の開設にかかる一文こそないが、農耕促進や荒地開発を命じた、加賀国江沼《えぬま》郡林《はやし》村（現、石川県小松市）や砺波郡鹿島《かしま》村（現、砺波市鹿島）でも、年期付きの諸役免除を認めているケースが確認できる（いずれも慶長九年三月。「金沢市中古文書」「越中古文書」『加史』一）。

ここで紹介した文書はその過程や内容を異《こと》にすれども、市の安堵（再興）や新市の開設を通して、在地のさらなる繁栄をめざして作成されたものといってよい。荒地の開発や、それにともなって行われた年期付きの諸役免除というのも、北条氏が実施した例（世田谷・荻野など）と同じように、将来的な町場としての発展を期待してのものだろう。

このように利長は領地支配の要として、国内各地で市の掌握を積極的にすすめ、必要に応じて新市・新町を開かせ、ときに荒廃からの復興がスムーズに進むよう、一定期間での諸役免除も認めたのである。

市の安堵がなされている点でいえば、北野村の掟書もこれらと変わりなく、利長の姿勢は一貫しているといってよい。しかし、一般的に「楽市楽座」化した市に付随するとみられる諸役免除については言及していないという相違点もある。

文書に記された内容を単純に比較するだけなら、北野市に対する利長のスタンスは、他の市で行った政策と比べてかなり消極的に映る。市そのものを領地支配の要とする姿勢を貫きながら、北野市は交易空間として重要ではなかったのだろうか。

確かに、掟書は北野「村」に関わる内容からなるが、実際には瑞泉寺の管轄下にあって、「如前々市」も、瑞泉寺内の門前市として立てられたものと考えられる。市の安堵・再興を促す際にみられるはずの諸役免除や土地開発が、北野村では認められなかったのも、瑞泉寺が領主として引き続き一定の支配権をもっていたからだろう。

強固な後ろ盾がない条件下で

では次の疑問として、北野（瑞泉寺寺内）にのみ「楽市楽座」が行われた理由を考えたい。

越中では瑞泉寺のほかにも、近世に加賀前田家と結びつき、一大真宗寺院として繁栄した勝興寺《しょうこうじ》（現、高岡市）を中心に、「寺内」と呼ばれる空間が広がっていた。同寺は文明三年（一四七一）、土山の地（現、南砺市土山）に蓮如《れんにょ》が開いた土山坊《どやまぼう》を前身とし、戦国時代（元亀《げんき》三年六月）の史料では「賀州幷瑞泉寺安養寺之一揆、可蜂起由」などと呼ばれており、瑞泉寺と並ぶ越中一向一揆の中枢的役割を担っていたことが分かる（「上杉家文書」）。

同寺は、高窪《たかくぼ》（現、南砺市高窪）・安養寺《あんようじ》（現、富山県小矢部市）と二度の移転を経て、天正九年に佐々成政らの手で兵火に遭ったのち、同十二年にかつて国府が置かれていた古国府《ふるこくふ》（射水郡。現、高岡市伏木）へと移り、越中進軍の前後で「古国府勝興寺内」を宛所とした秀吉・利長による禁制をそれぞれ獲得している。後者の内容を抜粋すると、次の通りである。

禁制　　古国府勝興寺

一、勝興寺寺内での軍勢陣取りは免除とする
一、同寺内に奉公人は出入りしてはならない
一、同寺境内の竹木は伐採してはならない
一、寺内へ立ち入って、無理難題を申し懸けてくる者がいれば、その場に留めて報告すること
一、当町の市日は従来通りとして立てること
右の条文の（禁止事項）を必ず停止する（守る？）こと。もし違反する者がいれば、すみやかに成敗する。よって以上の通りである。

（【史料17】天正十三年閏八月付け勝興寺宛て前田利長禁制）

寺内への濫入《らんにゅう》や陣取《じんと》り・竹木伐採、非分行為の禁止など、瑞泉寺の禁制を上回る五ヶ条で構成されている。中でも注目すべきは、「当町市日如先々可相立」として、以前から定期市が開かれていたことであろう。利長はのちに別の文書で「百俵之地」を寄進しており、勝興寺を手厚く保護していたことが分かる（天正十六年十月。「勝興寺文書」『富史』三―一六一）。

中世における勝興寺は、蓮如の子孫が代々住持職《じゅうじ》を務めたこともあって、「越中国坊主衆」が与力を務め、勝興寺自身も門跡《もんぜき》（本願寺）に次ぐ格式をもつ「院家《いんげ》」に任じられるなど、本願寺と密接な間柄にある有力寺院と位置づけられていた。寺内町を形成した真宗寺院に対する、秀吉―利長ラインの文書が相次いで出される中で、勝興寺はこのような高い地位と背景をもとに、秀吉側から手厚い保護を得られたのだろう。

ところが、そうした蓮如とのつながりをもたない北野（瑞泉寺）では、「寺内」宛て秀吉禁制に続いて出された文書は、「村」宛ての掟書だった。研究ではこの掟書を、先行する秀吉の瑞泉寺寺内保護（禁制）に反して、同寺のもつ特権打破と寺内解体を目論んだものと評価する見方もある。はたして、これは妥当なのだろうか。

真宗寺院が形成した寺内町に対する「楽市楽座」といえば、後述する近江国金森（現、滋賀県守山市）での事例が有名だろう。十五世紀末、惣道場《そうどうじょう》を中心に土塁と堀で囲繞《いにょう》する寺内町を形成した金森は、町の内部を複雑に走る陸路や河川を経済基盤に、周辺村落との連携を密にし、近江一向一揆の拠点として長くその地位を保ったが、「石山合戦」で信長の前に敗れ、開城した。

金森はその直後に、佐久間信盛《のぶもり》・織田信長・佐久間信栄《のぶひで》（信盛息）から相次いで「楽市楽座」の掟書を与えられており、ここから金森の経済力打破と、寺内町の軍事的解体にねらいがあったと考えられている。だが、越中の場合、同じ事情では説明できないだろう。

諸役免除や土地開発・新市の設置など、利長が国内の市や村と向き合う際に一貫して行う特徴的な政策こそないものの、掟書の内容が瑞泉寺寺内に開かれた市を安堵保護する姿勢にあることは疑いない。

また、中世の砺波郡に関しては、瑞泉寺（寺内）を上回る規模の交易空間があったことを念頭に置く必要があるだろう。それが「城端《じょうはな》」である。

小矢部《おやべ》川の支流である山田川の左岸に開かれ、五箇山と砺波平野を結ぶ流通・交通の要地として知られ、十六世紀末には、城端城主である荒木《あらき》大膳《だいぜん》によって、福光（現、南砺市福光）から招致された真宗寺院・善徳寺《ぜんとくじ》の門前町となって栄えた。

貞享三年（一六八六）に記された城端町市立由来書上《いちだてゆらいかきあげ》によると、戦国時代の城端では「井ノ口と串所山田と串所弐ヶ所ゟ《（より）》引越」した市が開かれており、それぞれ「十日之市ハ井ノ口之市、四日之市ハ山田之市」による六斎市として賑わったと伝えられる（「洲崎文書」『富史』四—一二四)。

この記述に従うと、隣接する北野村に立った「如前々市」は、まさにこの城端が誇る六斎市と並び立つような形で展開していたことになる。

しかも、その開催日を記した慶長九年(一六〇四)閏八月に出された文書をみると、「七日十七日廿七日北野村市日たりといへとも、近年たいてんニ付」とあって、北野村では七の定期市として、城端の六斎市(四・十)と市日の住み分けを行ったにもかかわらず、掟書(楽市楽座)からわずか二十年余りのうちに、市が衰退していたことも判明する(「洲崎文書」『富史』四—八)。

このように利長が知行した砺波郡や射水郡では、経済的に求心力の高い門前町・城端や、本願寺宗主との強い結びつきをもつ勝興寺寺内町が、代表的な町場として発展していた。これらはすでに安定した経済基盤を備えているが、一方の瑞泉寺(寺内)は、そうした強固な後ろ盾をもっていたわけではなかった。

差別化と譲歩から生まれた特権

秀吉禁制(天正十三年閏八月)をうけた瑞泉寺側は、同じ月に勝興寺へ与えられた、先述の利長禁制と同じような、寺内における「陣取免許」「奉公人不可出入」や、「当町市日」の安堵などを記した文書の発給を求めたと考えられる。

そこで利長は寺側の要求をうけて、城端や勝興寺寺内町といった地域を代表する交易空間と差別化し、瑞泉寺を含む「寺内」の復興と繁栄をはかる意図から、ほかにはない唯一の特権を与えることで譲歩を迫った。その結果が掟書にみる「楽市楽座」だったのではないだろうか。

また、後述するように「楽市」と「楽座」が併記されるケースは、この前田利長掟書を最後に姿を消す。と同時に、以降の法令はすべて「楽市」だけが用いられ、「楽座」に代わって「破座」「無座」「諸座一切不可」などといった文言が頻出していくようになる。この時期を境に現われる変化が、一体何を意味するのか。この問題は終章で改めて考えることとしたい。

村の成り立ちを支える「楽市」——白子

戦国時代はその名のとおり、大小さまざまな合戦が日常的に各地で繰り広げられていた。また、地震や旱魃《かんばつ》や洪水などの災害も頻発し、こうした戦火や自然の猛威が人々のくらしと環境を一変させた。とりわけ、合戦による人為的な略奪や破壊行為はきわめて深刻な問題で、これらを防ぐべく寺社や在地が大名に働きかけ、求めたものに「禁制」がある。

禁制は、土地を支配する大名が、申請者の保護を目的に乱暴狼藉などの禁止事項を掲げた掟書で、戦火を恐れて逃散《ちょうさん》した住人の呼び戻しや、荒廃した村や町を復興に導くための平和保障の証ともいえるものである。

地域の成り立ちを保障するという点でいえば、実のところ「楽市楽座」文書の中にも、いくつか「禁制」と同じような意味合いをもつものが存在している。その一つに武蔵国白子(現、埼玉県和光市)の事例がある。

江戸と河越《かわごえ》を結ぶ街道の中間地点に位置した白子は、中世から宿駅《しゅくえき》としてその名が史料に散見される(『梅花無尽蔵』)。とくに戦国時代は、山内上杉顕定《やまのうちうえすぎあきさだ》が、扇谷《おうぎがやつ》上杉朝良《ともよし》の居城である江戸城の攻撃に向けて陣を張ったり、まもなく江戸城を拠点とした北条氏も、対立関係にある扇谷上杉朝興《ともおき》と「白子原」で合戦を行うなど、軍勢の往来や宿営地としての側面が強い(「石川忠総留書」『新市』一―一一五・一二二)。

こうした経緯を経た白子は、のちに北条家蔵入地《くらいりち》(直轄領)へと組み込まれ、江戸時代には六斎市を備えた河越街道の宿場町として賑わっていく。次に掲げる史料はその原点ともいえるものである。

改めて（北条家より）仰せ出された条々について

一、白子郷の田畑を差し置いて、他の郷や近場へ出作に出ることがあってはならない

一、不作の田畑について甲乙（度合）を見極め、五年ないし七年間は荒野とし、代官の文書をもって開発すること

一、白子郷は先代より不入の地であり、当代でも不入を認めた証文を申請するので、新宿を見立てて、月六回の楽市を取り立てること

一、白子郷の百姓はたとえどこに住んでいようと、御国法に任せて、代官や百姓に申し伝えた上で、すぐに連れ戻すこと

一、北条家当主とこちらからの証文がない限り、誰からの用命があっても、従事しないこと

右の条文について、違反する者がいればその名を記し、報告すること。よって以上の通りである。

（【史料18】天正十五年四月三日付け白子郷代官百姓中宛て北条氏規カ掟書写）

内容を読み解くにあたって、まずは本文書が出されるに至るまでの白子の様子と、北条氏

との関わりについて簡単に押さえておこう。

元亀二年（一五七一）、北条氏は白子を蔵入地とするにあたり、土地や家屋に課される税、いわゆる段銭《たんせん》と棟別銭《むなべちせん》の納入に関わる掟書を作成している（「新編武蔵風土記稿新座郡六」『戦北』二―一五〇六）。掟書は、段銭・棟別銭をそれぞれ期限ごとに江戸・小田原へ納め、これに反した場合は延滞料のほか、代官・百姓頭を流罪・斬首とする大変厳しい内容であった。領国経営の基盤となる段銭以下の確保は北条氏にとって不可欠であり、とりわけ軍事的要地ともなり得ることから、白子では直轄地の中でもより重点的な政策が展開したとみられる。

しかしながら、戦火にたびたび巻き込まれる幹線路沿いという土地柄に加え、直轄地となる以前の白子では、「日損風損《につそんふうそん》」による不作に悩まされた百姓たちが、年貢減免を代官へ申し出ていたことを記す史料も残っている（「新編武蔵風土記稿新座郡六」『戦北』五―四一〇〇）。また、本文書が作成された天正十五年（一五八七）といえば、小田原城の普請人足や臨時の兵役負担が、「御用《ごよう》」として直轄地へたびたび課され、過重な負担が村々の退転を招く事態へと発展していた時期でもあった（「明治大学刑事博物館所蔵瀬戸文書」『戦北』四―二七八六）。本文書が作成された背景もこうした流れから理解することができよう。

白子の救済が領国経営を維持する要

それによると（丸数字は一つ書きに対応）、①耕地を差し置いて、たとえ近くでも他郷へ耕作に出ることは禁ずる。②不作分の田畠は所有者を確認した上で、期限付きの「荒野」（年貢免除）と定めること。④白子の百姓は、どこへ居住していようとも、「国法」に従って召し返すこと、とある。

早くから戦火や不作に悩まされ続けた白子では、少なくともこのときに至り、重い年貢負担に堪えかねた百姓が、年貢未進や耕作を放棄して他の村へと欠落（移住・逃散）する光景が常態化していたことが読み取れるだろう。

蔵入地である白子のこうした現状は、北条氏にとって当然見過ごすことはできなかったに違いない。本文書が、そんな混乱・荒廃状態を是正し、白子の再開発（復興）による年貢納入の確保を目的として作成されたものであることは明らかといえよう。そこで数年間の年貢免除という条件を提示し、耕作の再開など荒地を含む土地の開発を促し、百姓を呼び戻すための方針が数々打ち出される中に、問題の第三条がある。

すなわち、③先代から不入の地である白子に、新宿の設置と毎月六日間の楽市を開くことを指示している。北条氏の呼びかけにより、人馬《じんば》継立《つぎたて》の新宿を白子に構えるとする内容だが、不作や重い年貢を抱えた白子の百姓たちにとって、「楽市」という条件がどれだけ魅力的に映ったかは明らかでない。

新宿そのものが設置されるに至った背景は、少なくともこれまでみた世田谷と同様のものとみて差し支えなかろう。関東の要所を結びつけるという白子の立地から類推すると、軍需物資の調達が可能な物流拠点へと押し上げようと働きかける、北条氏の強い意志が垣間見えてならない。

加えて直轄領からの年貢納入の安定化をはかるため、とりわけ戦火や不作による荒廃などに再三悩まされてきた白子に関しては、これまで以上に早急かつ、よりきめ細かな保障が必要とされたに違いない。そのため北条氏は、百姓による開発の奨励や還住だけにとどまらず、新たに外からの定住人口の増加や、小売・金融など第三次産業の発達を後押しする空間の確保をはかろうと考えたのだろう。そのために設けられたのが、人口の再流出を防ぎ、地域の復興再生を促すための「楽市」であったと考えられる。

このとき白子だけに「楽市」が定められたのは、北条氏の領国経営維持に直結する地であることに加え、これまでみた軍事面での重要性も考慮されたためと考えられる。

聖なる地の平和を保つ「楽市」――富士大宮

「楽市楽座」といえば、天下人を輩出した東海地域に、実施例が集中することで知られる。同地域の中では、信長による事例の知名度がとくに高いが、実はこれよりも早く「楽市楽座」を行っていた戦国大名がいた。それが今川氏である。

今川氏といえば、戦国大名の中でいち早く分国法《ぶんこくほう》（今川仮名《かな》目録）の制定や、文書の署判に印判を用いたことでも有名である。このように、のちの天下人に受け継がれていく、領国経営の先駆的な側面に注目が集まることが多く、今川氏の「楽市楽座」も、そうした文脈の中で位置づけられている。次に掲げる史料が、その唯一のものである。

富士大宮で毎月六回開かれる市の事について、押買狼藉非分などの行為があるということだが、これより以後については、一切の諸役徴収を停止し、楽市として申し付けることとする。また神田橋関（での関役）についても、新役にあたるので、こちらも関役（徴収）は停止とする。もしこれに反対する者があれば、すみやかに報告し、（追って）今川家から下知を下すこととする。よって以上の通りである。

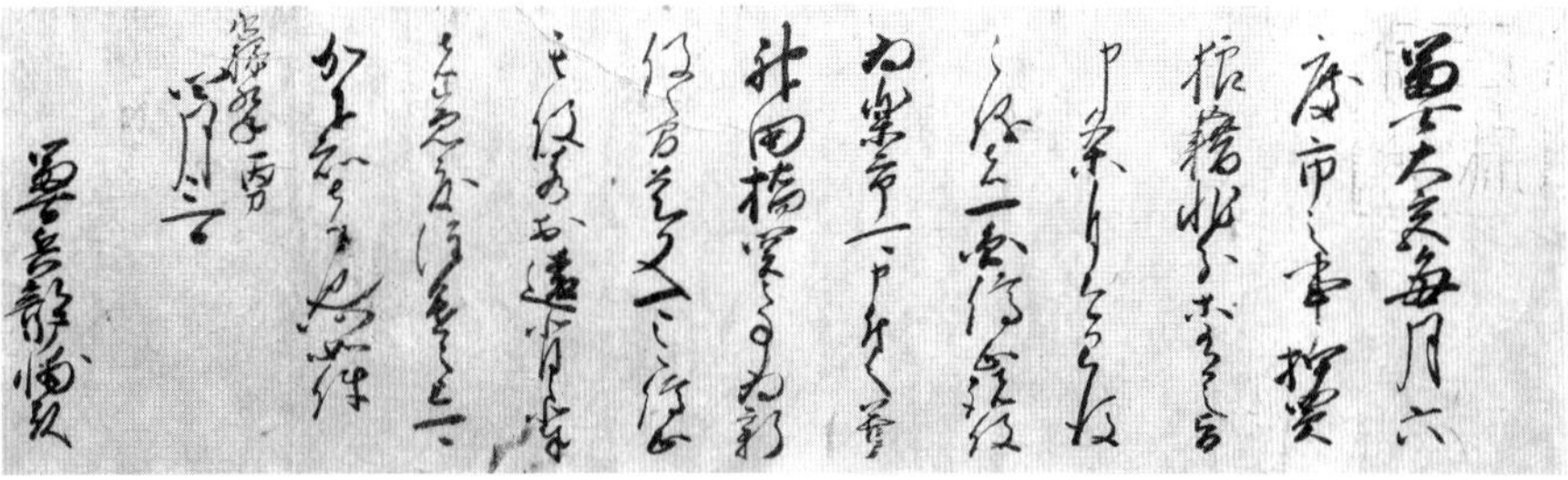

永禄９年（1566）４月３日付け富士兵部少輔宛て今川氏真朱印状（大宮司富士家文書、静岡県立中央図書館蔵）

（【史料19】永禄九年四月三日付け富士兵部少輔宛て今川氏真朱印状）

　信長が最初に実施した「楽市楽座」は永禄十年（一五六七）。それに対し、本文書はその前年に出された形である。端的にいえば、このたった一年という時間差を重視することで、参考書によっては、今川氏の卓越した先見性を高く評価しているものもある。

　だが、どちらが先で、どちらが画期となるかなどといった議論は、「楽市楽座」のもつ意義を問う上ではまったく意味をなさないだろう。むしろ重視すべきことは、「楽市楽座」というものが、戦国大名の領国支配、すなわち各地域でどのような意味をもっていたかを明らかにすることである。しかし、これまでの研究では、諸役免除の市という姿だけが浮かび上がり、なぜ「楽市楽座」となったのか、という背景はほとんど考慮されていない。こうした点を意識しつつ、この文書のもつ性格を具体的に追求していこう。

この文書は、駿河国の一宮《いちのみや》である富士山本宮浅間《せんげん》神社の大宮司職を務めた、富士郡の在地領主・富士《ふじ》氏の下に伝えられたもので、宛所の「兵部《ひょうぶ》少輔《しょうゆう》」はこのときの当主・富士信忠《のぶただ》である。

中世の富士氏は、先に紹介した神職としての姿が知られている一方、発掘調査から浅間大社のすぐ傍には「大宮司館《だいぐうじやかた》」を構えていたことも分かっている。鎌倉時代には幕府御家人として、南北朝時代には北朝方としてそれぞれ活動していることから、武士としての側面も持ち合わせていたのである（「大宮司富士家文書」『静資』六―四二五）。

とくに富士信忠は、今川氏の直轄地代官や馬廻《うままわり》として活躍するなど、義元《よしもと》・氏真《うじざね》時代の領国支配を長く支えた重臣の一人であり、武田氏の駿河侵攻では、富士大宮を守る城代として最後まで粘り強く戦っている（「大宮司富士家文書」『戦今』一―四九三・『同』三―一七二四）。

この文書が出されたのは、まさにその駿河侵攻へ行き着く前段階として、「遠州忩劇《えんしゅうそうげき》」と呼ばれる、今川家譜代家臣の相次ぐ離反をうけ、今川領国が内部からほころび始めていた時期にあたる。

対外関係では、松平家康の東三河進出に加え、かねてより武田方と結んできた同盟関係（甲駿《こうすん》同盟）に揺らぎが生じ始めたことで、国内の反勢力による不穏な動きが広がっていた

浅間大社湧玉池で水垢離する道者の様子（『絹本著色富士曼荼羅図』より部分、富士山本宮浅間大社蔵、画像提供：富士宮市教育委員会）

段階でもあった。では、なぜ富士大宮に「楽市」が実施されたのだろうか。その答えに迫るべく、史料を読み進めていこう。

治安悪化が往来を妨げる

富士大宮（現、静岡県富士宮市）といえば、先述した浅間神社の総本山として崇敬を集める本宮浅間大社が祀られ、古代から富士信仰のメッカとして確立してきた歴史をもつ。また、甲斐《かい》と駿河を結び、富士山へ登る登山口へ続く中道往還が走る要衝であることから、浅間大社の門前では、富士登拝をめざして全国から集う道者《どうじゃ》向けの宿坊《しゅくぼう》（道者坊）が立ち並び、門前町を形成した。本文書にみえる「毎月六度市」は、こうした人々へ商いをするために開かれたもので、往来で賑わう当地の様子は、有名な『富士曼荼羅《まんだら》図』にも描かれている。

この門前市は、富士郡の領主かつ大宮司家である富士氏の管轄下にあったとみられ、江戸時代にまとめられた『駿河国新風土記』によれば、「甲斐国ニ運送スル塩魚」など、駿河湾沿岸で採れる海産物が流通していたと伝えられる。

ところが本文書によれば、このときの市では、押買狼藉などの非法行為が後を絶たなかったようである。こうした混乱が生じた背景には、今川領国内の不安定な情勢に加え、ここで「一円停止」とされた、市での売買に賦課される諸役に、その直接的な要因があったようだ。

さらに、浅間大社門前に架かる神田橋には、関所が設けられていたことも分かる。中世における関所は、水陸交通の要衝や国との境目に、往来する人馬やその積載荷物から通行料を徴収する目的で立てられた施設である。ここでは近しい時期に、富士上野関《うえのせき》（現、富士宮市）や室六道関（現、静岡県富士市）など、富士への登山道に立てられた「道者関」と同じく（『戦今』三―一七九五・一二三七〇）、富士山へ向かう参詣者を待ち構えるかのように設置されたものとみられる。

つまりこのときの富士大宮では、市の来場（商売）や、富士登拝への自由かつ安全な往来を妨げる、数々の治安問題が山積していたわけである。その惨状を目の当たりにした領主・富士氏は、上級権力である今川氏へその現状報告と早期解決を訴え出た。こうして作成されたのが本文書だったのである。

聖地の混乱がもたらすさまざまな影響

今川氏はその中で、六斎市については、諸役をすべて停止とし、楽市とすること。加えて神田橋関（での関役徴収）についても、「新役」に相当するものであるため、これを停止すると回答した。

やはりここでも、「楽市」という空間・状態が、戦国大名による設定を通じて成立していることが分かる。それまで富士大宮市が「楽市」としての性格をもつ場であったとすれば、今川氏がこれを安堵すればよいはずで、ここで「可申付」などという表現は用いなかったであろう。

では、この諸役を徴収していたのは、一体誰なのだろうか。いくつかの可能性が考えられるが、一つは、領主として市を差配していた富士氏自身である。だが、自らが原因となって市に混乱を招いたとすれば、上級権力である今川氏の裁定を仰ぐ必要はないだろう。本文書そのものが、富士氏にとって利益を得るものであることをふまえれば、その可能性は考え難いというほかない。

そうであれば、もっとも高い可能性として想起されるのは今川氏の被官、あるいはそれに属さない反勢力らによるものである。いずれにせよ富士氏、そして今川氏にとっても、諸役徴収は混乱を招く要因として認識されていたことは間違いない。それゆえに、今川氏はその即時廃止を決定したわけである。

一方、関所については当時の富士郡内で、今川領国の動揺に乗じて、在地領主が独自に新関を構える動きが盛んとなっており、こうした行為を今川氏が非難した文書も残っている（「井出文書」『戦今』三―一七三六）。自己の不利益となる関所を富士氏が設置した可能性は低く、かつ今川氏も新関の濫立を容認しない方針であったとすれば、「神田橋関」は、在地土豪など第三者の手によって設けられた可能性が考えられる。

では、領主である富士氏だけでなく、今川氏までもが富士大宮市の平和をことさら意識したのはなぜか。先述したように、富士大宮では富士信仰とそれに支えられた一宮・浅間大社が核として存在していた。

こうした特別かつ聖なる空間に隣接する市が秩序を乱し、かつ来場者を待ち構える新関を放置したままでは、人々が富士大宮を避けて通ることは必然であったに違いない。とくに富士登拝のために往来する道者たちの減少は、彼らを相手として活動する宿坊や商人にとっても大きな痛手となり、門前町の繁栄はもちろん、地域の特色でもある、富士信仰にも影響を及ぼす事態へと発展する恐れがあった。

こうした山積みするさまざまな問題の中で、さらなる治安の悪化や通行忌避は、何としても防ぐ必要があったことは想像に難くない。そこで非法行為と諸役徴収の停止を命ずるだけでなく、「楽市」である、という権力のお墨付きを与えることとなった。

今川氏が理想とする地域のあり方

この問題を通じて今川氏が想定した「楽市」とは、富士大宮市におけるそれまでの諸役徴収を停止することで来場者や商人に対する押買狼藉などの非分行為が及ばない状態、すなわち平和を大至急確立すること、と捉えてよい。

富士大宮市が、今川領国で唯一「楽市」となった（なれた）のは、揺れ動く国内の政治情勢とその影響をつよくうけた、富士大宮だけがもつ地理的・宗教的な特性が背景にあったからに違いない。今川氏が申し付けた「楽市」は、市の平和を強調するための公式宣言であり、間接的な浅間大社の保護策ともいえるだろう。

今川氏の「楽市」については一説に、富士氏の地域支配に介入し、軍事拠点となる町場（城下町）を構えるための振興策とする見方が強い。だが、別の市や町に出された文書と比較すると、こうした解釈は正鵠を射たものではないことが分かる。その最たる例が「吉原《よしわら》」

(現、富士市)であろう。

吉原といえば、中世には富士川への渡船場や、多くの船舶が行き交う湊津として栄えた地である。また、東海道と中道往還が交わることから、富士登山および浅間大社へ向かう道者向けの宿坊を構えた宿駅としての性格もあわせもつなど、物資や人馬の往来は富士大宮以上に盛んであった。そのため、戦国時代には軍需物資の調達・集積に適した要地として、今川・北条・武田が相次いで陣を構え、当地をめぐり合戦を繰り広げている。

【史料20】天文二十三年九月十日付け矢部孫三郎宛て今川義元判物(部分)

一、駿河国吉原道者商人問屋について、今般これを矢部将監の遺跡と定めるので、兄弟親類や他の者が望んだとしても認めず、前々からの通りで相違ない

一、吉原での渡し船について、湊へ下ろす者でも、従来通りに取り計らうこととし、こちらも仮に所望する者があっても、その要求は認めない

一、立物(漁業)の範囲について、西は蒲原まで、東は阿野境までとし、諸役などはこれまで通り免除とする

右は、甲相駿三国《こうそうすん》同盟が成立し、争いの終息した吉原で活動する商人・矢部《やべ》氏へ今川氏が

与えた文書の一部分である（「矢部文書」『戦今』二一一七八）。ここでは「新屋敷」三〇軒をもち、商人問屋をはじめ、蒲原《かんばら》（現、静岡市清水区）から阿野《あの》（現、沼津市・富士市）にかけての漁業（「立物」）に従事する矢部氏のもつ高い経済力に加え、物流拠点としての吉原の姿をうかがい知ることができる。

のちに駿河を領有した北条・武田も、矢部氏を通じて材木や兵糧を運び入れ、通行を容易にするための舟橋を架けるなど、水陸交通の基盤に恵まれた吉原が、いかに重要であったかを物語る（「矢部文書」『静資』七一三五三六、「歴代古案」『静資』八一一九八）。軍事拠点としての振興を継続的にはかるとすれば、まさに「楽市楽座」を実行するには、うってつけの地であったといえよう。しかし今川・北条・武田のいずれも、吉原には数多くの文書を出していながら、「楽市楽座」が実施されたケースは一度も確認できない。

富士大宮でも、先の「楽市」文書以外では、天正八年に「富士大宮西町新市」へ出した武田氏の市場法が残っているが、ここでも「楽市楽座」は実施されていない（「判物証文写武田二」『静資』八一一三五五）。駿河を追われた今川氏に代わり、富士大宮を領有した武田氏のスタンスは、一連の発給文書から、さらなる経済発展を念頭に置いたものはなく、浅間大社に関わる社人・社領再編――宗教拠点の強化――にその焦点があったといわれる。

ここでみた「楽市」とは、市で生じた特定のトラブルを解決し、これを戦国大名が保障するための一時的な措置である。もちろん、軍事拠点としての拠点構築はおろか、経済振興を長期的にはかる意味はなかったといってよい。

諸役免除が認められない「楽市」――荻野

先にみた世田谷や白子と並んで、北条氏の「楽市楽座」が実施されたのが、相模国荻野（現、神奈川県厚木市）である。荻野は、甲斐国から厚木へと通じる甲州道（津久井《つくい》道）と、八王子方面・当麻《たいま》から大山《おおやま》へ抜ける大山道（小田原道）が交わることで、本拠地の小田原と武蔵・上野を結ぶ要所となっていて、鎌倉時代には馬市が開かれたともいわれている。

戦国時代には、北条家御馬廻衆である松田《まつだ》康長《やすなが》がここを知行しており（『北条氏所領役帳』）、のちに北条氏が新宿を構えるに至っている。「楽市」を記す次の文書は、そのときの領主・松田氏へ与えられた木札として、今にその原本が伝わっている。

定める市法度　　荻野□□（新宿）

四日　九日　十四日

十九日　廿四日　廿九日

以上、

一、押買狼藉のこと

一、借銭借米のこと

一、喧嘩口論のこと

以上、

右を楽市とするので、市当日に外部から非合法な行為があってはならない。また郡代《ぐんだい》や触口《ふれくち》による干渉も認めない。もしこれに違反するような者がいた場合は、報告すること。よって以上の通りである。

（【史料21】天正十三年二月二十七日付け松田康長宛て北条氏直制札）

六斎市の開催日と治安維持を定め、来場者には借銭借米免除の徳政も認めている。「楽市」という言葉を除けば、ごくありきたりな内容の市場法といってよい。この「楽市」というイレギュラーな条件に導かれるかのように、先行研究では世田谷と同じく、北条氏が自ら、特別な軍事拠点としての町場を創出するために発せられたものと考えられている。

さらにもう一つイレギュラーな条件として、一般的に「楽市」や「楽市楽座」といえば、市での諸役、すなわち営業税の免除が最大の特徴といわれている。これまで見てきた小山や

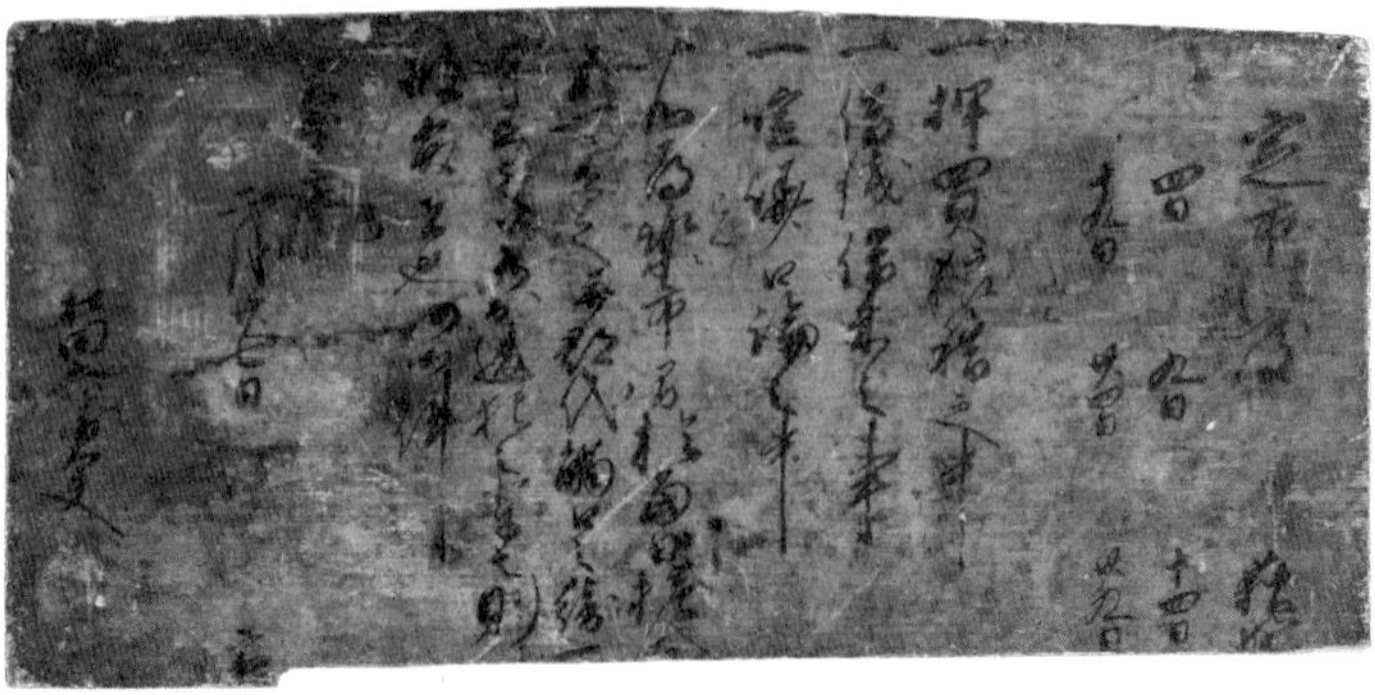

天正13年（1585）２月27日付け松田康長宛て北条氏直制札（個人蔵、画像提供：厚木市教育委員会）

富士大宮はもちろん、世田谷でも諸役が免除されていたことは先述したとおりである。しかし、この荻野についてはそれが認められていないのである。これをどう理解すべきだろうか。その真意、すなわち本文書が出された背景と、「楽市」が定められた最大の要因に迫る前に、荻野と同じ国内周辺地域の様相をみていこう。

相模国では荻野のほかにも新宿がいくつか点在しているが、北条氏による「楽市楽座」は、荻野でしか実施されていない。では、荻野だけがその対象となったのはなぜだろうか。従来の研究では、この視点への追及が不十分であった。

対象が限定されている点でいえば、荻野も世田谷と同じく、北条氏にとって特別な場であったことは間違いないだろう。しかしながら、異なる立地条件はもちろん、このときの北条氏や、荻野という地域の置かれた政治的事情をふまえるならば、その成立背景をまったく同じものと捉えてよいかは疑わしい。

確かに、本拠地である小田原を置く相模でも、隣国の武蔵と同じく、天正年間以降の北条氏による関東進出にともなって、各地に築かれた支城と、それを結ぶ街道、さらにはその沿線での宿駅の整備拡充がはかられていくようになる。しかし、武蔵の事例（十六例）と比べると、相模ではその数はわずか半数以下（七例）に留まる。また、宿に付随する市についても、同時代史料から明確にその姿がつかめるのは、荻野のほかに、当麻（八王子道）、畑・小田原（東海道）など、街道筋でのわずかな事例でしかない（「関山文書」「相州文書」『戦北』一―五七・五一二、『戦北』二―一二八九）。

諸役免除がない理由

次に諸役免除の有無についてみていこう。これまでの研究によると、忠節を尽くしたことで北条氏と新たに結びついた寺社や給人領を除くと、新宿での諸役免除は、将来における町場（伝馬宿）としての発展や、商人の集住を促すため一時的に認められるものであり、かかる目的が実現した暁には（伝馬役負担を除いて）諸役免除は撤回されるケースがほとんどであったという。

おそらく国内では、早くから道沿いに市や町場となるような宿が開かれており、これらに従うように、北条氏は拠点となる場所を「安堵」という形で掌握していったと考えられる。荻野についても、中世初期より人馬往来の盛んな地であったことから、市はおそらく制札が出される以前より開かれていた可能性が高い。そうだとすれば、この制札が作成された背景も、市とその特権安堵を求めた在地からの働きかけによるものだろう。

北条氏が掌握する時点で、すでに荻野市が諸役免除を認められていれば、制札発給にあたって、治安維持のみならず、かかる特権の安堵は確実に盛り込まれていたに違いない。しかし実際にそうはならなかった。制札を獲得し、なおかつ他の市とは一線を画す「楽市」が適用されながらも、諸役免除だけが認められなかったのは、すでに荻野の市が一定度成熟していたことに理由があるのだろう。

第二章冒頭で述べたとおり、これまでの「楽市楽座」研究では、市町宛ての掟書に諸役免除が盛り込まれてさえいれば、それらすべては実質的に「楽市楽座」と同等のものである、という見方が少なからず存在してきた。しかしながら、先にみた石寺新市やこの荻野の事例からも、「楽市」と諸役免除については、必ずしもイコールで結びつくものではなかったことが分かる。

諸役免除だけに限らず、法令の中に盛り込まれるさまざまな条文は、それ自体が戦国大名と在地との間での交渉や、文書を作成する大名側の政策的な意図などによって、その増減が決定されたのだろう。そうした中で、わずか二十数例ほどにしか満たない「楽市楽座」という表現があえて付け加えられたのは、市にとって何らかのメリットやステータスとなり得る理由が存在したからにほかならない。そうでなければ、市で商いをする商人はもちろん、戦国大名すらもそれを好んで受け入れ実施することはなかったはずである。だとすると、荻野では一体何のためにこれが適用されたのだろうか。

荻野が選ばれた理由

このとき荻野周辺では、敵の侵攻や目立った軍事行動は確認されないが、佐竹《さたけ》氏ら反連合軍攻略のため、北条氏は前年来よりたびたび関東へ進軍し、合戦に及んでいる。以降も引き続き、下野《しもつけ》・常陸《ひたち》・上野《こうずけ》方面へ出兵するなど、軍事行動はさらに加速化していく。

北条氏にとってみれば、本拠地・小田原から関東方面へ抜ける道が通る荻野は、関東出兵の足がかりにはうってつけの位置にあり、出兵に必要な物資を補給する場としての機能も期待できた。新宿の設置はこうした背景からなされたものであり、その発展にはまず、荻野市の存在（安堵）が欠かせなかったはずである。市法度を定めた意味もそこに理由があるのだろう。

そこで北条氏が採った手段は、荻野市の開催日を定め、「押買狼藉」「喧嘩口論」を禁じた上で、重ねて「横合《よこあい》」などの行為や、「郡代触口」による干渉の禁止を厳命するというものである。こうした規制を細かく打ち立てたのは、以前から市の来場者や商人を相手取る非分行為が絶えなかったためだろう。

このうち「郡代」とは、在地から公事を徴収するため北条氏が任じた役人であり、「触口」はその下位に位置し、北条氏ないし郡代からの命で実際に現地へと赴いて、公事取り立ての実務を担う者を意味する。これより早く、荻野が属する中郡《なかぐん》の郡代を務めた大藤《おおふじ》家に対し、北条氏が「邪之儀非分無之様ニ、触口以下可申付」と釘を刺していた経緯があることをふまえるならば（「大藤文書」『戦北』一―四二七）、この市法度が出された時点でも、郡代・大藤氏やその下に属する触口ら公事を申し掛ける側の、恣意的かつ不正な行為が横行していた可能性は否定できない。

とくに「押買狼藉」以下の一つ書きが、「横合」や郡代触口による「綺《いろい》」の具体的行為をさすとするならば、物資を求めて市に集う北条方の軍勢や、触口による公事徴収の傍らで、商人への押買や債務取り立てが、早い時期から行われていたことも十分に考えられる。

本文書は、そうした大名側からの恣意的介入など、市を混乱に至らしめるあらゆる要因の排除を保障し、平和を強調することを意図したもので、荻野における「楽市」の意味も、この延長線上で容易に理解することができる。

というのも、本文では、市日での「横合」「郡代触口之綺」の行為が認められないのは、そこが「楽市」だからとある。つまり反対解釈をすれば、荻野新宿が「楽市」（かつそれが適用された市日当日）でなければ、そうした非分行為はお咎めなしとなったに違いない。

一つ書きに示された内容と、それに続く語句からも明らかなように、市における押買狼藉・借銭借米（の徴収）・喧嘩口論の三つを停止させた状態こそが、北条氏の想定する「為楽市」あり方そのものなのである。すなわち、ここで北条氏が定めた「楽市」とは、市の平和を象徴し、その状態を担保するための文言と置き換えてよいだろう。

世田谷の「楽市」掟書との違い

その上で改めて、先にみた世田谷の「楽市」掟書を思い出してみたい。そこでは同じ一つ書きに記された、押買狼藉と喧嘩口論・質取り行為の停止に加え、一切の諸役免除の四点をもって「為楽市」と定められていた。つまり、同じ戦国大名（北条氏）が取り決める「楽市」

であっても、その対象となる地域によって、認められる内容や権限が一様ではないことが明らかなのである。教科書的な説明だけでは、その意味するところや背景を正確に読み解くことはできない事例といえよう。

このようにして市の平和を演出し、その実現に重点を置いた北条氏のスタンスは、次の史料でも共通している。

一、荻野宿の馬町《うままち》について、毎月十九日より二十五日までの七日間、前々の通り相違なく立ててよろしい。楽市とするので、どこから来る者であっても、その者に対する不当な行為があってはならない。とりわけ押買狼藉喧嘩口論などは、堅く禁止とする。もし違反する者がいた場合は、すみやかに報告の上、厳罰に処するとのご命令である。よって以上の通りである。

（【史料22】天正十七年九月十三日付け荻野新宿ヵ宛て北条家掟書）

鎌倉時代に荻野で馬市が開かれていた痕跡があることは先に述べた通りである。「楽市」から四年後に出されたこの文書では、その流れを汲むかのように、馬を売買する定期市が荻野宿で開かれていることが分かる。

その中で、荻野へ集う人が「何方《いずかた》」から来るどんな身分であろうとも、ここが「楽市」である以上、それに対する非分申し懸けはもちろん、押買喧嘩なども禁じた。ここでも「楽市」という言葉を通じて、市の平和を追求する北条氏の姿勢が、引き続き示されたといえるだろう。

戦国時代における馬の需要は高く、移動用や合戦あるいは贈答用などにも重宝された。とくに宿の整備や伝馬朱印状を数多く作成した北条氏にとってすれば、馬がいかに重要であったかは想像に難くない。宿の発展によって、目的地へ向かうための中継地としてだけでなく、こうした馬を確保する場としても荻野の重要性はさらに増していったに違いない。だからこそ北条氏は重ねて苦言を呈すかのように、市の治安を損なわぬよう「楽市」という言葉をもって警鐘を鳴らしたのである。

大戦の影響を回避する「楽市」――嶋田

慶長《けいちょう》五年（一六〇〇）九月十五日、徳川家康と石田三成による、豊臣政権の後継争いともいうべき東西を二分する関ヶ原《せきがはら》合戦が決着する。大利を得て、天下人としての地位を固めた家康は、論功行賞《ろんこうこうしょう》とあわせて、すぐさま戦後処理を進めるべく、岐阜とその周辺村落に、

間宮直元木像写（『新編武蔵風土記稿』巻七十九・久良岐郡之七より、国立国会図書館蔵）

軍勢による占領や狼藉行為を禁じ、住民の動揺を防ぐ禁制を多数発給した。

　このとき、家康禁制の奉者《そうじゃ》（上位者の意を報じて文書を発給する役割）を務めていた人物が、合戦からひと月が明けた同年十月、多芸《たぎ》郡内のとある町に宛てて「楽市」の語をもった一つの掟書を下している。

掟

一、諸役免許の事

一、楽市の事

一、国質郷質（禁止）の事

一、押買押売（禁止）の事

一、喧嘩口論（禁止）の事

右の条文について、違反する者があれば指示を申し付ける。よって以上の通りである。

（【史料23】慶長五年十月二十一日付け嶋田町中宛て間宮直元掟書写）

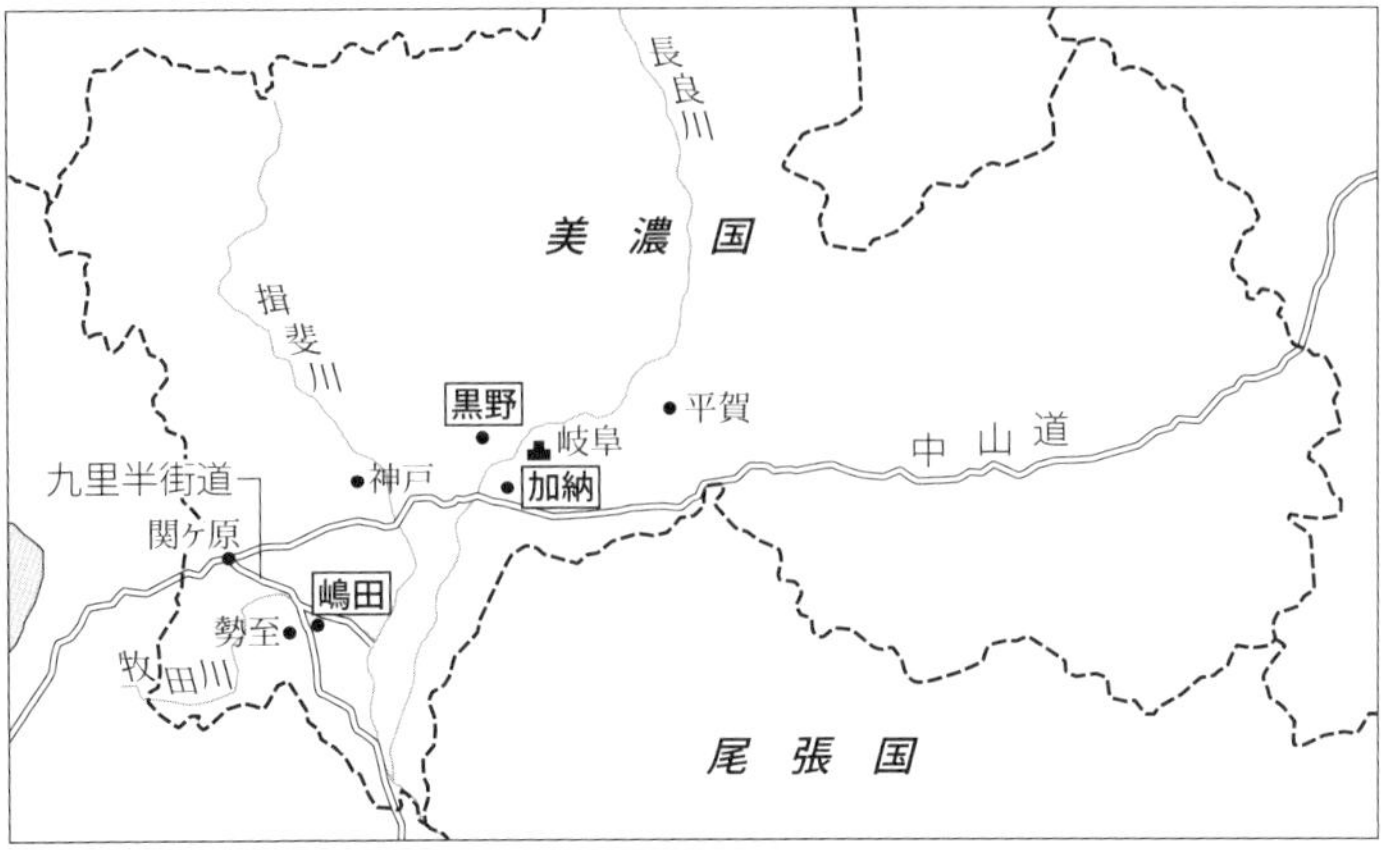

図4　美濃国「楽市楽座」分布図

発給者は間宮直元《まみやなおもと》。間宮氏は伊豆《いず》国間宮（現、静岡県函南町）を所領とし、代々北条氏に仕えた家柄である。同家の五代にあたる直元は、もともと北条氏政《うじまさ》・氏直《うじなお》父子の家臣であったが（「直」は氏直の偏諱《へんき》）、天正十八年の小田原合戦で北条氏が滅亡したのち、徳川家に仕え、江戸時代には家康の命で、但馬《たじま》生野《いくの》銀山の奉行や、佐渡《さど》金山の代官を務める活躍をしたという。

美濃国における「楽市楽座」といえば、後述する信長との関連で知られる楽市場・加納（現、岐阜県岐阜市）や、「史上最後の楽市楽座」とも謳われている黒野《くろの》城下町（現、岐阜市）に注目が集まることが多い。そのため、この掟書に対する一般的な認知度や注目度もきわめて低いのが現状なのである。

宛所にみえる嶋田《しまだ》（高田とも。現、岐阜県養老町高田）という場所は、多芸郡（現、岐阜県養老町、大垣市・海津市の一部）のほぼ中央に位置している。この地でとくに注目すべきは、伊勢湾へ注ぐ揖斐《いび》川の支流・牧田《まきた》川の中流域にあることに加えて、いわゆる濃州三湊《のうしゅうさんそう》（舟《ふな》付《つき》・栗笠《くりかさ》・烏江《からすえ》。いずれも現、養老町）から、西の牧田（大垣市）、そして〝天下分け目の地〟関ヶ原（関ヶ原町）を通って、米原《まいばら》（滋賀県米原市）へと抜ける九里半《くりはん》街道も並行して走る、まさに物資輸送において不可欠な交通の要衝だった点だろう。

先に述べた間宮氏が奉者となった家康禁制は次の内容で、楽市掟書のひと月前に、嶋田を含む、宇田・金谷・直井・大塚（いずれも多芸郡。現、養老町）の村々へまとめて出されたものである。

歌　村
金谷村
嶋田村
直井村
大塚村

禁制

一、軍勢甲乙人らによる乱暴狼藉行為のこと

一、放火のこと
一、妻子や牛馬を奪い取ること
右の条文（にある行為）について、堅く禁ずる。もし違反するような者がいれば、速やかに厳罰処分とする。よって命令は以上の通りである。
（【史料24】慶長五年九月二十一日付け嶋田村等宛て徳川家康禁制写）

掟書との宛所を比較すると、このときの嶋田では、地域全体の交易や政治の中心となる「嶋田町」と、その周辺に隣接した在方の「嶋田村」という、二つの空間が広がっていたことが分かる。

この直前に終結した関ヶ原における戦火やその影響が、嶋田にどの程度まで及んでいたかは分からない。ただ少なくとも、幹線道路沿いである以上は、合戦の混乱に乗じた乱暴狼藉や、妻子・牛馬の略奪などが発生する可能性があったことは否めない。

この禁制は、そうした村々の成り立ちを脅かす要因をすみやかに排除しつつ、戦乱を恐れて逃散していた百姓たちを村に呼び戻し、農耕の早期再開を促す働きをもつものだろう。続く掟書もそれに類するといえるが、厳密には単純な治安回復だけでなく、諸役免除や質取行為の停止によって、町の振興を促す目的も含んでいたとみられる。

間宮氏はほかにも掟書と同じ月に、別の村落（不破郡《ふわ》）に対する禁制や、諸役免除などを認めた寺社宛ての文書（揖斐郡・山県郡《やまがた》・武儀郡《むぎ》）を相次いで出している。さらに、掟書と同日付けで、国内の通行便宜をはかる「伝馬つき」手形を、家康方の諸将へ発給している（「関原郷土館所蔵文書」『岐史』一）。

これらは必ずしも、嶋田町の掟書と直接関連するものではない。しかし、発給時期が近接していて、かつ治安維持や諸役免除といった共通する内容を多くもちながら、いずれの文書にも「楽市」という文言は記されていない。つまり間宮氏は、この嶋田町にのみ「楽市之事」という特権を認めたことになるのである。

その嶋田町への掟書には、これまでみてきた今川・徳川・北条らが実施した「楽市楽座」のような細々とした規定はなく、諸役免除と治安維持、そして「楽市」があるにすぎない。しかも第二条を除けば、その構造自体はもはや禁制と同じといって差し支えない。

肝心の「楽市」という言葉も、諸役免除や質取以下の禁止と並列する形で掲げられているから、間宮氏が意図した「楽市」というあり方は、単純な治安維持や負担控除を含まない状態をさすことになる。

おそらくは、市における積極的な商品売買の呼びかけと、それによる町への活気を取り戻すためのキャッチコピーのようなものだったのではないだろうか。全体的に際立つシンプルな内容も、見方を変えれば、すでに権力側があれこれと規制を設けて修正をはかる必要がないほど、物流や交通網が成熟していたためかもしれない。

ただし、往来が盛んな点だけを理由に挙げるとするならば、同じ九里半街道沿いにある濃州三湊や牧田でも「楽市」が出される条件としては十分である。また、嶋田町のすぐ西隣である養老山脈の麓には、中世後期に、鉄や鉄鍬《てつぐわ》を扱う専売座（鉄座）と商人宿で栄えた「勢至《せいし》」がある（「玉井直氏所蔵文書」『岐史』補遺）。それらを差し置いて、嶋田にのみ「楽市」が設定されたのには、何らかの理由があったと考えるのが自然だろう。

中継地点だから重視された嶋田

江戸時代後期に作成された尾張藩領内の地誌『濃州徇行記《のうしゆうじゆんこうき》』には、この問題を考える上でのヒントとなるであろう濃州三湊から牧田へ向かう道筋について、次のような紹介がなされている。

まず、①烏江から向かう場合、牧田川を上って「高田」へ着き、そこから五日市場《いつかいちば》村（現、養老町五日市）・沢田《さわだ》村（現、養老町沢田）・乙坂《おつさか》村（現、大垣市上石津町）を経て牧田へ出るというもの。もう一つは、②栗笠・舟付から向かうルートで、この場合、牧田川の支流である金草《かなくさ》川沿いの西岩道《にしいわみち》村・口ヶ《くちが》島《しま》村（いずれも現、養老町）から、陸路を使って「高田」へ出て牧田へ向かう、というものである。

どちらも出発地点は異なりながら、三湊から九里半街道や牧田川を利用して西へ向かう際に、嶋田（高田）が、最初に経由すべき町として位置づけられていたことが分かる。

また、慶長十五年（一六一〇）に、濃州三湊の代官である徳永寿昌《とくながながまさ》が定めた、問屋・積荷順・舟賃に関する「湊覚書《みなとおぼえがき》」では、三湊に加えて高田もその規制対象に組み込まれている（「吹原《ふきはら》文書」『岐史』二）。近世初期の嶋田が三湊と並び、牧田川沿いにおける有数の湊としても繁栄していたことをうかがわせる。

さらに、先に述べた勢至の商人宿（「せいしの宿」）については、関ヶ原合戦直後に、高須《たかす》（現、海津市高須町）を支配した徳永寿昌によって、十七世紀初頭、おそらくは先の湊覚書と同じ頃までに「家をも立て、涯分商人之付」くようにとの指示をもって、「高田町（嶋田）」へと移転させられている（「玉井直氏所蔵文書」『岐史』補遺）。

商人たちが長く拠点としていた勢至を離れて、わざわざ嶋田へと活動の場を移させたのも、そこが九里半街道や牧田川に接した水陸交通のより豊かな地域だったからに違いない。嶋田にとってみれば、鉄製品の売買を行う商人宿を抱えること自体が大きなアドバンテージにもなり、商人の集住や地域経済のさらなる活性化にもつながっていくものだったろう。

論功行賞や大名の加増転封《かぞうてんぽう》といった戦後処理が進みつつあるとはいえ、合戦の舞台となった関ヶ原にほど近く、同所へ至る九里半街道沿いの各所では、未だ不安定な情勢が続いていたと思われる。そうした状況の中で、嶋田での商売を再開することはもちろん、商人たちに来場を促すことは容易ではなかったはずだ。

だからこそ周辺地域の中でも、とくに舟や人馬の定期的かつ頻繁な往来が見込まれる、経済的に恵まれた条件にある要地（嶋田）を押さえていた徳川方は、そこになによりも「確かな平和」が保障されていることを示す必要に迫られていた。東西を結ぶ物流の橋渡し的な存在として、街道を行き交う商人たちへの目印に掲げたものこそが、嶋田にもたらされた「楽市」だったのではないだろうか。

史上最後といわれる「楽市楽座」――黒野

この章で、真っ先に紹介した石寺新市が「史上最初の楽市楽座」として広く認識されているのに対して、「史上最後の楽市楽座」と謳われているのが、慶長十五年（一六一〇）、美濃国黒野（現、岐阜県岐阜市）で実施されたものである。

しかし、こちらも石寺新市のときと事情は同じで、あくまでも現存する史料の中で「最

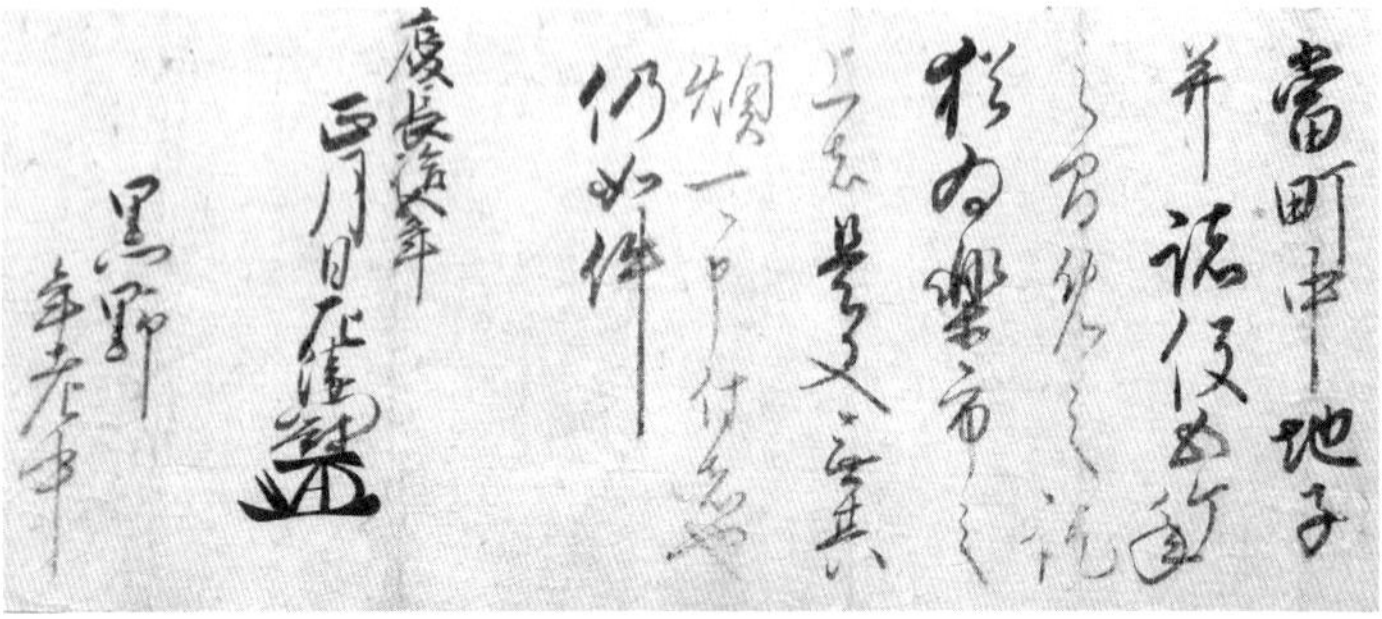

慶長15年（1610）正月付け黒野年寄中宛て加藤貞泰判物（崇福寺蔵）

後」に位置しているにすぎない。何らかの理由でほかに失われた文書があった可能性もふまえれば、史料の残存状況が、そのままある事象の変化（起源と終焉）を反映しているとはいい切れないのである。少なくとも、この文書だけをもって、正式に「楽市楽座」がその役割を終えて歴史上から姿を消した、などと安易に評価することには疑問をもたざるを得ない。

　とはいえ、「楽市楽座」の初出から半世紀以上が過ぎており、これまで紹介してきたような、複数の条文で構成される法令と異なって、その内容は異様なまでに簡略化されているのである。まず史料を見てみよう。

　黒野町中の地子《じし》と諸役については、五年間は（徴収）免除とする。なお楽市とする上は、こちらも煩《わずら》いがないように申し付けるものとする。よって以上の通りである。

（【史料25】慶長十五年正月付け黒野年老中宛て加藤貞泰判物）

発給者は加藤貞泰《かとうさだやす》である。加藤氏といえば、美濃国多芸郡橋爪《はしづめ》（現、養老町）を本貫《ほんがん》とし、美濃大垣や甲斐府中を領して秀吉に仕えた家柄であったが、文禄三年《ぶんろく》（一五九四）正月、文禄の役で陣没した父・光泰《みつやす》の後を継いだ貞泰の代に、方県《かたがた》郡黒野へ転封となる。その背景には亡父と石田三成との不和もあったといわれる。

こうした事情もあってか、関ヶ原合戦に参戦した貞泰は、当初こそ西軍として犬山城防備に携わっているが、すぐに家康率いる東軍へと寝返り、長束正家《なつかまさいえ》の籠る水口岡山城《みなくちおかやま》（現、滋賀県甲賀市）を攻めた功績から、知行地である黒野四万石を安堵されるに至った。貞泰はその後、慶長十五年七月に伯耆《ほうき》国米子《よなご》（現、鳥取県米子市）六万石へ移封となるが、同十九年の大坂冬の陣でも戦功を挙げるなど、最後まで徳川方として活躍していく。

町の治安を保障することがねらい

このように豊臣から徳川へと政局が大きく移行しつつある激動の時期に、多くの家中とともに移ってきた加藤氏を迎えたことで、黒野では拠点となる城郭と町場建設が進められた。

加藤貞泰像（個人蔵、画像提供：大洲市立博物館）

慶長十四年十月の検地帳「濃州方県郡黒野村御縄打水帳」を開いてみると、城下では町屋敷の中に「しょく人町」「こんや町」などの名がみえ、その繁栄ぶりがうかがえる（「玉木文書」『岐市』近世二）。

しかし貞泰の移封によって、黒野は加納藩領に組み込まれることになり、城はわずか十五年余りでその役目を終え、城下町も在郷町としての道を歩んでいくこととなった。つまり本文書は、貞泰が米子へ移る直前に実施した、黒野城下町の運営に関わる最後の行政文書ともいえる代物なのである。

内容は、黒野町における地子（土地税）ならびに諸役の徴収を五年間免除とし、次いで「楽市」として、一切の煩いが生じないよう取り計らうことを命じている。そのシンプルさも相俟《あいま》って、研究の中では「史上最後の楽市」という肩書のみが強調される以外に、詳細な分析はほとんどなされていない。

この文書を出すにあたって、加藤氏がもっとも重視したのは、地子諸役免除を通じた、都市の振興であろう。五年という期限付きではあるにせよ、住人にとって負担の大きい地子や諸役を免ずる意図は、黒野城下をさらに発展させるためとみて差し支えないだろう。

次に「楽市」の意味について、文言の記載箇所に注目しながら考えてみたい。市の平和や復興、町の振興促進や支配拠点としてのカラーを打ち出すため、戦国大名たちが前面に押し出したものが「楽市」であったことは、これまで見てきた通りである。しかし黒野での「楽市」は、地子諸役免除を認めた上で、これを支障なく実現・維持するための副次的な役割しか与えられていないことがはっきりと見て取れる。

加藤氏はこの翌月にも「当町為繁昌」として、木田村《きだ》（現、岐阜市）にある浄土真宗・専《せん》長寺《ちょうじ》に寺地を寄進し、城下へ移転を促す旨の文書を出している。だが「繁昌」を目的とするにもかかわらず、ここでも「楽市」文言は用いていないのである。

加藤氏が黒野に封じられた文禄三年以降、先述した検地帳に従えば、少なくとも慶長十四年までに城下町の姿はほぼ整っていたとみられる。「楽市」が、関ヶ原合戦の前哨《ぜんしょう》戦《せん》における岐阜落城にともなう混乱防止に関わるのであればともかく、城下振興を直接意図したものであれば、その着手はあまりに遅きに失しているのではないか。

つまるところ黒野の「楽市」とは、表向きには城下振興を助ける役割をもつが、実際には加藤氏の命に反し、町人に対する不当な地子諸役徴収が行われないよう、町の治安を管理保障する目的で設定されたものにすぎないのである。

「楽市」と諸役免除は別のもの

さらに「楽市」といえば、恒常的な諸役免除が認められるという見方が一般的だが、ここでは「五ケ年之間」に限るとし、その特権付与も「楽市」を前提になされたものではないことも分かる。なぜ期限を設けたのかは定かでないが、五年間もの諸役免除と「楽市」の実施に至る、何らかの差し迫った状況が背景にあった可能性が高い。

さらに地子諸役免除とならび、黒野町中全体を「楽市」の対象としている点は、後述する安土山下町の事例と酷似する。だが、「楽市楽座」文書の中でもメジャーであった掟書の形式を取らず、その内容も簡略化が著しい。「楽市楽座」に頻出する治安維持の条文がまったくみえないのは、「無其煩」きようにする役割を与えられた「楽市」に、そのすべてが包摂されているからなのかもしれない。

こうした変化は一般的に、「楽市楽座」が普遍的に行われつつある傾向を示したものといわれる。だが、はたして本当にそう断言してよいのだろうか。「楽市楽座」をめぐって残されたもう一つの大きな問題、すなわち避けて通ることのできない信長（織田氏）の事例を紹介しながら、この点を明らかにする材料を得ることとしたい。

第三章　織田信長と「楽市楽座」

前章までに見てきたとおり、「楽市楽座」といっても、用いられる場面やその意図するところは地域や時代ごとにさまざまで、ましてやそこに、旧体制の破壊や革命を扇動するような兆しを見出すことは難しいといわざるを得ない。そうだとすると、「楽市楽座」の第一人者のように位置づけられている織田信長の事例についても、再考の余地が生ずることは論を俟《ま》たないはずだ。

自治都市として知られる堺の直轄領化や、分国内における関所の撤廃や撰銭令《えりぜにれい》の実施など、信長による都市・流通政策は数え上げればきりがないが、中でも「楽市楽座」については、あたかも信長一人が推し進め、全国各地へ波及させる要因を作った「お手本」のようにも紹介されるなど、認知度の高さは折り紙つきである。

確かに、その実例数は戦国大名の中でも群を抜いており、それは信長自身が、領国支配の安定や拡大に一定の効果をもたらすものと認識していたからに違いない。しかし、数の多さはあくまで織田氏（信長）の支配領域内における特有のものとして捉えるべきであって、それを基準として、ただちに他の戦国大名領国に当てはめて評価することは危険である。

とくに織田氏となると、柴田《しばた》勝家《かついえ》や佐久間信盛、のちに天下人となる羽柴秀吉など、信長を支えた重臣たちがそれぞれ単独で「楽市楽座」を実施していた事実があるが、その認知度がきわめて低いこともあり、ともすると信長のもつ強烈な個性でもって、政策のあり方が問われがちである。

「楽市楽座」の意義に、発給主体である戦国大名の性格が直接結びつかないことは、前章までに述べたことからも明らかである。ここではそれと同じ視点から、信長そして家臣たちが行った「楽市楽座」について、個々のもつ特色を明らかにし、その上で、信長が「楽市楽座」に寄せた一種のこだわりは、はたしてどのようなものだったのかを考えてみたい。

軍事・政治色の強い「楽市楽座」――金森

信長の「楽市楽座」の中でも、とりわけ軍事色や政治色が強いと評価されているのが、金《かね》森《もり》（近江国野洲郡。現、滋賀県守山市）で実施されたものである。

金森は、琵琶湖の東を走る中山道から枝分かれし、湖東と京都を最短で結ぶ脇往還《わきおうかん》（志那《しな》街道）と、琵琶湖へ注ぐいくつもの河川が交差して走る、水陸交通に恵まれた特徴をもつ。その景観と地勢を活かす形で、十五世紀初めには、存如《ぞんにょ》に帰依した在地領主・川那辺《かわなべ》氏の下、惣道場（金森御坊）を中心に、周囲を堀や土塁で囲み、防御機能をめぐらせた宗教都市「寺内町」が形成された。

このつながりから、まもなく京都で起きた「寛正《かんしょう》の破却」と呼ばれる法難を避け、本願寺

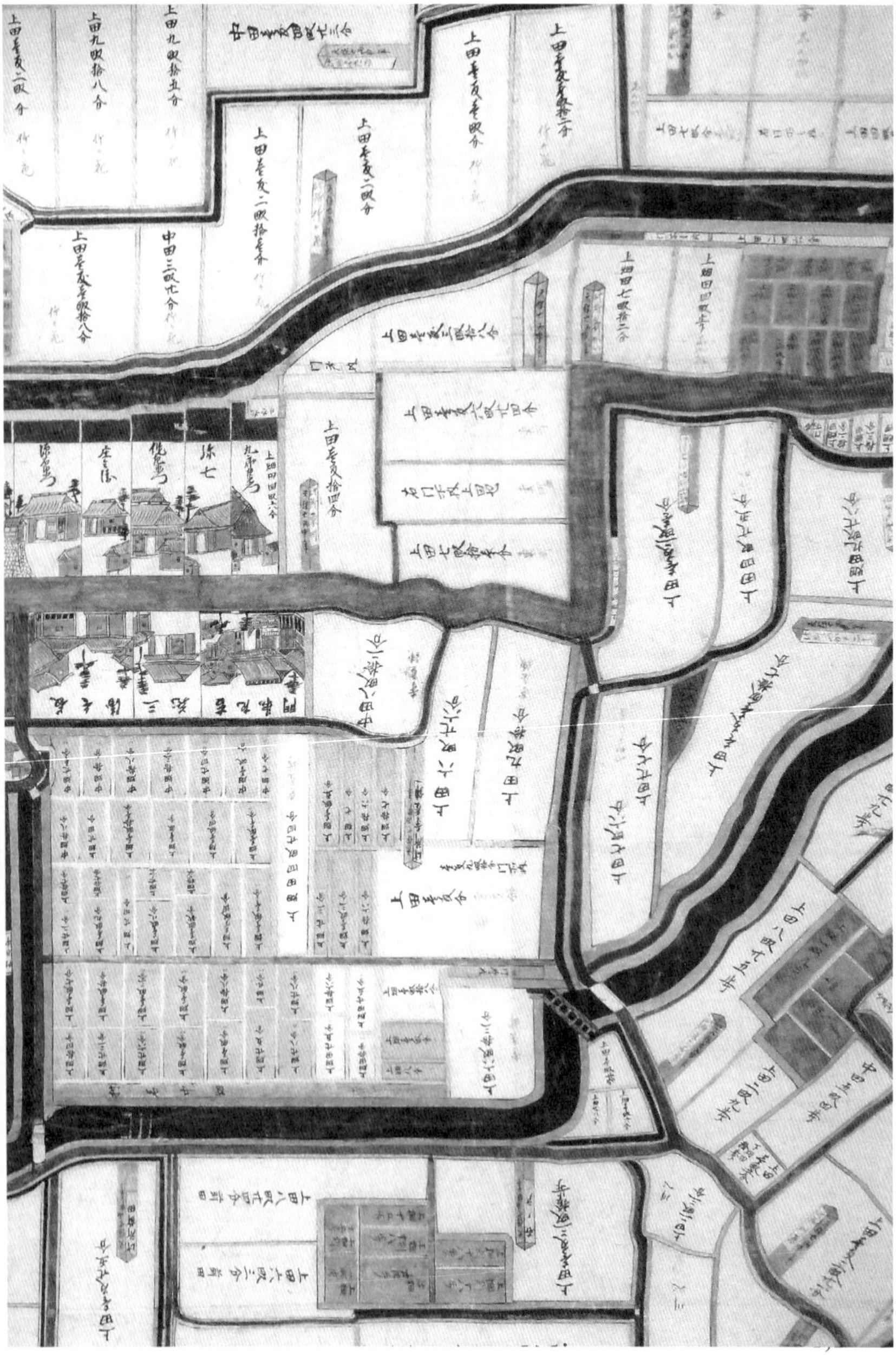

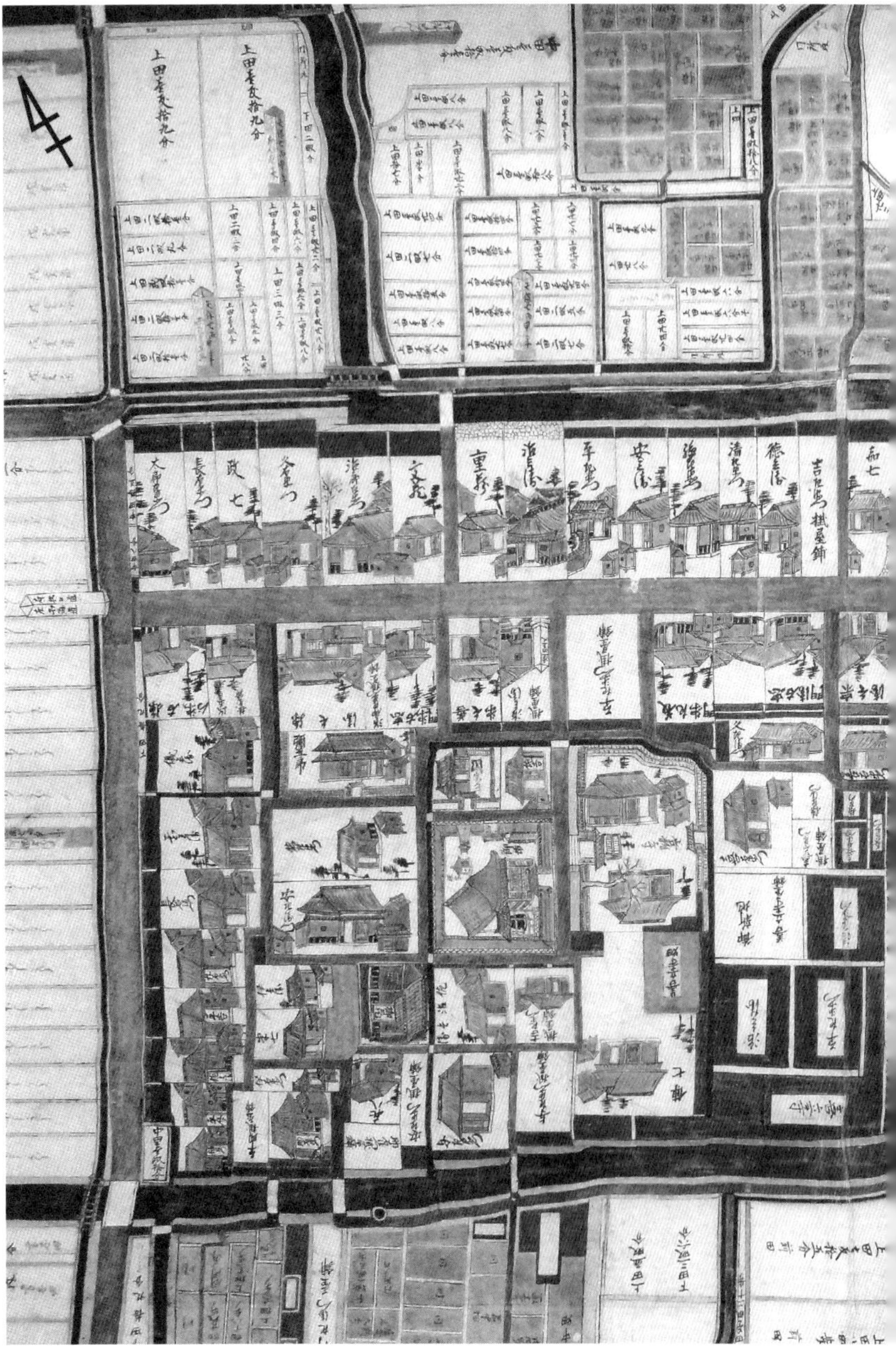

天保７年６月　金森村絵図（金森町自治会蔵）
村の中央を志那街道が鍵型に通り、中心部には、屋敷に囲まれる形で「御坊」と「善龍寺」が向かい合うように描かれている。

宗主・蓮如が身を寄せたことをきっかけに、金森は、山門と対峙する一向宗門徒が結集する、宗教拠点としての地位を築くことになる。ちなみに、日本史上初めての一向一揆が蜂起した場所も、このときの金森だったといわれている。

さて、金森に信長の「楽市楽座」が出されたのは、天下統一をめざす信長を長く苦しめた、いわゆる「石山合戦」の最中であった。本願寺顕如《けんにょ》の檄文をうけて、伊勢長島《いせながしま》の一向一揆をはじめ、畿内周辺で一揆の蜂起が相次ぐ中、近江でも浅井《あさい》・朝倉《あさくら》氏らの挙兵に応じた江北《ごうぼく》一揆の動きがめざましく、金森も湖東における一揆拠点としての地位を保ち続け、六角氏と連携を取って対立を続けていた。

畿内へ進出し、近江一帯に勢力を拡大しつつある信長にとってみれば、金森は「反信長」をスローガンとする反勢力連合の中枢に位置し、その瓦解に向けて、是が非でも押さえる必要があった場所の一つといえるだろう。

信長が直接関わった戦いという点でいえば、「石山合戦」は、伊勢長島や越前での一向一揆殲滅《せんめつ》戦に注目が集まりがちである。だが、ここで紹介する金森での一連の戦いは、単なる局地戦ではなく、近江における信長権力の浸透を確固たるものにする上でも、大きな意義を持っていたのである。

真宗寺院と門徒の結びつきを警戒する信長

金森が、御坊《ごぼう》を頂点に置いた、湖東地域の宗教拠点としての地位を長く保つことができた背景は、必ずしも蓮如の下向だけに端を発するものではない。というのも、金森では、網の目状に流れる野洲《やす》川の分流や涌水《わきみず》という地理的な条件が優位に働き、これを用水とする下流域の村落を統率した「水《みず》の親郷《おやごう》」としての一面も持ち合わせていた。こうした水利権を経済基盤とすることにより、金森は周辺村落やそこに居住する一向宗門徒とも、「成水魚之思」すが如く密接に連携し(「福正寺文書」『大系真宗史料一二』)、戦国時代には、本願寺で毎年行われる仏事(苦菜会)の頭役《とうやく》負担を一手に務めるほどにまで上り詰めている(『天文日記』『金森日記秡』)。

また、蓮如の下向に触発されるかのように、中世後期になると、同じ野洲郡や隣接する栗《くり》太《た》郡の村落において、他宗派の寺院の多くが転派し、あるいは核となる惣道場が建立されるようになる。城館を構えた在地領主たちの中にも、これら真宗寺院と一体化して活動するなど、いずれも網の目のごとく走る河川を通じ、その中心に位置する金森を仰ぐ形で結びついていく。このような地域の枠を超えた連携への動きが、近江進出をはかる信長の前に、「諸方ノ門徒武士強勇ノ坊主衆」たちが一斉に立ち上がる構図を作り上げることとなるのである。

元亀二年（一五七一）九月、隣村の三宅村とともに、在地領主・川那辺氏の指導によって、「一城堅固」の拠点を構えた金森が反織田の姿勢をあらわにすると、信長は佐久間信盛を大将として攻撃を開始し、周辺村落の苅田《かりた》包囲を断行した（『金森日記秡』）。このとき金森から人質を取る形で、いったんは城を開城させることに成功したものの、年が明けてまもなく本願寺の動きに触発された金森は、六角氏と連携して再び城に籠り、信長と対立する道を歩む（『信長公記《しんちょうこうき》』）。

こうした動きは、野洲・栗太両郡の村落から有名な「元亀の起請文」を提出させるに至った。一揆の首謀者たる金森に内通しないことを誓約させる内容で、金森を頂点とする寺院・門徒の強い結びつきに対する信長側の警戒心のあらわれの一つといえよう（「福正寺文書」『信文』上―三〇九）。これにより背後からの支援を絶たれ、孤立を余儀なくされた金森と籠城する一揆勢は、ついに城を完全に明け渡すこととなった。問題となる「楽市楽座」はこの直後、すなわち敵地への戦後処理の一環として発布されることとなるのである。

市の開設からはじまる金森の新たな支配

その第一弾として、金森二百石を知行地として与えられ（「吉田文書」『信文』上―三〇七）、二度にわたる金森攻めの大将として活躍した佐久間信盛は、金森落城と同じ月に、さっそく次のような文書を作成した。

金森市場の事について、守山《もりやま》年寄衆と相談の上、急ぎ立つように馳走すること。楽市楽座とすること（文字不明）。恐れながら謹んで申し上げる。

【史料26】（元亀三年）七月十八日付け美濃屋小宮山兵介宛て佐久間信盛書状写）

その内容は、守山（現、守山市）の年寄衆と相談の上で、金森に市立てを行い、あわせてこれを「楽市楽座」とするよう命じるものである。それまで金森でどのような規模の市が開かれていたかは、これを具体的に物語る史料がないため、必ずしも明らかではない。

だが、水陸交通という地の利を活かした寺内町を構え、本願寺の仏事を支えるほどの経済力を有していた経緯を思い出せば、むしろここに交易拠点がなかったと考える方が不自然だろう。金森の町外れから西の琵琶湖へと続く道沿いに残る「市ノ町」の小字《こあざ》や、この付近で馬市が開かれていたという伝承が存在するのも、往時の名残だろうか。

こうした強固な経済基盤となりうる地勢をふまえてか、壮絶な合戦が終結したのも束の間、右の文書から、金森では「市場」の開設が最優先事項として掲げられ、佐久間がその陣頭指揮に当たっていたことが分かる。

ここでも、権力が文書の中で「楽市楽座」という空間を設定している様子が明らかである。通説のように、これを古くから自生して存在した、市本来の姿（基本属性）などと捉えることは到底できない。

さらに不思議なのは、なぜ対象となる金森ではなく、隣り合う宿場町・守山の住人へその指示が下されたのかという点である。その答えは、このときの守山のあり方に隠されている。

金森と軍事基地・守山のつながり

中世の守山といえば、中山道が走り、早くから宿や市（見世棚）を構えた流通・交通の要衝として栄えた地である。永禄十一年（一五六八）、上洛をめざす途中に立ち寄った信長から禁制を与えられたことをきっかけに、岐阜と京都を往復する際の定宿として位置づけられた。「石山合戦」では、湖東一揆の動向をうかがう基地としても機能し、警固に置かれた信長方の武将・稲葉《いなば》良通《よしみち》が、蜂起した一揆勢の攻撃から町を守っている（『信長公記』）。

幹線道路沿いで、金森とも目と鼻の先にある守山は、信長側にとって、流通・交通の掌握だけでなく、対一揆用の軍事基地として活用する上でも、たいへん都合がよかったといえる。加えてこのときの守山では、「ひわたや」「あめ屋」「鶴屋」などの屋号をもつ住人も数多く記録にみえ、商工業者が集う町としても大変賑わっていた（『ゑほしの御なをり帳』「大谷雅彦氏所蔵文書」『大日本史料』第十編之二十）。

自らの息がかかっており、流通・交通の盛んな守山であれば、市立てにかかる人員や資材を即座に提供できると見込んだのだろう。金森の市立てが重点事業の一つと位置づけられ、よりスピーディーな対応が求められていたことが分かる。

では、長く持ち堪えた「寺内町」としての再興ではなく、「市場」の開設を、しかも「楽市楽座」という条件付きで命じたことには、どのような意味があるのだろうか。

実はこの五日前に、守山と隣り合う野洲市場（現、滋賀県野洲市）へ佐久間が出した、注目すべき一通の文書がある。東山道に加え、野洲川を利用した材木や簗《やな》の流通と、それを扱う市が早くから開かれた野洲では、中世を通して野洲川の氾濫が相次ぎ、交通網の寸断に長く悩まされ続けていた。佐久間はこの野洲市に対して、「毎年野洲河橋を懸、大水之時瀬踏」、すなわち川渡しと架橋を負担する見返りとして、諸役を免除することを文書で認めたのである（「野洲共有文書」三・滋賀県立図書館『野洲共有文書①』）。

市へつながる通路の安全を確保し、将来的な商品流通の安定化をはかる措置といえるが、その上で金森の文書に立ち返ると、そこには市への通路確保や諸役免除を認めた内容は一切ない。いずれもほぼ同時期に作成された、市に関わる文書でありながらも、「楽市楽座」となったのは金森だけということになる。

たとえ諸役免除や往来促進といった市の振興が目的であっても、「楽市楽座」はどこでも無作為に実現するものではなく、他の市町との細かな調整や、明確な目的意識にもとづく使い分けが前提にあったことをうかがわせる。加えて信長だけでなく、家臣でも「楽市楽座」は実現可能な政策であったことが分かる。

復興を加速させる信長掟書

また、このときの「楽市楽座」とは、市立てを皮切りとした金森の復興を加速させるための条件という意味合いもあったに違いない。しかし対外的にみれば、守山が主導して作り上げた、織田方の町場としての再生(復興事業のスタート)を、それまで金森と結びついていた周辺村落へ喧伝するためのキャッチコピーに近いものであった。

この色合いがより強くなるのが、その二ヶ月後に出される信長の掟書である。

定　条々　　金森

一、楽市楽座である上は、諸役は免除とする。また国質郷質を取ることや押し買いはしてはならない。追加。理不尽な（債務）催促使（を入れること）は禁止とする

一、往還する荷物については、当町へ着け下ろすこと

一、未納入の年貢や、旧領主からの借米借銭については納めなくてよい

右に違反する者は処罰する。以上の通りである。

（【史料27】元亀三年九月付け金森宛て織田信長掟書）

金森を知行し、復興のかじ取りを担っていた佐久間を差し置いて、ここで信長が文書を出すことには少なからず違和感を覚える。

市の「開設」をねらいとした佐久間の文書と比べると、商品の着荷や治安維持など、市の「興行」にも関わる具体的な内容となり、「楽市楽座たる上ハ」という文言からも、佐久間の文書を承けて出されていることは間違いない。さらに、わずか一ヶ月後ながら、「当町」として金森には定住者が増え、常設店舗を構える町場が整えられつつあることも分かる。

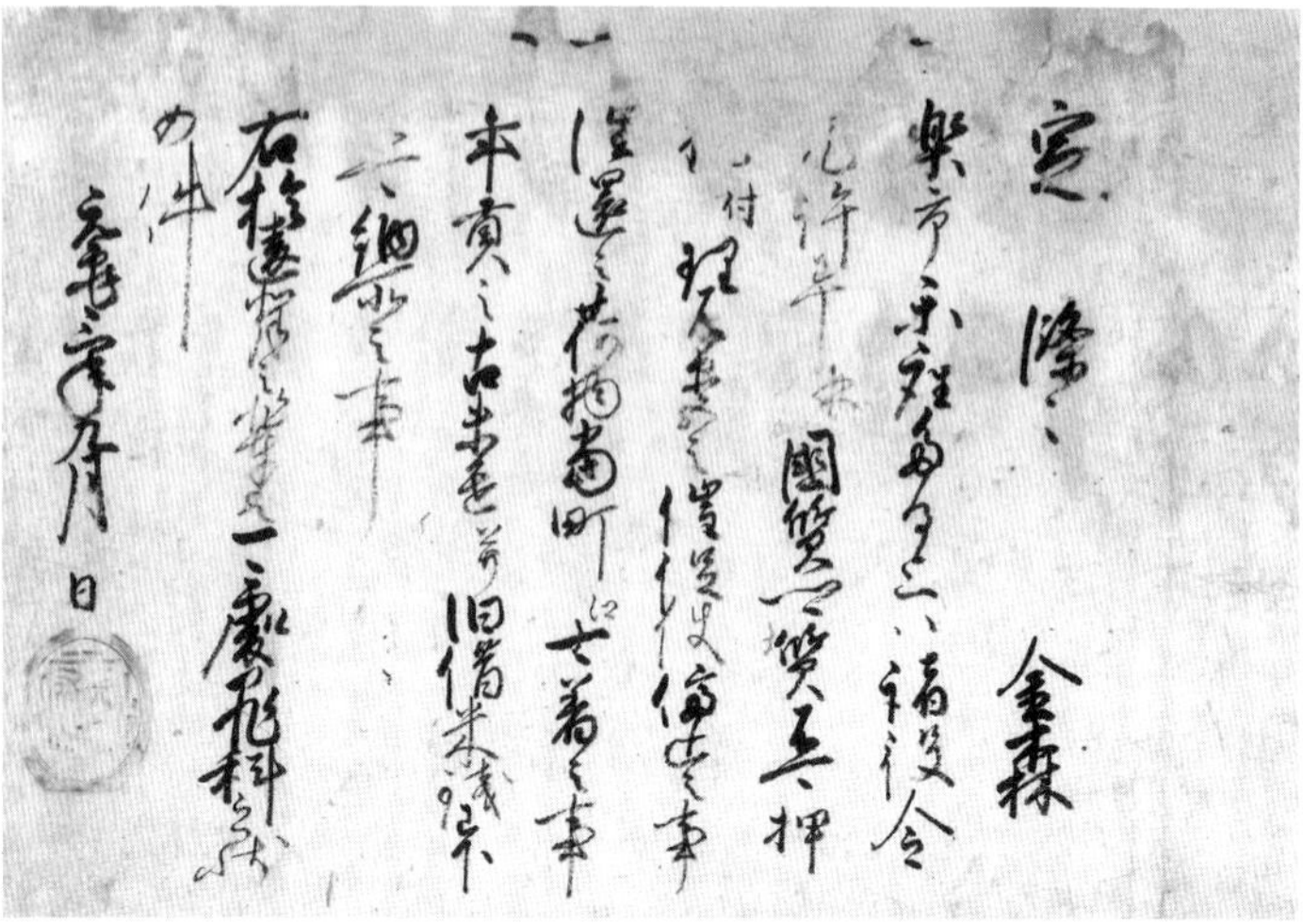

元亀3年（1572）9月付け金森宛て織田信長掟書（善立寺蔵、画像提供：滋賀県教育委員会）

織田方の町場再生を見せつける

　とくに注目すべきは「往還」すなわち幹線道路である中山道を流通する品物をすべて、脇街道を通る金森にまで集めるよう命じた第二条だろう。本来の流通ルートにない金森市場へ新たに荷物を卸《おろ》させることには、一体どんな意味があるのか。

　商品は人の手を介することで初めて「流通」するものである。だとすると、強制着荷それ自体が商人の来場を強いるものとイコールであったといってよい。しかし、金森市場での売買までは明記していないから、その決定権は商人に委ねられていたのだろう。

本来、守山や野洲を経て、中山道をメインに行き来していた商人たちは、脇道の金森へ立ち寄ることにより、そこで織田方として生まれ変わった金森の姿を目にすることになった。「年貢之古未進幷旧借米銭」の免除を認めた第三条（徳政令）も、旧領主との貸借関係をきっちり清算し、織田方としての再生を強調するものといえる。

つまりこの第二条は、金森市場を織田氏が管轄する物流網の中に組み込むためのものと考えられる。たとえ売買が自由であったにせよ、物資の荷下ろしが行われる中継地としての位置づけは、将来的にそれを扱う商人宿の設置や巨大なマーケットの開催をも見越してのことと思われる。信長にとっては、守山や野洲など自身の保護下にある市町と結びつけて、将来的に一つの市場圏を形成するねらいがあったのかもしれない。いずれにせよ織田権力の浸透をつよく印象づけるためにも、あえて信長自らが文書を出すことに大きな意義があったのだ。

なお、ここでは「往還之荷物」の流通が規制対象となっているが、のちに建設される安土山下町ではその対象が変化することになる。その内容と意味については後述したい。

さて、信長文書の二年後には、佐久間信栄《のぶひで》（信盛の息子）が同じく「楽市楽座」を実施している。

定　　　金森町

一、楽市楽座である上は、何においても同前とすること
一、諸役免除のこと
一、当町に出入りする者に、郷質所質（を取る行為）は停止のこと
一、（街道を）上り下りする荷物や京へ運ばれ売買される米荷物については、これまで通り当町に着け下ろすこと
一、喧嘩口論が起こった場合は、理非を問わず双方を成敗とする。ただし信長奉公人と町衆（による喧嘩口論）の場合は、奉公人のみを成敗する
右の条文について、堅く禁ずるため、もしこれに違反する者がいれば、すぐに厳罰に処する。よって（信長様からの）ご命令は以上の通りである。

（【史料28】天正二年五月付け金森町宛て佐久間信栄掟書写）

宛所が「金森町」に変わっているほか、「上下荷物幷京上売買之米荷物」など、街道を行き交うさまざまな物資が集約している様子もここから分かる。江戸時代の記録では、信長の「楽市楽座」ののち、金森に米屋などの屋号をもつ店が構えられたとの記述もあり、まさに「当町出入」の盛んな一大マーケットとしての賑わいが実現したようだ。

このように佐久間父子・織田信長と、金森では短期間のうちに、実に三度にもわたって繰

り返し「楽市楽座」が実現した格好である。これは同時代に存在した守山や野洲など、周辺の市町に出された文書にはみられない特徴で、信長や信栄の文書にある強制着荷や徳政令とあわせると、いずれも金森にとっては最大の利点といってよい。

その中で繰り返し掲げられた「楽市楽座」は、他の市町との間で線引きを行い、金森が唯一異なる空間であることを強調するためのスローガンと捉えられる。かつて本願寺を支えた宗教都市であり、信長の近江支配にも立ち向かった湖東一揆の中枢基地だった金森が、新たに守山や野洲と並ぶ、織田方の町場の一つへと生まれ変わったことを来場者に認識させるため、意図的に適用したと考えるのが妥当だろう。

初めて見つかった秀吉の「楽市」――淡河

本節で紹介する「楽市楽座」は、平成十六年（二〇〇四）に兵庫県の神社で発見された、羽柴秀吉の制札にその文字が刻まれていたものである。

これまで「楽市楽座」といえば、残存する史料の数とその内容から、当然のごとく信長が単独で実施するものという予定調和的な見方が前提にあった。しかし、前節でもみたように、人口に膾炙した信長の個性や独創性とは無関係に、「楽市楽座」は家臣でも実施することが

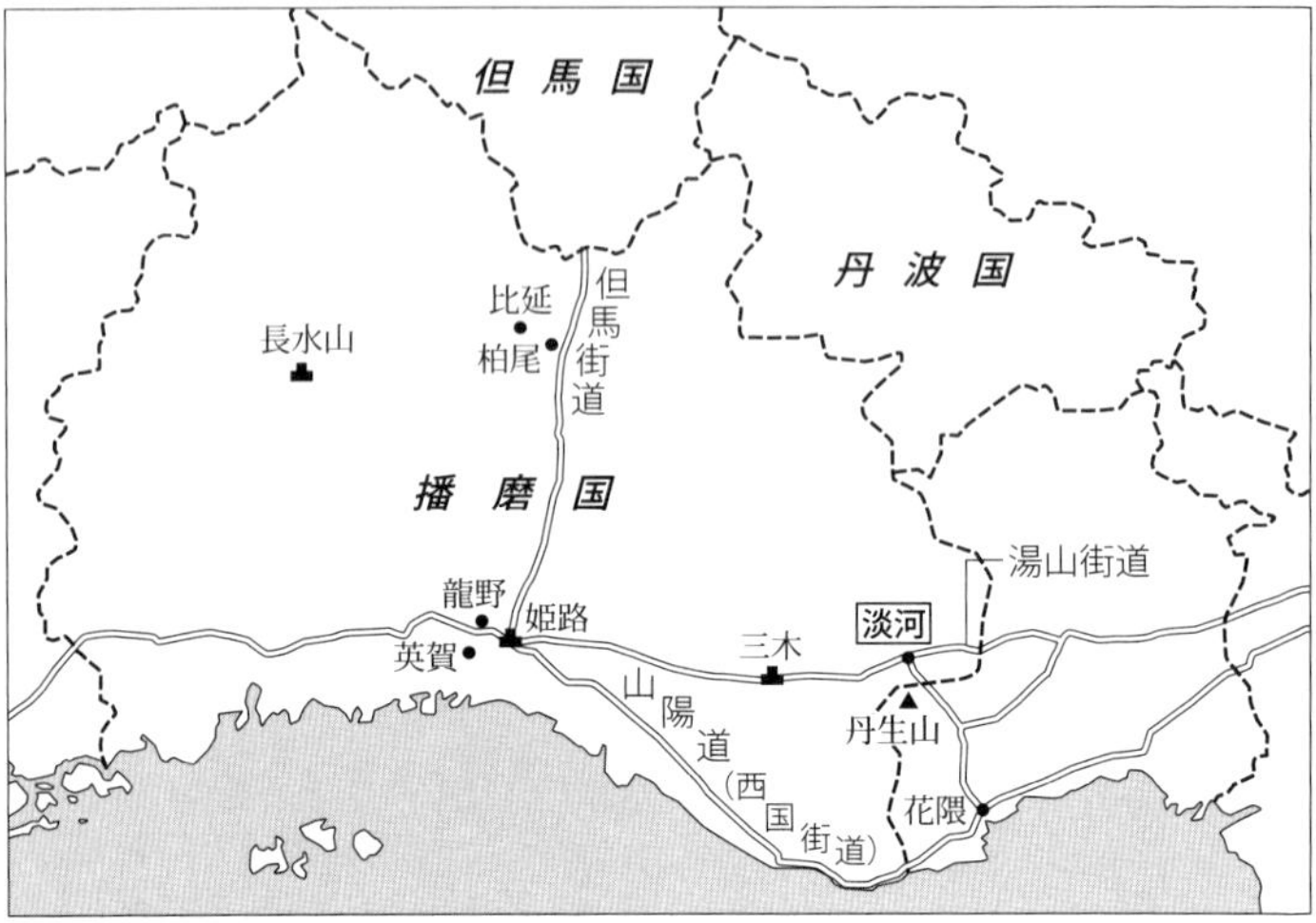

図5　播磨国「楽市楽座」分布図

できる政策だった。本史料の発見もそうした通説を根底から覆すもので、とくに秀吉という信長の重臣が行った「楽市楽座」であったことも大きなインパクトを与えたのである。

さて、秀吉の制札が出された淡河《おうご》（播磨国美嚢《みのう》郡。現、兵庫県神戸市北区淡河町）という地はどういう場所なのだろうか。そこは山陽道のバイパスである湯山《ゆのやま》街道が走り、摂津《せっつ》有馬と播磨三木《みき》を東西に結ぶ中間点に位置し、中世では早くから荘園（淡河荘）と市場集落が開かれ、江戸時代には本陣を置く宿場町として栄えた場所である。

中世、とくに戦国時代においては、淡河荘を支配する在地領主・淡河氏が集落のそばに居城（淡河城）を構えており、東播磨八郡を支配する国衆・別所《べっしょ》氏の傘下に入っている。ご存じの通りこのあと、播磨国は天正五年（一五七七）より、信長の命を受けて入国した秀吉を迎えることになる。これに対し、当初は人質を差し出して恭順の意を示したはずの三木城主・別所長治《ながはる》が毛利《もうり》氏に内通し、反信長の旗頭となって秀吉と長く対立することになる。

別所氏は国内に多くの在地領主を麾下に置いており、この動きに呼応した淡河氏は、すぐさま神吉《かんき》氏（神吉城）・櫛橋《くしはし》氏（志方《しかた》城）・長井《ながい》氏（野口城）・梶原《かじわら》氏（高砂《たかさご》城）らとともに、三木に籠城する別所氏の支援へと回った（「顕如上人文案」『兵史』九）。

重要な基幹産業こそトラブル回避

このときの淡河は、摂津丹生山砦《たんじょうさん》（現、神戸市北区）とともに、毛利氏が海上から兵糧を陸揚げし、山陽道沿いの花隈《はなくま》城（現、神戸市中央区）から六甲山《ろっこうさん》を経て、三木城（現、兵庫県三木市）へ運び入れる際の中継基地にもなっており、これに付随して「近辺ノ一揆ドモ二千」も城に籠って秀吉に抗戦している（『別所長治記』）。

まさに三木の籠城を支える生命線として不可欠の地であるがゆえ、秀吉も淡河の処遇については早急の対応が求められたわけである。そこで天正七年四月、周辺の支城攻略と合わせて、いち早く淡河城を包囲するための付城《つけじろ》を築き、物資補給路の遮断をはかることで、三木城包囲（いわゆる三木の干殺し）を優位に進めた。

包囲からひと月が明けた頃、淡河城は城主である淡河氏が三木へ合流したため秀吉方に落ちている。問題となる制札は、この翌月にあたる同年六月に作成されたものだったのである。

淡川市庭

掟条々

一、当市（の開催日）は毎月　五日　十日　十五日　廿日　廿五日　晦日とする

一、楽市である上は、商売座役を徴収してはならない

一、国質所質は（取ってはならないヵ）

一、喧嘩口論は、理非を問うことなく、双方を成敗とする

一、旅籠銭（の支払い）は、旅人の持ち分に準じること

右の条文について、違反するような者がいれば、地元の者たちで捕縛した上で、報告しなさい。調査した上で処罰する。よって掟書の内容は以上の通りである。

（【史料29】天正七年六月二十八日付け淡河市場宛て羽柴秀吉制札）

先にみた金森と同じように、合戦が明けて間もない戦後処理の一環として発布された形で

天正７年（1579）６月28日付け淡河市場宛て羽柴秀吉制札
（淡河本町自治会蔵　Photo : Kobe City Museum / DNPartcom）

あるが、市日の制定（安堵？）や治安維持など往来が盛んな市の賑わいのほか、淡河ならではの特色ともいえる、宿屋（「はたこ」）の建つ宿場としての景観が早くも形作られていたことも分かる。

第一・二条にみえる「市」が既存のものか、あるいは秀吉制札で新しく作られたものなのかは研究者の間でも議論があるが、少なくとも「らくいちたる上ハ」とあるように、金森と同じく市立てないし市の再興を促す文書が先に出されており、秀吉制札はそれを承けたものとみてよい。

同じく第五条も、経営者である旅籠《はたご》と利用者である旅人のどちらに呼びかけた内容と捉えるべきかで見解が異なる。淡河の地域経済が「しやうはい《（商売）》」はもちろん、「たひ人《（旅人）》」の存在を前提としていたことは間違いないだろう。しかし、市への往来が増えれば、それに比例した旅籠の利用はもちろん、宿泊にかかるトラブルが増えることも想像に難くない。さらにいえば、一般的な市宛ての禁制にみられる「押売押買」のように、常にどちらか一方だけが非法行為に及ぶものとは考えにくい。

この場合、宿泊料の未払いはもちろん、不当な宿泊料の請求・客引きなど、双方が淡河周辺の緊迫した情勢に乗じて、逸脱した行為に走ることのないよう忠告するためのものだろう。旅籠の利用規定だけが単独で明文化されたのは、それだけ淡河にとっての重要な基幹産業として確立していたからにほかならない。

追認される旧来からの市と商い

ここに貞享《じょうきょう》三年（一六八六）、淡河町に本陣を構え、庄屋ならびに大庄屋を務めた村上家が提出した由緒書《ゆいしょがき》が残されている。その中には、淡河の歴史や秀吉の播磨出兵の動向とならび、制札発給の経緯について次のような記述がある。

淡河町は古くは中村と申す在所で、道筋にようやく家が二十軒ばかりある程度だった。

そんなときに、太閤（秀吉）様が西国出兵のため、中村に二度滞留なされ、上意（信長様の命令）では、海辺の道路を通行停止としているため、この道筋を主要往還にしたいという。そこで中村を宿継《やどつぎ》の町に取り立てるようにと、有馬法印（則頼）へ命じられ、大庄屋藤兵衛の先祖である喜兵衛を召し出されて、太閤様へお目見えさせ、町の取り立てを行うようにとの（秀吉様の）上意を受け、牢人や町人たちを集めて屋鋪《やしき》を建て、町並みを整えて宿継を可能とした。（町が）次第に栄えたことで、太閤様のご機嫌もよく、（秀吉様は）月に六日の市日をお定めになり、直々の判を据えた制札を下され、町の運営など諸々を喜兵衛に申し付けられ、同心五人を付け置き、段々と町も発展するようになっていった。

（【史料30】貞享三年十二月付け淡河町由緒書〔部分〕）

要約すると、秀吉の播磨出兵で「海辺通路」（山陽道）が通行止めとなったため、代わって有馬街道とその道筋にある淡河が、主要道路かつ宿場町として取り立てられることになった。本制札は、秀吉家臣である有馬則頼の命をうけた村上家（喜兵衛）の差配により、次第に整備された町並みを見た秀吉から、褒美として与えられたものだという。

江戸時代になると、家の系譜や地域の由来などを記した由緒書が盛んに作成されるようになる。だが、その中には後年の写しや記憶を頼りに、作成者の都合や訴訟を有利に進めるため、大胆な脚色や改ざんが加えられたものもある。この由緒書も、秀吉制札が出された時代から約百年後のものであるため、事実誤認と思われる箇所も見受けられる。

たとえば有馬街道については、播磨出兵が始まって間もない天正六年末から翌年にかけて、沿道の村や寺社へ宛てた秀吉禁制が数通確認されるのを除き（「名塩村文書」『兵史』一）、街道そのものが主要往還となったことを示す一次史料は存在しない。実際には、信長から離反した荒木村重《あらきむらしげ》方の尼崎《あまがさき》・花隈の諸城攻略など、山陽道や大阪湾沿岸を中心に軍事行動が展開していたのである。

また、由緒書では触れられていないが、先にみたように、淡河では秀吉軍の付城による包囲網が築かれ、淡河城への夜襲も行われている。だとすれば、城下でも戦火を避けて多くの人々が淡河を離れていたことは想像に難くない。秀吉制札には、金森のような「相立」を命じる文言はないため、町立てを促すものというより、むしろ旧来からの市と商いを追認するためのものというニュアンスが強い。

さらに淡河での「楽市」については、通説として理解されるような、いわゆる戦後復興や既存の市商売を保護するための政策、あるいは由緒書で示された新町建設とは、その趣を若干異にしていたようである。

秀吉は淡河のみ「楽市」とする

そこで関連する二つの地域に出された史料の一部を紹介したい。

一つは、離反した別所氏が拠点とする三木町とその周辺村落に宛てた制札である。秀吉軍の厳重な包囲網と兵糧攻めに耐えかねた三木城は、天正八年（一五八〇）正月十七日、城主・別所長治の切腹によって開城し、約二年に及んだ三木合戦は幕を閉じる。

条々

一、三木町へ越した者については、諸役を免除する

一、借銭借米や年貢未進分は、天正八年正月十七日以前は（返済）免除とする

一、（文字不明）商売の下がり銭（未払い代金）は除外とする

一、一粒一銭（文字不明）がある者については直訴すること

一、押し買いをしてはならない

右に違反する者については、速やかに成敗するものである。よって以上の通りである。

（【史料31】天正八年正月十七日付け三木町ヵ宛て羽柴秀吉制札）

秀吉は三木が開城したその日に、すかさず城下へこうした内容の制札を掲げ、戦火を避けていた町の住人を呼び戻す復興策に着手している。

また、翌月には周辺村落にも「さいさい《（在々）》百姓等、早くけんさんすへき事」「あれ《（荒）》地ねんく《（年貢）》当年三分二ゆうめん《（宥免）》、三分一めしおくへき事」「さくもう《（作毛）》いせんたちかへり《（立還）》百姓等、いとなみひやく《（日役）》あるましき事」などとする制札を出して、百姓の還住《げんじゅう》や年貢減免《げんめん》による農耕の早期再開を促した（「三木市有宝蔵文書」『秀文』一―二一七）。治安維持による平和保障を出発点に、諸役や年貢免除という特権を条件に、住人の帰住を呼びかけるなど、長期的な三木の復興プランをいち早く打ち立てたわけである。

もう一つは、姫路から但馬国へ続く但馬《たじま》街道沿いに立つ柏尾《かしお》（現、兵庫県神崎郡神河町）に宛てた「当市場、諸商売已下前々のことくたるへき」とする、天正八年二月の制札である（「柏尾区蔵文書」『秀文』一―二一八）。交通の要衝にあたる柏尾では、すでに十五世紀から「かしを《（柏尾）》の市は」が開かれており、秀吉は古くから立つ市とそこでの商売を安堵した。このとき、秀吉は宇野《うの》氏の籠る長水山《ちょうすいさん》城（現、兵庫県宍粟《しそう》市）攻めに向けて侵攻中であったから、その道中にある柏尾での制札は、軍勢乱入などによる治安悪化を防ぎ、従来通りの商売を保障するために出された格好といえる。

このように、合戦明けあるいは市の保護という点でいえば、淡河の制札も、三木や柏尾と発給背景に大差はない。しかしながら、この「楽市」という言葉に限っては、三木はもちろん、秀吉が西国攻めの拠点とした姫路をはじめ、播磨支配に至る過程で出された秀吉文書の数々には、淡河を除いて一切登場しないのである。

播磨平定という重責を担う秀吉にとって、あえて淡河にだけ「楽市」と付した制札を与えたのは、単純な戦後復興や市の保護よりも、なにか別の意味が込められていたのだろう。その答えは戦国期、とくに三木合戦での淡河の立ち位置と機能に求められる。

補給地点の確保を伝える「楽市」宣言

先に紹介したように、このとき別所氏に与した淡河は、花隈から三木へ兵糧を運び入れる際の「道伝《みちづたい》」の要所（中間地点）となっていた。毛利氏の支援を頼みとする別所氏にとっては生命線に等しく、三木合戦の行く末を左右する地だったといっても過言ではない。

一方の秀吉にとってみれば、別所氏の離反は、目前に迫ったはずの播磨平定を覆す重大事件である。また、毛利氏に加え、播磨・安芸《あき》・紀伊《きい》の真宗門徒までもが瀬戸内海を通じて連携し、背後から別所氏の決起を支えていたことも、戦いの長期化を招いた。

淡河城・丹生山の戦い（『三木合戦軍図（模本）』右幅より部分、兵庫県立歴史博物館蔵）

長期化する合戦においては、必要な兵糧や武具を、迅速かつ安定的に調達できる手段の確保が、勝敗を占う上でのカギとなった。結果的にこのあと三木開城までには半年を要するが、その間、攻城戦を優位に進め、播磨平定戦に必要な物資を安定的に確保する前線基地の創出が不可欠であった。

三木から目と鼻の先にあり、早くから交通の要衝として往来の盛んであった淡河は、物流拠点として掌握する上でもまさにうってつけの地だったのだろう。つまり秀吉にとって淡河の掌握は、毛利氏や本願寺との連携や支援を絶ち切り、反信長戦線の勢いを削ぐ大きなチャンスであった。

そこで淡河をすかさず占拠し、自らの町場へ塗り替えたことを、周辺地域にいち早く認識させるための謳い文句こそが「楽市」であったと考えられよう。その証拠に、先の制札が出された翌年に、秀吉はもう一度、淡河へ制札を出している（「歳田神社文書」『秀文』一—二八五）。その中には「楽市」の文言は一切なく、「同町人如有来無異儀可商売事」として、それまでの商売を安堵する、という表現しか用いられていない。当面の課題であった三木合戦が終結し、「楽市」と掲げる必要がなくなったからだろう。「楽市」が時宜を得た政策として、より政治的かつ計画的に用いられたものであり、当初から長期にわたる町づくりを想定したものではないことが分かる。

市をめぐる経済戦争としての播磨出兵

さて、三木合戦を終えた秀吉の動向に注目すると、西へ進軍し、赤松《あかまつ》氏一族の宇野氏が籠る長水山城や、山中豊国《やまなかとよくに》の籠る鳥取《とつとり》城攻めに取りかかった秀吉は、城の付近や山麓に築かれた「市場」をピンポイントに攻撃している（天正八年四月・六月。「紀伊国古文書」『秀文』一—二四八）。城主による物資調達の場としても機能した市に経済的な打撃を与えることで、攻城戦を有利に進めていたことが分かる。

また、毛利氏の播磨拠点でもあった旧寺内町・英賀《あが》（現、姫路市飾磨《しかま》区）の住人を姫路《ひめじ》城下へ移し、新たな「市場を立」てさせたり（天正八年閏三月。「紀伊国古文書」『秀文』一―二四八）、三木合戦で戦功のあった在地土豪に対して新市の開設を許し、これを「繁昌」させるように厳命している（年未詳十二月。「佐伯文書」『秀文』一―九三八）。

さらには、先に紹介した「柏尾市」（天正八年二月）や「淡河」（同十月）、姫路城下のそばに古くから立つ「龍野町市」を安堵する（同十月。「龍野町文書」『秀文』一―二八四）など、三木合戦を終えて以降、秀吉は国内の要所に点在する新旧の市町を、積極的かつ重点的に押さえる動きをみせていく。

播磨制圧という大命を受けた秀吉は、別所や荒木など離反した諸将の動向に思わぬ苦戦を強いられる中で、長期化する軍事遠征を支える補給基地の掌握が重要であることを認識したのだろう。播磨出兵が、経済戦争という一面を持ち合わせていたことをうかがわせてくれる。淡河「楽市」とは、まさにその出発点と呼べるものだったのではないだろうか。

もっとも早い信長の「楽市」――楽市場

足利義昭《よしあき》を奉じての上洛へ向けて勢いづく永禄十年（一五六七）八月、尾張《おわり》の一大名であった織田信長は、美濃の大名・斎藤龍興《さいとうたつおき》（父は義龍《よしたつ》、祖父は斎藤道三《どうさん》）の籠る稲葉山《いなばやま》城（現、岐阜市）を攻略し、ついに美濃国平定を果たした。

この勝利を機に、城下町の井口《いのくち》を「岐阜」と改称し、有名な「天下布武《てんかふぶ》」の印判を使い始めるようになるなど、同城に拠点を構えた信長は、以後、畿内周辺に版図を拡大しつつ、「天下静謐《せいひつ》」を掲げて躍進していくことになる。

まさに天下統一への道を歩み出すターニングポイントが、この美濃国平定という動きにあらわれているわけだが、そうした統一事業に関わるシンボリックな存在の一つに数えられているのが、美濃入国直後に「楽市場」へ出された一枚の制札である。

【史料32】永禄十年十月付け楽市場宛て織田信長制札）

　　　定　　　　　楽市場

一、当市場に越し居住した者は、（織田）分国の往還を保障する。ならびに借銭借米（の返済）や地子諸役も免除する。譜代相伝の者であっても、違乱があってはならない

一、押し買い狼藉喧嘩口論はしてはならない

一、理不尽な使者を入れること、宿を取り非合理なことを申し懸けてはならない

右の条文について、違反する者がいれば、速やかに厳罰に処する。よって命令は以上の通りである。

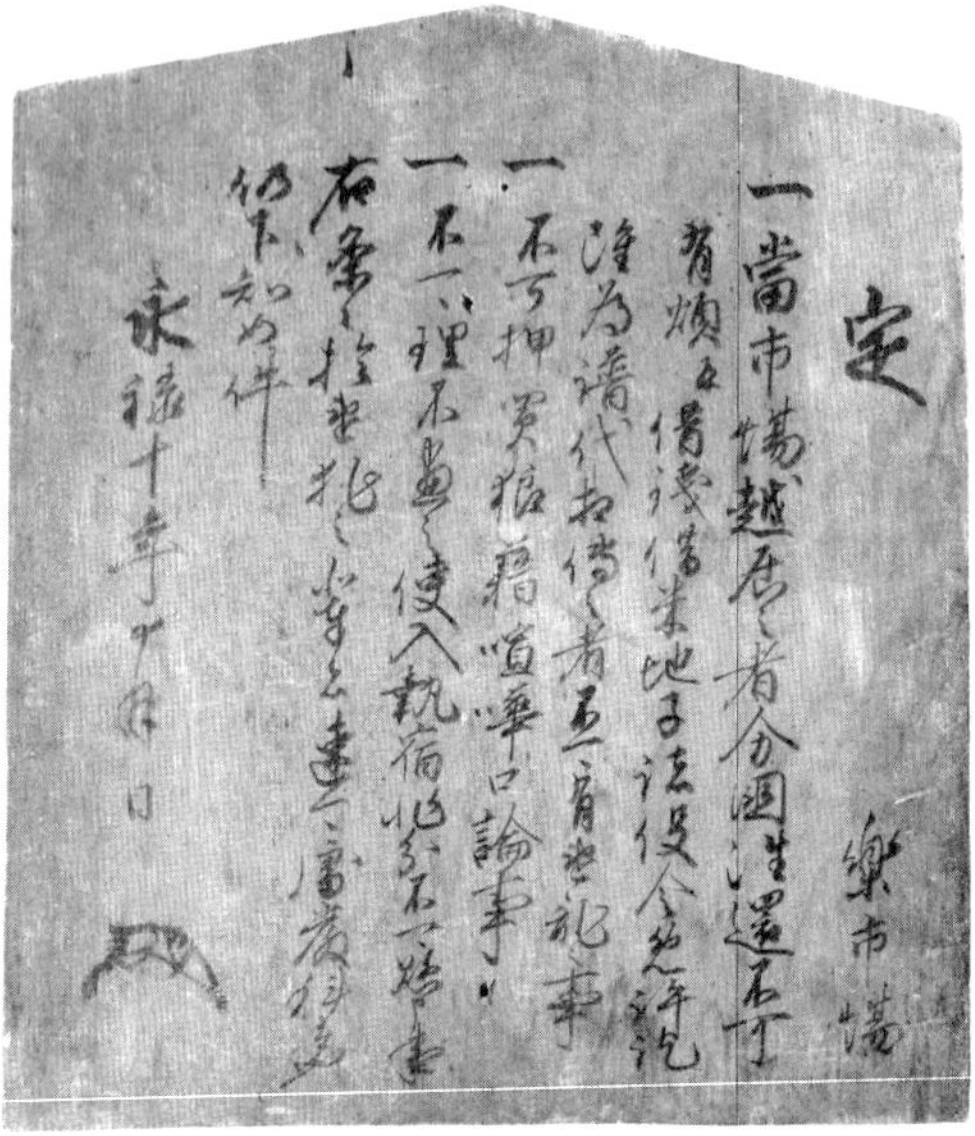

永禄10年（1567）10月付け楽市場宛て織田信長制札（円徳寺蔵、画像提供：岐阜市歴史博物館）

本書冒頭でも紹介したとおり、日本史の教科書では、図版ないし解説文が必ずといっていいほど記載され、上洛目前の天下人・信長がなした偉業、という見方が大勢を占めている。一般の読者や学生はこの評価を頼りにして、革命家という姿を信長に当てはめ、想像を膨らませることが多いのではないだろうか。

確かに、残存する「楽市楽座」史料の中でみれば、比較的早い時期にあたることは間違いない。だが、すでにみたように、石寺新市や富士大宮といった先行する事例があり、発給時期だけを理由に、信長を「楽市楽座」の創設者としたり、彼に先見の明があったなどとする見方は誤りというほかない。

本制札はこれまでさまざまな形で取り上げられ、これを分析した研究も戦前から膨大な量にのぼるが、紙幅の都合からそのすべてをここで紹介することはできない。しかしその中には、天下布武の道を歩む信長が実施した、という点だけをもって高い評価を与えようとする向きがあったことも否めない。

また、制札の内容についても後述するが、実はこれも今まで紹介してきた「楽市楽座」と大きな違いはなく、地域の特色を示すような内容が含まれているわけでもない。それでは一体この制札のなにがすごいのか。あるいはどこに特徴があるのか。本節ではこうした点をひもときながら、改めて史料を読み直していくことにしよう。

そもそも斎藤氏が繁栄させた場所

まず本題に入る前に、この制札を伝える「円徳寺《えんとくじ》」（美濃国厚見郡加納。現、岐阜市神田町）と、周辺地域の歴史について簡単に触れておこう。

円徳寺はもともと、寿永《じゅえい》二年（一一八三）に創建された天台宗・法泉寺を前身とする寺院であったが、嘉禎《かてい》元年（一二三五）に浄土真宗へ改宗、浄泉坊《じょうせんぼう》と名を改め、さらに慶長六年（一六〇一）には寺格（寺院としての地位を認められること）を獲得して円徳寺と改称し、現在に至っている。

その円徳寺から北東にある金華山《きんかざん》の麓では、斎藤道三が稲葉山城下建設にあわせて整備した三ノ宮・伊奈波《いなば》神社をはじめ、瑞龍寺《ずいりようじ》（臨済宗妙心寺《みようしんじ》派）やその鎮守である橿森《かしもり》神社といった寺社が複数建ち並んでいた。このうち伊奈波神社の門前では、富裕層の住む集落が形成されていたことをうかがわせるような、瀬戸美濃《せとみの》産陶器や土師器《はじき》皿・青磁《せいじ》壺が出土している。また、天文二年（一五三三）には、垂井《たるい》から尾張・三河へ向かう京都仁和寺《にんなじ》の尊海《そんかい》僧正（『あづまの道の記』）や、関から赤坂へ向かう醍醐寺理性院《りしよういん》の僧厳助《ごんじよ》（『信州下向記』）が、それぞれ井口に宿泊している。

こうした厳かな宗教空間と、宿駅機能もともなう集落が広がる城下にあって、寺社の交易や往来する人々の需要を満たす市も早くから開かれていたに違いない。問題は、そうした市の一つであろう「楽市場」が、城下のどこに、いつ・誰の手で開かれたものなのかという点である。

楽市場はどこにあったのか

従来の視点に立てば、美濃平定と天下統一事業の幕開けを飾るに相応しく、信長が独自に構想した市であるか否かに関心があり、この結論がそのまま信長の制札、ひいては彼が実施した「楽市楽座」すべての評価にも影響を与えてきたきらいがある。

　近年の研究では、この楽市場の立地をめぐって議論が二極化している。一つは、円徳寺が管轄する寺内の一角（北加納）に、同寺の保護・支配の下で開かれていた市とする説。もう一つは、江戸時代の地誌『岐阜志略』にみえる「岐阜惣構の内は内町といひ、構の外は外町といふ、南へは御園にて市立今は加納領也、西口は岩倉町にて市立今は川を隔て地方なり、右二ヶ所に市神として今に榎あり、北口は中河原にて市立爰にも市神の榎ありしに天文年中洪水に流れしとなり」の一文から、戦国期に斎藤氏が城下に開いていた御薗《みその》市（榎森神社門前）をさすとする説である。今ここでその問題に深く立ち入ることはしないが、いずれにせよ共通するのは、信長が新しく開いたものではなく、美濃平定以前、つまり斎藤氏の時代から城下の「一角」に存在していたという点である。

楽市場は誰が立てたのか

稲葉山（井口）という地を手に入れて間もない信長にとってみれば、急ごしらえの市を作るより、斎藤氏の時代から地域になじんできた既存の市を継承（安堵）する形が、無用の混乱を招くことなく、早急の地固めを進める上でもっとも効率がよかったに違いない。

　その動きに関連するように、永禄十年九月、美濃を手中に収めてまもない信長は、北加納など、戦火によって混乱した稲葉山城下周辺の村落へ、平和宣言と百姓の帰住を促す制札を下している（「棚橋文書」「円徳寺文書」『岐史』二）。ただし、問題となる「楽市場」制札がその翌月に出されていることからすれば、信長が復興事業の柱として新たに楽市という空間を打ち立てたものとみることも、あながち無理ではない。

そこで同じ美濃国に立つ他の市に出された、信長制札（禁制）と比較しながら、この点についてもう少し考えてみよう。

【史料33】永禄四年六月付け神戸市場宛て織田信長禁制）

平野荘内
神戸市場

禁制

一、不特定多数の者による、乱暴狼藉行為のこと
一、陣を構え放火すること
一、竹木を伐採すること

右の条文について違反する者があれば、速やかに処罰する。よって命令は以上の通りである。

制札写
定
一、当市場はこれまで通りとし、移住者への違乱がないようにすること
一、新儀の諸役は免除とする
一、郷質所質や付沙汰・理不尽の使者は入れてはならない
右の条文に反する者は速やかに成敗する。よって以上の通りである。
（【史料34】永禄十一年二月付け平賀市場ヵ宛て織田信長掟書写）

前者は斎藤義龍の死後間もない西美濃へ侵入し、墨俣《すのまた》城に陣を張ったのち、東山道沿いの日吉神社門前である神戸《ごうど》（現、岐阜県安八《あんぱち》郡神戸町）へ出したもの。後者は義昭を供奉《ぐぶ》しての上洛に備え、北伊勢出兵の最中に、津保《つぼ》川沿いの平賀《ひらが》（現、関市）に出したものである。どちらも軍勢乱入による混乱を防ぎ、市の平和と従来通りの商売を保障する内容となっている。

一方、楽市場宛ての制札はどうだろうか。「分国往還」の保障などを定めた第一条を例外とすれば、神戸や平賀の市などと同じく、治安維持への取り組みに重点を置く内容になっている。

また、市立てに関する記載はないが、宿所の提供を不当に求める「執宿」（第三条）を禁じている点から察するに、このときすでに「楽市場」では、宿泊機能をもつ恒常的な建物が存在していたとみることができる。「楽市場」の名称が、斎藤氏や円徳寺、あるいは信長いずれによって名づけられたかは明らかでないにせよ、市そのものは、すでに存在したハコモノを継承したとみてよいだろう。つまり「楽市場」は、周辺の村々の成り立ちを支えるために早くから開かれた地域最大のマーケットであり、信長はこれを地域復興事業に役立てようと目論んだに違いない。

最初の課題は来場者の増加

戦国時代は交通路の拡充や商品流通の発達といった輝かしい側面がある一方で、常態化する災害や合戦の影響もあり、主要道では関所による厳しい通行管理がなされ、村々には夫役動員や年貢諸役が、ときに重く圧し掛かった。

そんな事情を考慮したかのように、第一条では楽市場への移住を条件として、信長分国内を自由に往来できる権限や、諸役免除などを与えるとしている。さらに立場を問わない身分保障に加え、借銭借米の返済を免除する徳政までもが併記されている。これは同時代史料と比較すると、この楽市場のみに許された特権で、外から来る人にとっては、他の市以上に魅力的な条件として映ったはずだ。

こうした特権を求める存在としては、いくつもの市を渡り歩く中世商人たちの姿が真っ先に思い浮かぶ。尾張国内の市に関する事例ではあるが、実際に「瀬戸物」や「俵子しほあひもの」（海産物）などの特定品や、それを売買する商人たちの分国往来を、信長が保障したことが別の史料によって確認できる（「加藤新右衛門氏所蔵文書」「大津延一郎氏所蔵文書」『信文』上―四三・三〇一）。だが、ここではそうした決まりはない。

新たに美濃を支配する信長にとって、商品流通を充実させることよりも、まずは一人でも多くの人を呼び集めて、かつてのように賑わう平和な町の姿を取り戻すことが最初の課題だったからだろう。

斎藤氏時代との決別というアピール

とはいえ、単純な平和宣言や市の安堵を目的とするのであれば、神戸や平賀のように簡潔な内容でも事足りる。だが、そうせずに、あえて他の市にはない特別な条件を設けたのは、岐阜という地に確かな基盤を築いていこうとする信長の意思表示かもしれない。そのために採った手段が、楽市場という空間の掌握であり、債務破棄や分国往来・身分の保障といった大胆な政策の立案であったのだろう。これを通じて前領主、すなわち斎藤氏時代との決別を宣言した格好だ。

この制札の原本を分析した研究によれば、日焼けによる変色や、屋根や柱を取り付けた跡が残っており、実際に屋外で長期間掲示されていたことが分かっている。複数の人の目に留まることを前提としていたとすれば、分国内の自由な往来権限を与えることそれ自体が、大きなカギであったことになる。

市に居住した人（商人）を発信源とすれば、楽市場と国内外における複数の市が間接的に結びつくとともに、楽市場の存在や信長の美濃平定という事象を、今でいう口コミを通じ、さらに広範囲へ知らしめることにもつながったからである。

そしてなにより注目すべきは、この制札には「楽市楽座」というおなじみのフレーズが、どこにも示されていないことである。仮に「楽市楽座」という文言をもつ史料（法令）を「楽市楽座令」として定義するのであれば、この制札はその枠組みから外れることになる。

確かに、美濃平定からまもなく「楽市場」をいち早く掌握し、その空間を活かして復興をスピーディーに進めようとした点は評価すべきであろう。しかしながら、神戸や平賀などで出されたものと内容はほとんど重複しており、特筆すべき点は移住者に対する往来の保障と徳政のみでしかない。

制札や禁制、あるいは定・掟・高札《こうさつ》などといったものは本来、名称こそ違うが、いずれも古文書学上では同じ機能をもつとされる（名称の違いは、発給主体である戦国大名の違いにすぎない）。いずれも軍勢の侵攻や乱暴狼藉から身を守るため、寺社や村があらかじめ要求して（礼銭を支払い）、初めて交付されるのが一般的と考えられており、上級権力がただ一方的に与えるものではない。発給者と受給者による相互了解の下で平和領域を作ることが、制札本来の目的だったのである。

「楽市場」は住民と結んだ平和条約の場

つまりこれまでの研究の多くが、「楽市場」という特異な名称に無意識に引き寄せられ、これを楽市楽座令の典型のように持ち上げていたにすぎない。この制札がもつ本来の役割は、稲葉山落城後の城下にいち早く平和領域を確立することである。つまり信長の美濃入部に際し、寺社や村々が平和をつよく求めた結果、信長との間で取り交わされ、実現した平和条約といって差し支えない。

第一条で示されたさまざまな特権の付与は、平和実現という誓約を確実に履行するための条件であり、とくにどのような身分の者でも受け入れる用意があるとする一文は、定住人口の確保を促すのみならず、新領主である信長の存在を印象づける上でも大きなアドバンテージとなったはずだ。

地域の平和をめぐるこうした相互のやり取りは、信長を問わず全国の戦国大名においても数多く見られる。しかも人口に膾炙しているような「楽市楽座」が、この制札にまだ盛り込まれていないことも考慮すれば、これを革新的な流通政策などと安易に評価することは妥当とはいえない。むしろそうした信長のもつねらいが、はっきりとした形で打ち出されるのは、翌年に出されたもう一枚の制札を俟たねばならない。

宣教師が見た岐阜城下の市の賑わい——加納

私たちは岐阜の市《まち》に至りましたが、人々が語るところによれば、八千ないし一万の人口を数えるとのことでした。私たちは和田殿が指示した家に宿泊しました。同所では取引きや用務で往来する人々がおびただしく、バビロンの混雑を思わせるほどで、塩を積んだ多くの馬や反物その他の品物を携えた商人たちが諸国から集まっていました。このような有様で、営業や雑踏のために家の中では誰も自分の声が聞こえぬほどであり、昼夜、ある者は賭博し、飲食し、あるいは売買し、または荷造りをしてたえずやむ時がありませんでした。同家ではとうてい落ち着いておられず、私たち一同は二階で雑居していました。

永禄六年（一五六三）、ポルトガルから来日したイエズス会宣教師ルイス・フロイスは、慶長二年（一五九七）に長崎で没するまでの約三十年間、五畿内（山城《やましろ》・大和《やまと》・河内・摂津・和泉《いずみ》）や九州を中心に布教活動を展開し、信長や秀吉とも対面した。

右は、日本滞在中にフロイスが行った活動内容をまとめた歴史書『日本史』（『フロイス日本史』）のうち、永禄十二年（一五六九）六月に、岐阜にいる信長の下を訪れた際の記事（第三八章）である。西洋との比較も交え、「外」の視点からみた城下町の情景を鮮やかに書き留めており、さまざまな人でごった返す岐阜の賑わいを今に伝えてくれる貴重な記録である。

この前年、足利義昭を擁しての京都上洛を果たし、「天下布武」（将軍を中心とする京・畿内の秩序回復）を達成した信長は、尾張・美濃のほか近江・伊勢を分国に加え、畿内一円に及ぶ中央政治に関与していく。

「岐阜の市」の繁栄は、まさにこうした信長の台頭と軌を一にするかのようであるが、そこに至るまでには、岐阜城下へ出したもう一枚の制札が大きな役割を果たしたと考えられる。

さっそく史料を紹介しよう。

定　　　加納

一、当市場に越し居住した者は、分国内の往還を保障する。さらに借銭借米さがり銭（の支払い）や、敷地年貢・門並諸役を免除する。譜代相伝の者であっても違乱があってはならない

一、楽市楽座として商売すること

一、押し買い狼藉喧嘩口論を行ったり（市へ）使者を入れてはならない。さらに宿をとり非合理なことを申し懸けてはならない

右の条文に違反した者には成敗を加える。よって命令は以上の通りである。

（【史料35】永禄十一年九月付け加納宛て織田信長制札）

この制札が作成された時期といえば、義昭を供奉して上洛を実現した、まさにその月である。このときの信長の行動を史料で辿ってみると、尾張・美濃・北伊勢と家康（三河）の軍勢を率いて、九月七日に岐阜を出立した信長は、平生村《ひらお》（現、岐阜県垂井町）に陣取する。十二日に六角氏攻略のため南近江へ入り平定戦を繰り広げたのち、義昭を迎えて二十六日に

上洛している（『信長公記』）。制札はこの前後に出されたものとみて間違いない。

また、文書様式に注目してみると、書止文言《かきとめもんごん》は前年に引き続き「仍下知《よつてげち》如件《くだんのごとし》」という形を取っている。これは室町幕府将軍である義昭の意を奉じて、幕府勢力圏にのみ文書を出したことを示す「執達《しったつ》如件」とは明らかに異なっており、ここには信長自身の意思が如実に反映されていると考えられる。

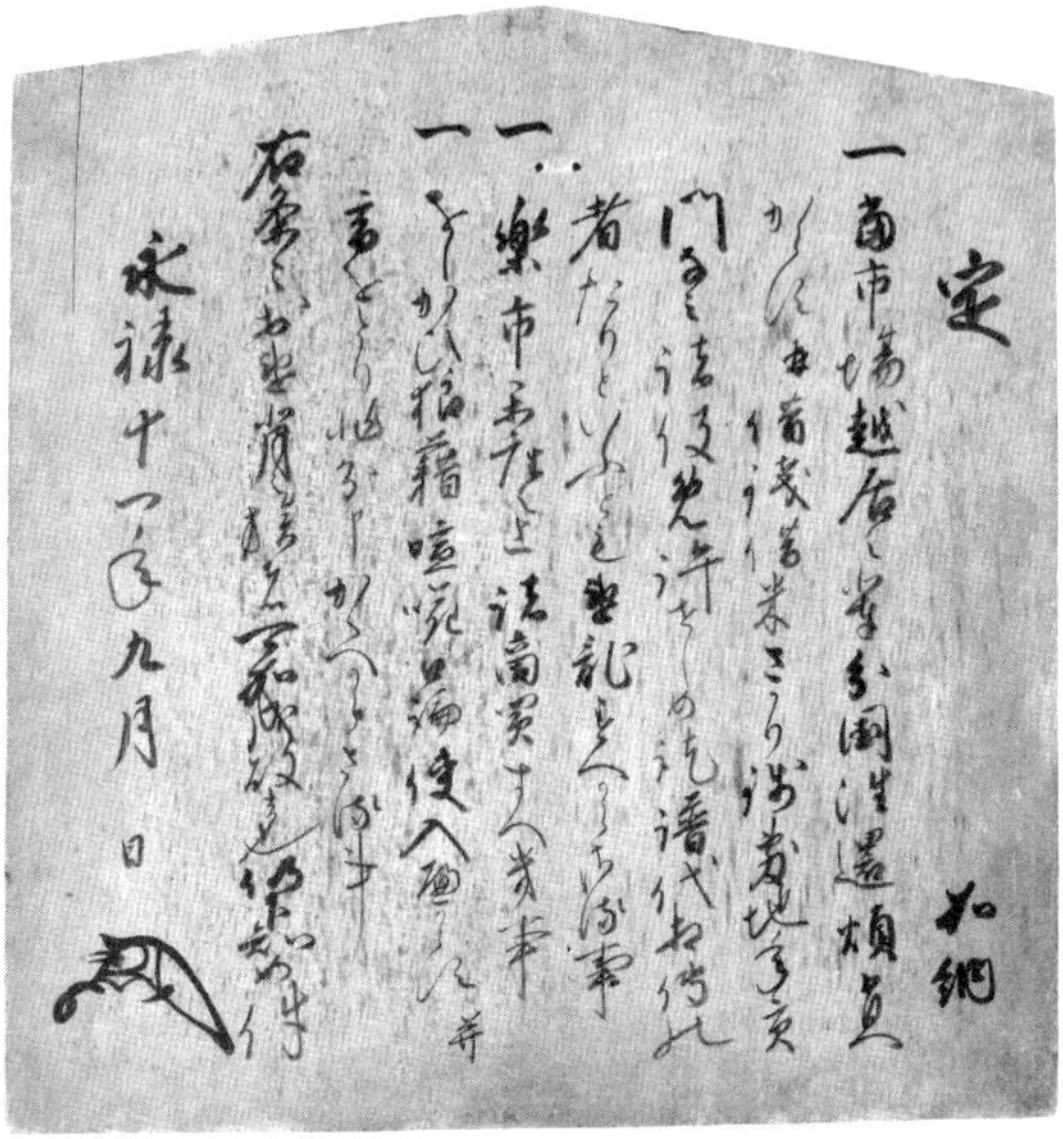

永禄11年（1568）９月付け加納宛て織田信長制札（円徳寺蔵、画像提供：岐阜市歴史博物館）

　実はこの制札も、先の楽市場宛て制札と同様にさまざまな研究があり、日本史の教科書や参考書などで紹介される場面はむしろ前年のそれ以上に、枚挙にいとまがない。

　紙幅の都合から学説などの詳細については割愛せざるをえないが、とくにこれまでは条文の変化から、宛所である「加納」が、楽市場とどのような関係にあるかが注目されてきた。だが、楽市場宛て制札と同じ円徳寺に伝来する史料であること。さらには、都市化の様相を示す文言が随所に現われることなどから、近年では両地名ともに同一の場所（市町）をさすものとする見方が有力となっている。

ほかにも、市に対する円徳寺の役割（支配・被支配関係の有無）や、わずか一年という短い歳月を経て、同じ場所に制札が出し直されたことの意味など、論点は多岐にわたっている。また、市という一つの空間が、実際に加納という「町共同体」にまで成立発展しつつあることを示すのか。あるいは単に、市が立地している加納の地名を冠しただけにすぎないのかは断定できず、現在も議論が続いている。いずれにせよ、少なくとも信長の美濃平定直後と比較すれば、城下を含む地域復興が着実に前進していたことは間違いない。

経済振興を後押しする「楽市楽座」

次に、実際の条文が具体的にどう変化しているかを探ってみたい。第一条は前年に引き続き、市へ居住した者に往来の自由や徳政を認めるものだが、ここでは新たに「さかり銭」と「敷地年貢」「門なミ諸役」が免除項目として加わっている。

「さかり銭（下がり銭）」とは、「代金を支払わずに物品を購入すること」「その未払金」をさし、いうなれば借銭借米と同じ債務（ツケ）に相当するもので、背景に物品の取引が行われていることをうかがわせる。一方の「敷地」や「門《かど》なミ（門並）」は、前年の「宿」を凌《しの》ぐほどの、町屋や常設店舗が数多く建ち並び始めたことを意味していよう。

これまでの借銭借米に加えて、新たに他の市町で生じた負債（未払金）をもつ者にまで対象を広げることで、引き続き外部から多くの移住者を招き入れようとはかる姿勢が垣間見える。町の復興が進み、かつての賑わいを取り戻しつつある中でも、城下における人口の増加と安定は、岐阜に拠点を構えた信長にとっての継続的な課題だったのだろう。

全体的にみてこの制札は、「楽市場」を中心とした城下復興を経た次なるステップとして、一定数の消費・定住人口の維持と、それを抱えての城下町建設を進めていくことを視野に入れて作成された可能性が高い。

信長が初めて謳う「楽市楽座」

そしてそれ以上に、前年の制札から大きく様変わりしているのが、新たに加えられた第二条である。ここで初めて「楽市楽座」という文言が、宛所ではなく、条文（規定・法律用語）

として用いられるようになっていることが分かる。その意味でいえば本制札こそ、信長にとって最初の楽市楽座令と評価することができよう。

さて、前年の制札と同様、この制札もまた在地からの要望が前提にあって作成された可能性が高い。その証拠に第一・第三条は、先述のとおり城下の現状に即して表現を一部変えつつも、前年の制札とほぼ同内容のものを踏襲した形である。受給する側が、従前の特権やこれまでのような平和状態の安堵を求めたためだろう。

しかしながら、第二条に関しては、対応する文を前年の楽市場宛て制札には見出すことができない。だとすればこれは明らかに、旧態安堵などと異なり、信長自身が意図的に新しく盛り込んだ条文と考えざるをえない。

このときまで信長が出してきた文書の数々や、神戸や平賀といった他の市にも「楽市楽座」という言葉がみえないことをふまえれば、革命的な内容を含む制札と評価することも不可能ではない。では、その意味とねらいは何だろうか。

「楽市楽座」の上で商売する、という表現はどこか漠然としていて抽象的ですらある。先に紹介した金森や淡河の制札などでは、「楽市楽座」や「らくいち」であること（「たる上ハ」）を承けて、諸役を免除とする旨が同じ条文に立項されていた。「楽市楽座」になることで市での諸役が免除される、という通説を証明するものだろう。

しかし、加納宛て制札ではこれら二つの規定が独立しており、諸役免除も、「楽市楽座」（第二条）ではなく「当市場越居」（第一条）であることが条件となっている。このことから、「楽市楽座」と諸役免除の間には、必ずしも因果関係が存在しないことが分かる。だとすると、先にみた石寺新市や荻野新宿のように、「楽市」となりながら諸役免除が認められないケースも決して例外ではなかったといえる。

またこれとは別に、金森や淡河宛ての制札では、流通商品に対する規制や旅籠などの基幹産業を保護する旨も明記されていたが、楽市場（加納）に出された一連の制札には、そうした特定の品や商いに対する規定はなに一つ定められていない。つまり、ここでは特定の商品流通・売買を保障する意味合いまでは、当初から想定していないということだろう。

人口の増加がもたらす市の混乱

永禄《えいろく》十二年（一五六九）七月、公家の山科言継《やましなときつぐ》は、来たる後奈良《ごなら》天皇十三回忌法要の費用を捻出するため、勅使として三河へ向かう道中、信長の治める岐阜に立ち寄っている。言継はかねてより織田家と親交が深いことから、信長にも朝廷への資金援助を求めるねらいがあったといわれる。その傍らで、言継は一ヶ月ほど岐阜に逗留し、そこで得た見聞内容を日記

（『言継卿記』）に書き留めている。

とくに目を引くのは、「当所之燈呂驚目事云々、群集之間不及見物」として、京都まで知れ渡る評判の灯籠と、それを飾る年中行事（風流踊り）の見物客で賑わう町の様子であろう。また、そうした華やかな側面とは対照的に、同年十一月に再び岐阜を訪れた際には、城下を含む「濃州中就悪銭」が流行し、「商売留之間、酒等無之」状態であったとも伝えている。特産品の生産や往来で賑わう一方、悪銭《あくせん》流通や物流の停滞なども起こっていたことが確かめられる。先にみたフロイスの『日本史』と並び、信長による「楽市楽座」制札が出されて以降、もっとも近接した時期の岐阜城下の様子を伝える貴重な記録といえる。

悪銭といえば、室町幕府や戦国大名が発令した撰銭令（撰銭禁止令）が有名である。当時、中国からの輸入銭不足に加え、摩耗《まもう》・破損銭《はそんせん》や私鋳銭《しちゆうせん》の流通が蔓延していた市場経済では、低品位・低価値の銭を「悪銭」と称して取引を拒否し、質のよい精銭《せいせん》だけを選び取る行為（撰銭）が全国的に発生し、商取引の停滞を招いていた。

実は信長もこの年の三月に、京都や大坂・奈良へ撰銭令を発令したばかりであった。その主旨は当時、銭不足や貨幣の信用低下から、盛んとなっていた米による現物取引を禁ずるとともに、質の低い悪銭にも一定の価値を付加し、精銭と同様の利用促進を命じたものであった。悪銭の流通や商品の供給不足といった岐阜城下における経済状況の混乱と、畿内における貨幣政策との関連は必ずしも明らかでないが、原因の一つは、人口の急激な増加と考えられる。

また、言継は岐阜に滞在中の一定期間、信長の馬廻で「塩屋」の屋号をもつ商人・大脇伝《おおわきでん》内《ない》の屋敷を宿所としていた。この大脇のように、城下にはほかにもさまざまな屋号をもつ商家や、常設の町屋がいくつも建ち並んでいたのだろう。制札に記された「諸商買」が具体的になにをさすかは明らかでないが、こうした記録を合わせ見ると、少なくともこのとき岐阜城下における商人の往来・定住と、彼らによる商売活動が日常化しつつあったことは間違いない。

前年に引き続き、外から人を集めるための呼び水的な内容が第一条であるとすれば、今般新たに盛り込まれた第二条は、すでに「当市場越居」を果たした人を含む、加納という町の定住者へ向けたメッセージと捉えることもできるかもしれない。

試行錯誤の段階だった加納宛て制札

ここでの「楽市楽座」は、他の市にはない恵まれた環境であることを来住者へ具体的に認識してもらう表現であると同時に、急増する人口を抱えた城下に対し、よりいっそうの商取引を促すためのキャッチフレーズに等しい。新たな来住者と既存住人という二つの異なる立場にうまく当てはめ、加納という町づくりを加速化させていく上での標語が「楽市楽座」という言葉であった。

ただし、これが通用するためには、先にみた石寺新市と同じように、市と商売における「楽市楽座」という言葉のもつ意味合いが、来住者をはじめ住民にもあらかじめ浸透していなければならない。だが、信長がこの言葉をどのような経緯で知り得たかは史料を欠くため、これ以上明らかにはならない。仮に、斎藤氏時代の「楽市場」で行われていたような商売形態を安堵するものであったとしても、やはり唐突に用いられた感は否めない。

信長が発する「楽市楽座」はこのあと、既存の町場を主要な舞台として、より政治的かつ戦略的な意味合いを含んで用いられていくようになる。加納宛て制札は、そこへ至る試行錯誤の段階といってよいのではないだろうか。

近世の先駆けといわれた「楽市」――安土

本書のテーマである「楽市楽座」の全体像や歴史的意義について言及する際、避けて通れない史料がある。それが、「楽市楽座」の集大成という括りで注目されてきた、天正五年（一五七七）六月の近江国安土山下町宛て掟書（いわゆる安土令）である。

「安土」（現、近江八幡市）という地の歴史や町の構造などはひとまず置《お》くとして、この町に出された掟書が、今日に至るまで、長く取り上げられ続けてきたポイントは何なのだろうか。おそらくその最たる理由は、「楽市楽座」関連史料の中でもっとも長い、十三ヶ条という豊富な内容をもつことだと考えられる。当時、中世社会において散見される市場法や禁制の数々が、三ヶ条から五ヶ条で構成されるのが一般的であったことからすれば、その特殊性は明らかである。また、天下人として確固たる地位を築きつつある信長が実施した都市政策であり、その生涯の最期に、拠点として構えた城下町を対象としたことも影響していよう。

信長が出したこの壮大な都市法はこれ以降、近江《おうみ》八幡《はちまん》や日野・坂本・伊勢松坂といった、近世へ連なる、織豊期の代表的な城下町（法令）の成立にも少なからず影響を与えていく。ここから逆算して、その最先端ともいうべき都市と法令がセットになった安土こそが、信長の天下統一と、近世的な支配体制の確立を象徴する記念碑的な存在にふさわしい、という見方へ行き着くことになるのである。

また、秀吉時代に盛んとなる中世社会秩序の克服・否定や、都市・流通構造の再編を促すきっかけとして取り上げられることも多く、おそらく「楽市楽座」の中でも、先の楽市場（加納）と同じか、それ以上によく知られた法令といえることは間違いない。

ところが、その革新的な面をこぞって強調する根拠はというと、実のところ、条文の豊かさ以外で統一的な見解が得られているとは言い難い。研究者の間でも、「楽市楽座」となった城下町の構造の変化（惣構の消滅にともなう一元化）に注目する見方や、これまでの都市法にはない中世的慣習を否定する条文（町奉行による裁許、連座《れんざ》制の否定）の存在に注目する見方など、評価にかかる着眼点はさまざまである。

しかしたとえば、安土令よりも約二十年早い永禄元年（一五五八）、出雲《いずも》の戦国大名・尼《あま》子《ご》晴久《はるひさ》が杵築大社《きづきたいしゃ》（出雲大社）へ出した掟書がある。これは、大社門前に形成された町場とその住民を統括する内容で、安土令の条項をはるかに上回る二十五ヶ条で構成された都市法に相当する。条文の数だけをもって、その画期性や意義を問うのであれば、これこそ卓越した法令と評価すべきだろう。

それはさておき、安土令が、ともすると「楽市楽座」の総決算のように扱われがちなのは、中央政権としての地位を確立していく信長の政治的動向に紐づけて評価するという前提が、無意識のうちにあったからだろう。先行する楽市場宛て制札を、先進的・画期的と評価する向きが主流であったことも、それに続く安土令の評価を、より特異なものへと押し上げた。

安土は信長による変革の象徴か

だが、安土令（天正五年）以降も、「楽市楽座」は引き続き、全国各地で行われている。また、それらが城下町に限定して出されるようになったり、法令が十数ヶ条のような長文で構成されるようになったという訳では必ずしもない（第二章表参照）。

とすると、社会転換の兆しが見えつつある時期で、安土の事例ははたして、都市構造や市場経済、商品流通といったさまざまな既存システムに対する変革を生み出す原動力となり得ていたのだろうか。この疑問は、信長自身が中世的な慣習の破壊と新たな支配体制の構築を意識していたのか、という点にも関わる問題である。

また、これまで見てきた先行するさまざまな「楽市楽座」の事例と比べたときに、安土の特筆すべき点は何なのだろうか。もっといえば、これを実施した信長という存在を抜きにして読み直したときに、それら既存の法令以上に、安土はその内容や背景、舞台となった場所など、すべてが「特殊」と呼べるのだろうか。

いずれも、安土の新しさを強調すればするほど、素朴な疑問として浮かび上がるものばかりである。だがこれまでの研究で、安土との比較対象に置かれてきたのは、信長の死後、安土のもつ都市機能を受け継ぐ形で成立した近隣の近江八幡か、あるいは信長が出した他の「楽市楽座」（楽市場・加納・金森）だけである。

前置きがやや長くなった。ここではこれまで紹介してきた「楽市楽座」との比較も交えつつ、改めて安土令を地域の視点から読み直す作業を試みたい。

信長入部前の安土

そもそも、信長が拠点を構える以前の安土とはどういう場所だったのか。近江国蒲生《がもう》郡に属する当所は古く、天平感宝《てんぴょうかんぽう》元年（七四九）に大和国薬師寺領へ組み込まれ、鎌倉時代には同寺領豊浦《とようら》荘（現・近江八幡市安土町下豊浦、上豊浦地区）が成立した場所であった。

正和《しょうわ》三年（一三一四）に作成された豊浦荘の検注目録（年貢徴収のための土地の調査結果をまとめた台帳）には、荘鎮守である「庄神」（現・活津彦根《いくつひこね》神社）のほか、「新宮」（現・新宮《しんぐう》神社）、「高宮」（現・石部《いそべ》神社）など、現存する神社の名が書き上げられている（「内閣文庫蔵大乗院文書豊浦御庄検注目録」『鎌倉遺文』二五〇四三）。発掘調査では、早いもので十二世紀頃の遺構遺物が、下豊浦地区などで複数確認されたほか、城下町の基準となった複雑な地割《じわり》（土地の区画）の軸線と方向が、これら各神社へ向かう参道と一致することも分かっている。

また、「安土町末」を含む西側の常楽寺・慈恩寺《じおんじ》地区では、同じく中世からの集落（佐々木荘）に加え、六角氏の氏神（沙沙貴《ささき》神社）や菩提寺である慈恩寺、さらには琵琶湖から水路を引き込んで形成された常楽寺湊が広がっていた。中でも、湊は隣接する観音寺城に拠点を置いた六角氏との関わりが早くからみえる。

たとえば、明応年間に六角氏が常楽寺へ用材を寄進したとする記事（『金剛輪寺下倉米銭下用帳』）や、天文四年（一五三五）の「長命寺結解米下用状《ちょうめいじ》」（寺の支出帳簿）における、長命寺が六角氏に手配した「常楽寺船人」などがそれにあたる。

信長の入部《にゅうぶ》によって注目度が飛躍的に上がる安土だが、それより前から同じ戦国大名である六角氏の拠点が、ここに存在していたことはあまり知られていない。常楽寺湊は早くから、観音寺城の外港としての機能をもち、物資や船舶も盛んに行き交う港町のような様相を呈していたのである。ちなみに、常楽寺は江戸時代にも年貢や材木積み出しを行う琵琶湖有数の湊として名を馳せており、現在もその流れを汲むように、船入を含む湊跡一帯が「常浜《じょうはま》水辺公園」として整備されている。

信長が拠点を構えた理由

さて、かくいう信長も、実は元亀年間（一五七〇～七三）から、京都と岐阜の往復に常楽寺を宿所として頻繁に利用しており、城下町建設の直前である天正三年（一五七五）四月には、岐阜への帰路で、坂本から乗った船を常楽寺湊に着けている（『信長公記』）。湖上の船が停泊する湊であり、宿場としての機能も持ち合わせた、まさに水陸交通に適した要地であったことが分かる。信長が安土に拠点を構えた理由の一つといえるだろう。

いずれにせよ、現在の下豊浦・上豊浦・常楽寺・慈恩寺地区に比定される「安土山下町」は、未開の地に切り開かれたまったくのニュータウンでなかったことは明白である。このような先行する中世集落や神社、地割や港などの主要機能を抱え込み、一部を再編して造成された町、というのが現在の通説になっている。

飛ぶ鳥を落とす勢いの信長が支配した地域では、瞬く間に流通・交通が刷新され、各地に新たな城下町が勃興《ぼっこう》していく。読者の多くには、こうしたイメージが焼き付いているかもしれない。だが、そこには先行する地域権力の存在と、彼らが築いたものが前提にあることを忘れてはならない。

安土山下町中掟書を読み直す

では、そんないわゆる既成の土地へ出された格好の掟書（安土令）を、どう理解すべきなのか。石寺新市や金森といった事例が近江国で先行していることにも留意しつつ、一条ずつ見ていこう（現代語訳は本文中で述べるため省略）。

（読み下し）

定　　　　安土山下町中

①一、当所中楽市として仰せ付けられるの上は、諸座諸役諸公事等悉く免許の事、

②一、往還の商人、上海道を相留め、上下共当町に至り寄宿すべし、但し、荷物以下の付け下ろしにおいては、荷主次第の事、

③一、普請免除の事、但し、御陣御在京等、御留守去り難き時は、合力致すべき事、

④一、伝馬免許の事、

⑤一、火事の儀、付け火においては、其の亭主に科《とが》を懸くべからず、自火に至っては、糾明を遂げ、その身を追放すべし、但し事の体により、軽重あるべき事、

⑥一、各人の儀、借屋ならびに同家たるといえども、亭主その子細を知らず、口入に及ばざれば、亭主にその科あるべからず、犯過の輩に至っては、糾明を遂げ罪過に処すべき事、

⑦一、諸色買物の儀、たとい盗物たるといえども、買主これを知らざれば、罪科あるべからず、次に彼の盗賊人引き付けにおいては、古法に任せ、贓物《ぞうもつ》返付すべき事、

⑧一、分国中徳政これを行うといえども、当所中免除の事、

⑨一、他国ならびに他所の族当所に罷り越し、有り付き候はば、先々より居住の者と同前、誰々の家来たるといえども、異儀あるべからず、もし給人と号し、臨時の課役停止の事、

⑩一、喧嘩口論、ならびに国質・所質・押買・押売、宿の押借以下、一切停止の事、

⑪一、町中に至り譴責使、同打入等の儀、福富平左衛門尉、木村次郎左衛門尉両人に相届け、糾明の上をもって申し付くべき事、

⑫一、町並み居住の輩においては、奉公人ならびに諸職人たるといえども、家並役免除の事、付けたり、仰せ付けられ、御扶持をもって居住の輩、ならびに召し仕えらる諸職人等は各別の事、

⑬一、博労の儀、国中馬売買、悉く当所において仕るべき事、

右条々、もし違背の族あらば、速やかに厳科に処せらるべきものなり、

天正五年六月　日
（朱印）
（【史料36】天正五年六月付け安土山下町中宛て織田信長掟書）

第一条では、「当所中」すなわち山下町を楽市として「仰付」けるので、あらゆる座にかかる役・公事は免除するという。通説ではこの第一条から、安土に「楽市楽座」が実現したといわれる。だが、条文を丁寧に読むと、ここでは「楽市」とすることを宣言しているにすぎず、もう一つの「楽座」については言及していない。

おそらくは、続く「諸座諸役諸公事等悉免許」を「楽座」の意味に解釈しているとみられるが、❶座を免除（破棄）し、次いで商売にかかる役・公事も免除（破棄）するという意味なのか。あるいは❷座にかかる役・公事を免除（破棄）するという意味なのかは断定し難い。いずれにしても、仮にこれが「楽座」に相当するのであれば、これまで加納や金森で用いてきた「楽座」の語を、なぜ安土ではあえて使わなかったのか説明がいるだろう。

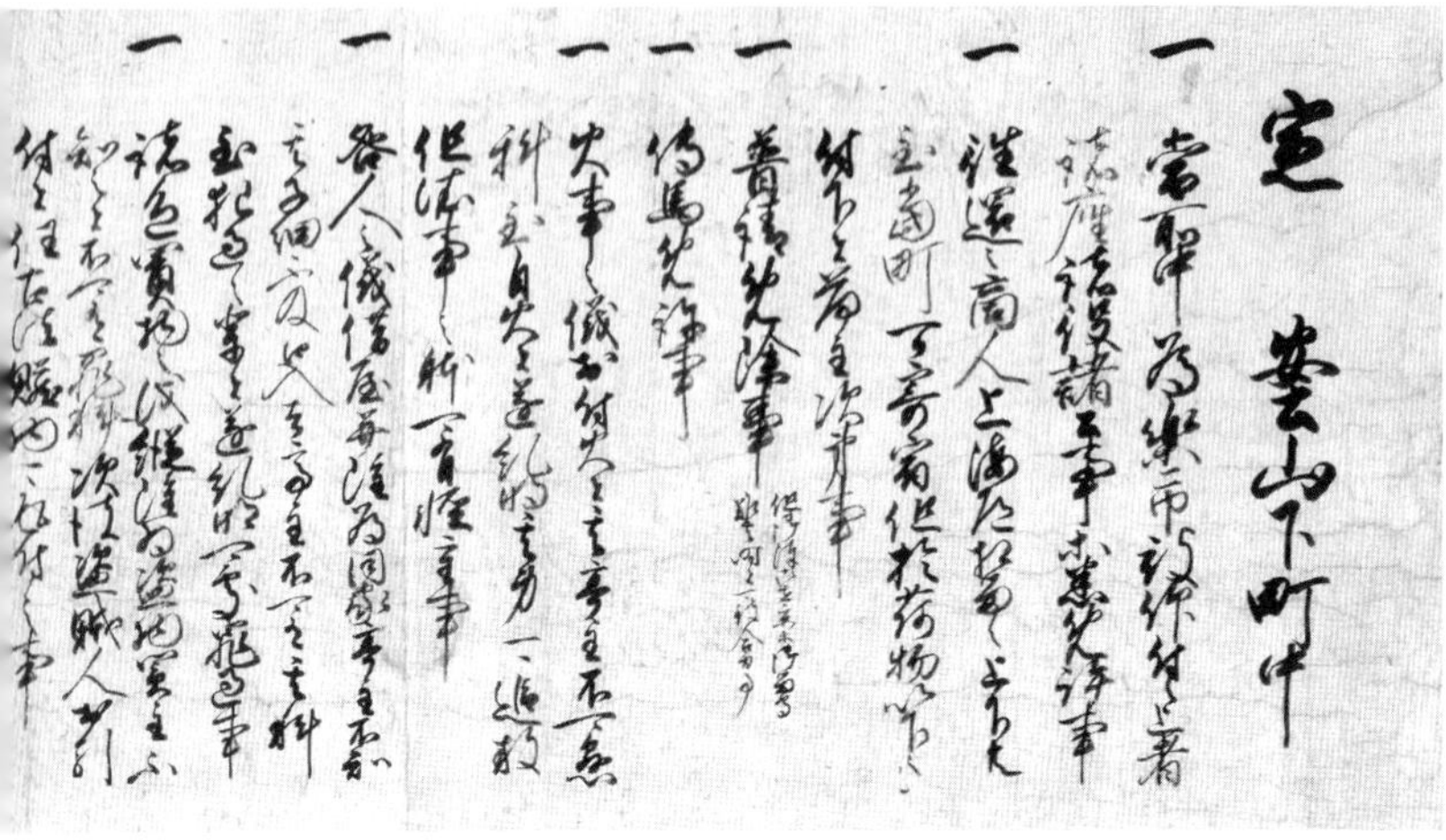

信長が仰せ付けるものへ

次に、山下町を「楽市」に仰せ付けるとした主体は、掟書を作成した信長以外にあるまい。しかし、信長発給文書での使用形態に注目すると、これまでみてきた「楽市楽座之上」（加納）や「楽市楽座たる上ハ」（金森）とは明らかに異なっている。むしろ「為楽市可申付」（富士大宮）や「為楽市申付」（小山）・「為楽市定置」（世田谷）のように、戦国大名が自ら市町に「楽市」を設定したケースと酷似している。

とはいえ、「被仰付《おおせつけられ》」という尊敬表現は、あまりにも異様というほかない。後にも先にも、安土にしか見られないこの用法は、なに

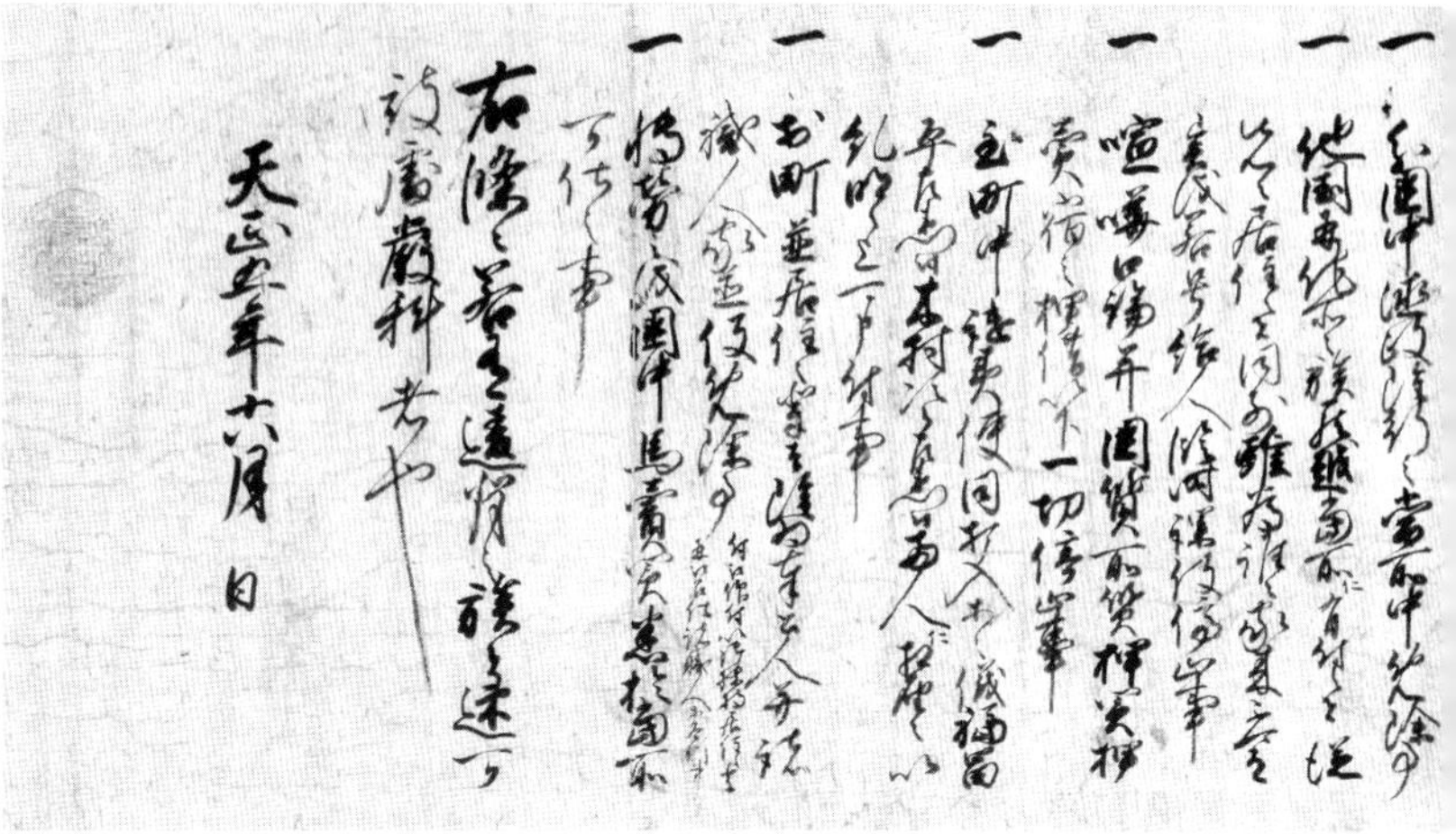

天正５年（1577）６月付け安土山下町中宛て織田信長掟書（近江八幡市蔵）

か特別な意味を含んでいるとしか考えられない。

いずれにせよ、商人の来場や商品売買を後押し、あるいは自己の拠点化を一時的に強調するためのキャッチフレーズにすぎなかった「楽市」は安土に至って、上級権力である信長から、すべてを「仰付」けるものへと変貌したのである。これがいわば以降の条文、すなわち安土という町づくりの肝となっていく。

変わる信長の交通政策

第二条は、商人の通行方法について。従来のメインストリートである上街道（中山道）を通る場合はもちろん、安土を通る下街道（朝鮮人街道）を利用する者も、町を素通りすることなく、必ずここに立ち寄り宿泊すること。ただし、商人が抱える荷物の積み下ろしについては、商人の裁量に委ねるとある。

ここでの通行規制は上下の街道のみで、安土に拠点を構える要因の一つと目された常楽寺湊などの湖上水運は最初から対象に含まれていない。この差異には、城下町建設の直前に進められた陸路の整備が少なからず影響しているのだろう。

天正二年末から、織田分国中に「道を作るべき」指示を下し、旅人の苦難を除いたとするエピソードは、信長の偉業としてよく知られている（『信長公記』）。実際にその旨を記した信長文書からは「年中ニ三ヶ度」の道普請に加え、架橋と水路の整備も行われていた（「酒井家文書」『愛資』十一─九七七）。

また『信長公記』を詳しく読んでみると、信長自身の近江での通行手段も、永禄二年（一五五九）以来もっぱらであった「船」から、天正三年（一五七五）七月に勢多《せた》（現、滋賀県大津市）に橋を架けてからは、乗船（渡湖）回数と距離が激減し、陸路での移動が中心になっていく。天候の影響が大きい船での移動を避け、迅速かつ安定した交通手段を模索した結果といわれる。

だがそこには信長を取り巻く政治的な事情、すなわち旅人にもなじみ深く、かつ広く遠くを結ぶ陸路の本格的な整備こそが、中央へ進出した自身の威《い》を、もっとも効果的に示すことができたからに違いない。

このように、近江国内の交通事情と信長との関係をふまえれば、六角氏以来の港湾機能をもつ特性を取り込む構想は、城下町建設直前に至って立ち消えとなった可能性が高い。この点は、同じ琵琶湖沿いに面し、のちに成立する八幡城下町（現、近江八幡市）とも明らかに異なっている。

安土の行く末を占う商人たち

また、商人の通行と宿泊を強制しながら、荷物の積み下ろしに規制をかけないのは、先行する金森の掟書にあった、「往還之荷物当町江可着」の一文と比べて対照的である。金森が一向宗門徒の中心的な町場として早くから根づいていたのに対し、安土は、その大半が荘園集落や六角氏以来の外港を抱え込みながらも、通行量の少ない下街道沿いに築かれた新興の町場であった。

楽市場（加納）のときと同じ事情か、それ以上に立地条件が不利に働いたと考えれば、商品流通の充実よりも、来場者の呼び込みに重きを置くのは当然の成り行きといえよう。とくに旅人ではなく、「商人」の通行と宿泊に限定したのも、まず「安土山下町」という新興都市の存在を認知してもらうためだろう。安土城下を商いの場として、地域の中に組み込めるか否か。ひいては町そのものの行く末をも左右するキーパーソンが、彼ら「往還之商人」だったのである。

また、中山道（「上海道」）が、先に紹介した観音寺城下・石寺のすぐそばを通っていることをふまえれば、六角氏の影響力を失ってなお、「往還之商人」たちが行き交い、商売を行う拠点となるような市が、石寺ほか周辺各地に未だ根強く残っていた可能性も否定できない。信長がこれほどまでに安土への商人誘致に鼻息を荒くしていたのも、六角氏と彼ら湖東商人たちとの間にある強固な結びつきを、未だ完全に断ち切れていなかったからかもしれない。

住人保護をしつこく強調

第三・四条では、町の住人にとって負担の大きい普請役と伝馬役を免除する。普請と伝馬で「免除」「免許」と表現が異なるのは前者の但し書き、すなわち信長が出陣や在京などでやむをえず留守の場合を除く、という条件があったためとみられる。一方の伝馬役は、恒常的にその負担義務を課さないとの意味だろう。この違いは、第十二条の家並役《いえなみやく》にも当てはまる。

第五条から第七条では、火事や犯罪・盗品購入に関する刑罰を定める。放火は亭主を罪に問わず、自火は調査の上で追放とし、咎人《とがにん》（犯罪者）や盗品購入については、借家ないし同居する亭主や、商品の買主については、事情を知らなければ罰しないという。

中世では、刑事罰を犯した場合、その罪は当人のほか親類にまで連帯して及ぶ連座制が一般的であった。戦国大名が定めた分国法にも、「たうそく《（盗賊）》に付て、おやこ《（親子）》のとか《（咎）》の事、おや《（親）》のとかハこ《（子）》にかけへし」（『塵芥集』五七条）や、「つけ火者、付手為歴然者、親類迄も堅可成敗」（『長宗我部氏掟書』九八条）など同様の規定がある。信長はこれに反し、免責事項を設けることで連座制を否定し、住人を保護したのである。

続く第八条も住人保護に関連し、織田分国内で借金を帳消しする「徳政」が行われたとしても、安土ではこれを免除とし、債権保護を謳っている。

第九条は、他所からの移住について、身分を問わず先住者同様の待遇とし、臨時の課役も負わせないとする。楽市場（加納）のときと同じく、立場に関係なく外からの移住を受け容れるとした宣言は、町の特殊性に加え、新領主である信長の存在を印象づけるためのものといえる。このように、何ヶ条にも分けて住人保護を繰り返し謳っているのは、それだけ安土という「まち」にとって、定住人口の確保が最優先事項だったからだろう。

第十条は禁制などでおなじみの治安維持の規定である。第十一条もこれに関わって、年貢などの督促や調査にあたる「譴責」の使いを町へ入れる場合、あらかじめ福富・木村の両名（いずれも信長家臣）に届け出よとする。このうち木村は六角氏の旧臣で、常楽寺に居館を構えた沙沙貴神社の神官といわれる人物で、信長の下でも、勢多橋や安土城の普請奉行を務め、近江国内の職人差配などで活躍している（「河路左満太氏所蔵文書」『信文』下―六七二）。町の治安維持をスムーズに進める上で、安土という地に広く顔の利く人物を登用したことが分かる。

なぜ馬の売買だけなのか

第十三条では、近江国内で行われる馬売買（博労《ばくろう》）の一切を、安土にて執り行うよう命じる。安土周辺で、馬売買を行う市がどれだけあったのかは史料がなく不明だが、商人については六角氏の保護を得た保内商人による馬の専売が有名である。

物資輸送に用いられる馬は、保内商人にとっての特権商業の源泉ともいわれ、彼らは質の高い馬を数多く所有することを根拠に、その一部を他の商人たちへ貸付・販売したり、融通した馬に積む荷物の量まで取り決めていたほどである。おそらく、湖東における馬売買はほぼ、保内商人の独擅場に等しく、六角氏自身も彼らから融通を受けていた可能性が高い。

しかし金森や守山、野洲の事例でも明らかな通り、信長は、六角氏のように有力商人の経済力や彼らが築いたネットワークだけに依存するのではなく、流通支配の拠点を市という空間に求め、都市の繁栄に結びつける手法を採った。第十三条は、そうした在地商人のもつ既得権益や商売慣行を引き継がないことを明確に示したものといえるだろう。

ここまでをふまえて、安土令全体の意義を改めて問い直してみたい。

町づくりの基本方針ともいうべき、城下町の性格を規定した第一条がもっとも注目される。とくに、城下町建設にかかる信長の壮大なビジョンを「楽市」に込め、これを「仰付」とするとした点に大きな意義があろう。通説では、そのビジョンを具体化したものが第二条以降と考えられているが、第四・八・十条など、「楽市」でない他の市や宿でも見られる一般的な内容も含まれており、「楽市」化と、以降の条文は必ずしも相関関係にあるとはいえない。

また、城下町繁栄策の代名詞のようにいわれる第二・十三条だが、広範な売買にまでは踏み込んでいないため、商業振興は二の次だったような印象も拭えない。

直接言及こそしていないが、「諸色買物」「押買押売」などの散見する語句に加え、町への荷下ろしが、商人同士の取引に結びつく可能性をふまえれば、ゆくゆくは安土を拠点にした商いが行われることを想定していたのは間違いない。しかし、外から来る商人にとっては、そこでの安全や債権が保障されなければ、居を構えることはおろか、商売を始めることすら躊躇せざるを得ない。大都市であればなおさら、商売に足るだけの判断材料が必要であったに違いない。

仮に、安土という都市そのものが、地域最大の物流センターを創り出すための、いわば「実験場」に近い空間であったとしても、新興都市をそのまま地域の中枢的な存在へ押し上げるには、相当の時間や労力を要したはずである。

ましてや、安土以前から周辺に存在していた数々の市町や物流を一手に押さえることはもちろん、商人たちにとって突如現われた「見知らぬ町」にも等しい安土に、その流れを信長の意図通りに集約（再編）していくこと自体、困難を極めたものと考えられる。実際のところ、当地における織田氏の支配権の浸透も十分でなく、このときの信長個人の実力では、馬売買以外の独占行為はそもそも不可能だったのではないだろうか。

とくに、六角氏の後ろ盾を得て市場を独占していた馬売買に限るのであれば、これをそのまま抱え込むのは容易であったろう。なによりこの当時、国内各所において陸路を重点的に整備する最中にあった信長個人の都合にもうまく当てはまったと思われる。

荷下ろしや商売についても、強制「しなかった」のではなく、「できなかった」という方がニュアンスとしては正しいのかもしれない。つまり、馬売買以外はおおむね他の市町に依存していたとみるべきで、その限りにおいて安土もまた、蒲生郡における一つの地域市場

（地方都市）にすぎなかったことを意味する。

都市法のひな型という評価の是非

十三ヶ条という内容の豊かさを、住人に対するきめ細やかな配慮を含む優れた法令として評価することも決して誤りではない。だが、この法令一つや信長の声だけで巨大都市がたちまち完成したと考えるのは早計である。

第三〜九・十一・十二条で示した特権や保護の数々も、見方を変えれば、城下町を建設する上で、そうしたテコ入れを行わなければならないほど、発展途上で不利な条件が働いていたと捉えることもできる。その一つが下街道沿いという立地条件であろう。信長にとってすれば、特権の多くは新興都市である安土そのものの存在を認知してもらい、自身の意に適う都市を早期に形成する上で、やむをえず盛り込んだ内容ではないだろうか。

石寺新市を「為楽市」として追認するに留まった六角氏と違い、信長は自ら城下町を「楽市」にすると宣言し、次いで、これまで保内商人の独占状態にあった馬売買への参入を（安土山下町に限って）自由化し、前代との違いを主張した点で大きく異なる。しかし、城下町づくりの前には、定住人口の確保をはじめとする、さまざまな課題が山積していたのが実情だった。安土令はいわばそれら困難な条件をクリアしていくためのものであり、その旗振り役である信長が打ち出した苦肉の策にも等しかったといえよう。

長らく受容されてきた「楽座」のイメージ

ここまで「楽市楽座」について数多くの事例をもとに、地域や時代の特色を通して、その意味についてさまざまな考えをめぐらせてきた。だが、これまではどちらかというと、「楽市」という法律用語の働きにのみウエイトを置き、残された「楽座」のもつ意味については、あえて言及してこなかった。そこにはいくつかの理由があるが、その話題に触れる前に、まずは「楽座」という言葉のもつイメージと、研究の歩みをひもといてみよう。

私たちがいま「楽座」という言葉を聞いて真っ先に思い浮かぶものといえば、およそ、朝廷や公家・寺社と結びついて仕入・販売の独占権をふりかざし、商品流通の発展を阻害した同業者組合である「座」という悪者を、市場経済から否定（排除）する政策、というものだろう。とくに「楽市」と同じく、中世社会の根底にある古いしがらみを徹底排除し、新たな支配体制の確立をめざそうとした織田信長を代表する政策、との見方が強いはずだ。

だが実は、「楽市楽座」に関する専門的な研究が始まった戦前当初、諸役免除と自由商売をめざした「楽市」に対し、「楽座」には、特権に拘束されない状態、という抽象的な定義しか見出されていなかったのである。ところが戦後に入ると、「楽座」は自由商売を実現した「楽市」の次なる段階として、複数の市を独占した座を打破するための政策、という定義に置き換えられてしまった。

その口火を切った研究者によれば、商品流通が発展した戦国時代は、城下町建設や物流支配を着実に進めようとする戦国大名（とくに天下人）だけでなく、社会全体も自由商業の徹底と、全国への実施拡大を求めるようになっていたという。そうした流れの中で「楽座」は時宜を得て生まれた、「破壊と創造」を体現した画期的な政策だったというのである。

第一章でも紹介したとおり、このあと「楽市楽座」研究はいっそう発展していくが、実際には「楽市」の成立と展開に着目したものが大半で、「楽座」の意味を問う研究はほとんど見られなかった。

このように「楽座」がそもそも議論の対象とされず、定義の見直しも積極的になされなくなった背景には、旧体制からの脱却と天下統一をめざす信長や秀吉の前に、中世に生まれた特権的集団である座は必然的に解体される運命にあった、という暗黙の了解に縛られていたことが一因にある。

そのため今では、信長による「楽座」が出発点となり、全国一律での実施と、市場経済からの完全なる座の排斥を成し遂げた豊臣秀吉によって、「楽座」はその完成期を迎え、近世的な都市・商品流通が花開いていく、という図式が一般化してしまっている。

「楽座」と「破座」は別のもの

だが、近年の辞書的な説明では、必ずしもこうした天下人の台頭や近世社会の成立に適うような解釈を取っていない。たとえば、日本史を学び始めたばかりの学生が手にすることの多い『角川新版日本史辞典』（角川書店）では、次のようにある。

楽座はかつては豊臣政権による商工業者の団体としての座を解散する意味にも使われたが、近年はこれを破座と表現し、楽市令の楽座と区別している。

詳しくは後述するが、ここに記された、まさしく「座を破る」政策としての「破座《はざ》」が史料に登場するのは、豊臣政権が京都をはじめ、畿内一帯に支配権を確立する頃なので、一般的に知られた信長の時代とは若干のズレがあることになる。

つまり、これまで信長に代表される「座を解散する」政策と盲目的に信じられてきた「楽座」が、実はまったく違う意味だったかもしれないのだ。そんな定義の全面見直しとも取れる説が、近年になって唱えられ始めた背景には、座に対するこれまでの共通理解と、史料からうかがえる動向に齟齬《そご》が見出されたことにある。

というのも座が本当に、商品流通や戦国大名の領国経営にとってマイナス要素をもたらすだけの存在でしかなかったのか。もっといえば、市場経済から早急に排除すべきとして、彼らは全国一律で、近世という時代を迎える前に、解体される運命を待つだけの立場でしかなかったのかが、必ずしも明らかにされていないのである。

また、座の特権を認めた公家や寺社が住む京・畿内と比べ、「楽座」が重点的に実施された東海・北陸では、そうした中央権力の影響があまりつよくないといわれており、実際に、信長や秀吉が早くに否定したとする一部の座も、江戸時代に至っても活動を続けていたことが明らかになっている。

確かに、商品流通が発達した戦国時代に、市や都市で座を否定する動きがまったくなかったとはいわない。だが、肝心の信長が推し進めたとする座の解散については、通説の根拠とされていた史料の解釈に問題があったことなどから、「楽座」は見直しが必要な定義の一つとして、いま現在、宙に浮いている状態である。

近年では、「楽座」そのものを、「『座の撤廃』などという座の否定政策の意味合いで考えるならば」と懐疑的に見る研究もある。座を一律に排除されるべき存在とみなすことはもちろん、「楽座」のもつ意味合いについても、もう一歩踏み込んだ見直しが必要になってきているのである。

「楽座」の特殊性を裏づける四つの証拠

また、これまで本書で「楽座」について明確な言及を避けてきた理由は、「楽市」以上に「楽座」という用語（史料）がもつ特異な点にある。

一つ目は、使用頻度としての差である。

第二章冒頭で述べたように、「楽市楽座」関連史料の中で、「楽市」だけを単独で記した文書が一四通あるのに対し、「楽市楽座」と併記されたものは七通、さらに「楽座」単独での事例にいたってはわずか一通しか残っておらず、関連史料の総数のうち、「楽座」を記したものはわずか三割程度にしか及ばない。

そうした数的差異が生じる原因は、単純に戦国大名自身があえて使用を避けていたからなのか。それとも、簡単に用いることのできない特別な理由や条件が「楽座」にあったからなのかははっきりしない。ただ少なくとも、私たちが現在よく知っている「楽市楽座」という組み合わせ自体は、実のところ当時メジャーな用例だったとはいい難く、頻繁に登場する「楽市」と比べて、「楽座」が多用されることはほとんどなかったようなのである。

二つ目は、使用時期としての差である。

関連史料でもっとも早い石寺新市が「楽市」のみを用いているのに対し、「楽座」が初めて登場するのはそれより約二十年経過した加納市場である。さらに、「楽市」が慶長十五年（現存史料としての下限）まで登場するのに対し、「楽座」はそれよりも早く、天正十三年の北野村を境に突如としてその姿を消している。

文言が急にみえなくなることがなにを意味するかは、従来ほとんど問題にされてこなかったが、はたしてそれは単に不要となったからなのか。それとも適用し難い環境が整いつつあったからなのか等々、さまざまな可能性が考えられる。

三つ目は、使用地域（範囲）としての差である。

「楽市楽座」という現象が、東海・北陸や関東に偏ってみられる中で、「楽座」はそれよりも狭く、美濃・近江・越前・越中のわずか四ヶ国でしかその実例が確認できない。しかも、そのうちの美濃（加納）では、都合三回もの「楽座」が行われているなど、かなりの地域偏差があったことが分かる。

こうしたことからも、「楽市」と比べて、かつそれ以上に、「楽座」には地域や時代、あるいは実施主体である戦国大名の都合に縛られやすい、何らかの限界性のようなものが存在したことは間違いない。座を否定する動きが全社会的に広く存在していたかどうかはともかくとして、信長・秀吉・家康ら天下人たちが台頭していく流れと、「楽座」は明らかに逆行していたのである。しかも「楽市」や、さらには近世城下町成立の動きが全国へ広がっていくよりも早くに収束する兆候があることからすれば、「楽市」以上に、時代転換の画期と位置づけることには慎重な見方が必要になる。

四つ目は、簡略化された内容である。

これまで見てきた「楽市」のように、「為楽市」「らくいちたる上ハ」以下云々と続けば、その性質を問うことはある程度容易《たやす》いだろう。だが「楽座」に関しては、史料のほとんどが「楽市」と併記され、しかも「楽市楽座之上」「らく市楽座たるへき」としか書かれていない。そのため、以下に続く特権事項が、「楽市」「楽座」いずれに対応するものなのかが判然としないのである。

座を「楽」にする「楽座」の仕組み

いずれにせよ、関連史料の少なさが、そもそもの実態解明を難しくしている最大の要因である。しかしながら解決の糸口がないわけではない。

というのも「楽市」が文字通り、市を楽にした状態、具体的に諸役納入や乱暴狼藉など、市にかかる税負担や危険因子をなくし、振興や平和を保障した形をさすのであれば、「楽座」も同じような見方、つまり、座を楽にした状態として解釈できるはずである。ここではこの視点を取り入れながら、わずかな関連史料の中で、「楽座」の実施のみが確認できる越前の事例をもとに「楽座」のはたらきを検証し直してみたい。

まずはポイントになる史料を掲げておこう（現代語訳は本文中で述べるため省略）。

【史料37】天正四年九月十一日付け橋屋三郎左衛門尉宛て柴田勝家判物）

（読み下し）

諸商売楽座に申し出るといえども、軽物座唐人座においては、御朱印ならびに去年勝家一行の旨に任せ進退すべし、商人衆中法用の儀は、定めの如くたるべきものなり、よってくだんの如し、

天正四

九月十一日　（花押）

橋屋三郎左衛門尉

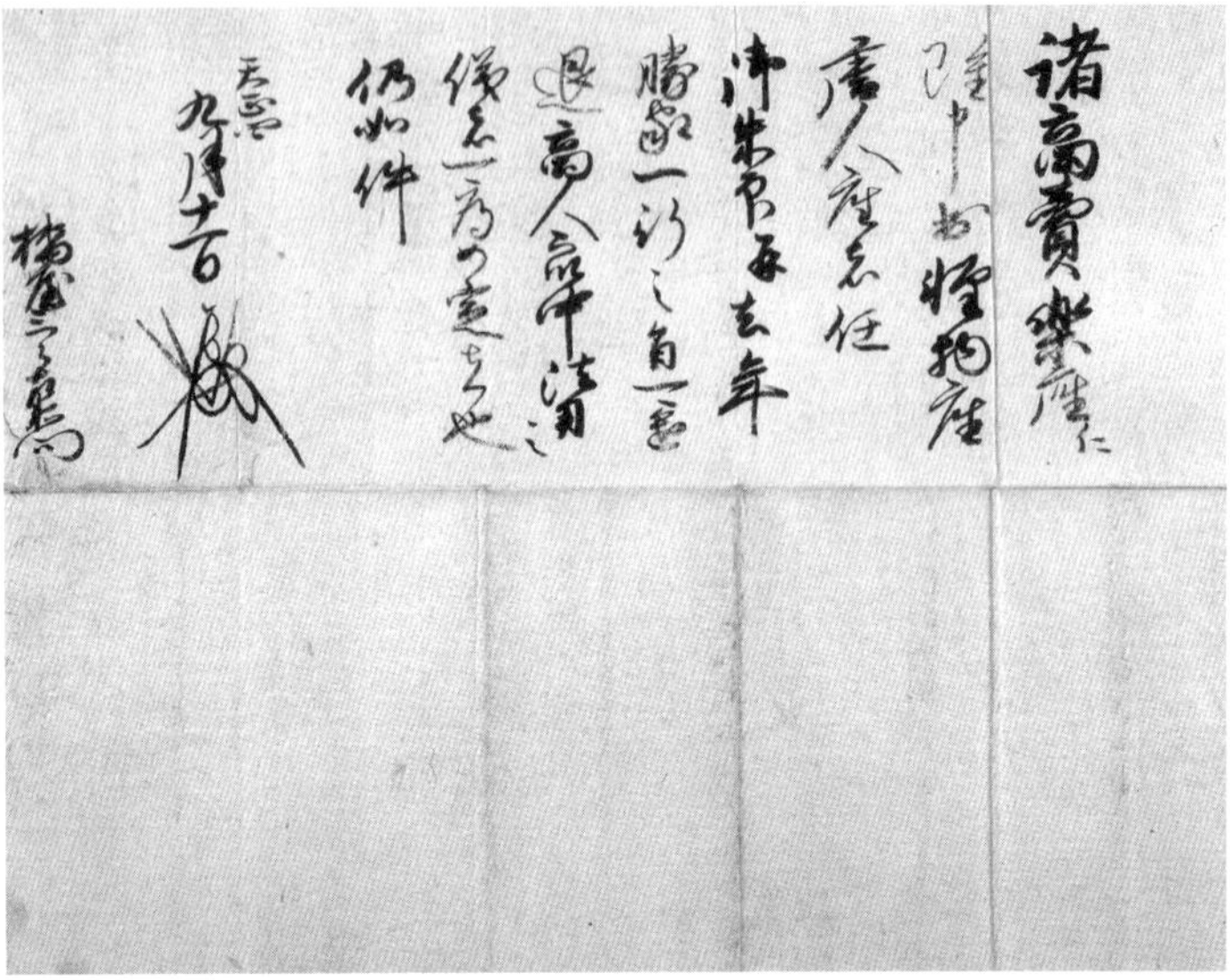

天正４年（1576）９月11日付け橘屋三郎左衛門尉宛て柴田勝家判物（橘栄一郎家文書、福井県立歴史博物館蔵）

文書の発給者は、このとき越前《えちぜん》国（現、福井県）八郡を支配していた信長の重臣・柴田勝家で、宛先にみえる「橘屋《たちばなや》」の屋号をもつ人物は、中世より当地一帯で薬売買を生業とし、福井城下に屋敷を構えた商人・橘氏である。

橘氏は、戦国時代に越前国を支配した大名・朝倉氏から「門験幷薬銘橘字可限惣領一人」とする特権を与えられたことをきっかけに、薬売買を家業とする「橘屋」を名乗り、以来、朝倉氏に奉公するいわゆる御用商人として活躍した（「橘栄一郎家文書」三『福資』三）。

このほかに同家は、十五世紀末頃より「足羽三ヶ庄軽物十人衆」で構成され、絹織物を売買する「北庄三ヶ村軽物座《かるものざ》」の座長（商人頭）も務めており、国内での独占商売を朝倉氏から保障されている（「橘栄一郎家文書」六『福資』三）。この軽物座が置かれた「足羽《あすわ》郡」（現、福井県福井市）は、北陸街道沿いにおける全国有数の絹織物産地として、近代以降その名が知られるようになるが、橘氏の活動はその原点に近いものといえよう。

その後、朝倉氏を滅ぼして越前に入った信長といち早く接触し、「軽物座」長を安堵する文書を獲得した同氏は、翌年に入ると、新たに中国からの輸入品を専門に扱う「唐人《とうじん》座」長にも任じられ、活動の幅を広げていく。このとき信長から与えられた次の朱印状が、橘氏のもつ権限の実態と、それに付随する「座長」としての責任の大きさを分かりやすく伝えてくれる（現代語訳は本文中で述べるため省略）。

柴田勝家像（柴田勝次郎氏蔵、福井市立郷土歴史博物館保管）

（読み下し）

条々

一、唐人の座ならびに軽物座は、三ヶ庄、そのほか一乗・三国・端郷にこれあるべき事、

一、役銭の儀、上品の絹壱疋ずつ、もし無沙汰の輩これあらば、座を召し放ち堅く申し付くべき事、

一、諸役免除の朱印遣わす者あるといえども、この儀においては申しつくべし、ならびに往還の商人役銭十疋ずつたるべき事、

右嘉吉元年六月一七日綸旨に任せ進退すべし、徳用の儀相違あるべからざるの状くだんの如し、

天正弐年正月　日　　　　信長（朱印）

橘屋三郎五郎

【史料38】（天正二年正月付け橘屋三郎五郎宛て織田信長掟書）

ここで決定された内容は、①両座の活動を、足羽三ヶ庄、及び以下の地域において認めるとした上で、②座に所属する商人から、上品の絹一疋《ひき》を役銭として徴収し、納入できない者は座を追放処分とすること。③諸役免除の特権を記した朱印状をもっている商人にもこれは適用させ、（座に属さない新興の）往還商人からも、両座に関わる品を扱う場合には役銭（絹カ）十疋を徴収すること。以上である。

朝倉義景を自刃に追い込み、その統治体制に終止符を打った信長は、一方で、座を統括する国内トップクラスの有力商人をすばやく取り込む動きをみせた。しかも、座を否定するどころか、朝倉氏の城下町であった一乗谷（現、福井市）や、水運の要とされた三国湊《みくにみなと》（現、福井県坂井市）にまで活動範囲を広げさせている。越前国内の商品流通をいち早く掌握していくために取った最善の策であり、そこに賭ける信長の並々ならぬ意気込みが感じられよう。なお、ここで徴収された役銭は、最終的に信長の下へと納められ、そのうちの一部が橘氏への「徳用」、すなわち収入となったのである。

こうして朝倉時代を上回る権限を一手に獲得し、唐人座・軽物座の商人までをも統べる立場となったが、今でいえば、平社員から、急遽《きゅうきょ》管理職クラスにまで昇格したようなものであろう。この翌年（天正三年）には、早くも信長に代わる新しい領主として、足羽郡を含む越前八郡の支配権を委ねられた、重臣・柴田勝家が入部を果たすことになる。

信長から、越前支配の一切を任せられた勝家は、さっそく同年九月、唐人座・軽物座の活動に関わる文書を作成し、橘氏へ細かな指示を与えている（現代語訳は本文中で述べるため省略）。

（読み下し）

唐人座ならびに軽物座方へ沙汰せしむる役銭の事、或いは此方被官と号し、或いは下々妨げ申す族、そのほか諸商人宿見え隠れする輩これあるにおいては、成敗を加うべく候、先々筋目をもって御朱印なされる上は、相違あるべからざるの状くだんの如し、

天正三

九月廿九日　　　勝家（花押）

木田

橋屋三郎左衛門尉

（【史料39】天正三年九月二十九日付け橋屋三郎左衛門尉宛て柴田勝家判物）

橋氏が行う「沙汰役銭之事」の前に、勝家の被官であると自称したり、あれこれと役銭徴収を妨害し、挙句の果てには商人宿で行方をくらます商人も続出するなど、役銭納入が滞っている現状に苦言を呈し、信長朱印状の通りに遂行すべきとの厳命を下したのである。

現場で働く商人たちから噴出する不満と、上司である勝家から降りかかる無理難題との板挟みで、「座」の経営責任を担う橋氏の抱えた気苦労は想像を絶するものだったのではないだろうか。

この史料は、かつて信長が構築し、橋氏が運営統括にあたった唐人座・軽物座の役銭徴収

システムが、わずか一年で早くも崩壊の危機を迎えつつあったことを教えてくれる。そして、彼ら商人たちのささやかな抵抗が常態化しつつある中で、この翌年に出されたのが、勝家による「楽座」の文書（【史料37】）だったのである。

さっそく中身を読み解いていこう。

まず、史料の中に破棄や停止といった、座に対する否定的な意味合いをともなう文言はみられない。その上で「諸商売」を「楽座」にとの結論が、勝家と両座の間で持ち上がっていたことが分かる。これに勝家は、唐人・軽物の両座については「御朱印幷去年勝家一行」、つまり役銭徴収の方法を定めた先の信長朱印状と、直前で紹介した勝家文書に従って活動を続けること、商人からの役銭徴収もそれらに沿って行うことを橘氏へ伝えた。

両座の活動を安堵したことはともかく、なぜ勝家は、商人たちの間で明らかな抵抗とも取れる動きが生じていながら、役銭徴収を継続させたのだろうか。

役銭を手放さない戦国大名

こうした役銭徴収をめぐる駆け引きは、実のところ今回が初めてではなく、朝倉氏時代にも似たような問題が起こっていた。元亀二年（一五七一）九月に行われた、有名な信長による比叡山焼き討ちでは、多くの堂宇が灰燼《かいじん》に帰したといわれる。その一つである比叡山麓の日吉大社再興のため、朝倉氏は寄進料という名目で、国内の「諸商買人」から、役銭を徴収することを決めた(「浄光寺文書」三『福資』四)。

これに対し、五箇(現、福井県越前市)を拠点に、木製加工品(轆轤細工《ろくろ》)の売買を生業としていた轆轤商人たちは、かつて朝倉氏配下の府中奉行人から下された、天文三年(一五三四)の「一札」では、「諸役無之」はずだったとして、役銭徴収が謂われなきことであると反発している。結局、この問題は「不可有別儀」として轆轤商人側の主張が認められ、彼らへの役銭徴収は免除とされた。再興奉加という名目ではあるにせよ、信長だけに限らず、朝倉氏の時代にも、国内の商人を対象とした役銭徴収がさまざまな場面で行われていたのである。

軽物座の活動拠点である足羽郡(足羽三ヶ庄)が、朝倉氏の蔵入地に組み込まれ、領国経営を支える一大商圏になっていたことをふまえれば、信長や勝家がなおさらこれを容易に手放すとは考え難い。

諸役免除を記した「一札」という先例に従い、商人側の減免要求を受け容れた朝倉氏に対し、信長はむしろ平等に「此儀者可申付」と通告し、勝家も上級権力者である信長が決めた方針を「先々以筋目」と称して厳守した。

そうだとすると、申し出た主体というのは、おそらく両座の商人たちであろう。つまりここで述べられている「諸商売楽座」とは、座組織の即日解散をさすのではなく、彼ら座商人たちが、足羽三郡以下で商売を行う際に課される、役銭（上品之絹）徴収の減免を勝家側に求めた状態といえるのではないだろうか。

役銭徴収が年間どれほどのペースで行われていたかは明らかでない。ただ、このときの座商人たちにとって、そうした役銭の負担が殊《こと》の外《ほか》、商売活動に支障をきたしかねない段階にまで重く圧しかかっていたことは間違いない。

疲弊する商人たち

だが、こうした明確な主張がなされても、勝家の考えは変わらなかった。「諸商売楽座」を突っぱねたその二ヶ月後には、三国湊・端郷《はごう》の両座商人へ「役銭早々可其沙汰」と通達し、別の文書では、役銭納入が再び滞っていることを曲事《くせごと》だとして、橘氏に早急の調整を命じている（「橘栄一郎家文書」一四・一五『福資』三）。

また、橘氏からも役銭の運上が滞っていくようになり、勝家は北庄の町奉行人を動かして、「手前入絹之事、早々運上」するよう橘氏へ申し聞かせるとともに、新たに他国から移住してきた商人にも、橘氏への役銭提出を義務づけさせ、これに反対する者には奉行人から催促せよとまで命じている（「橘栄一郎家文書」一八『福資』三）。

しかしながら、役銭納入が滞る動きは後を絶たず、そのたびに奉行人が督促へ出向するという状態が続いていく。「難渋」「催促」という語が史料に頻出し始めることからも、疲弊した座商人たちの姿が浮かび上がってくる。このような事態に発展してもなお、勝家が役銭の減免を頑《かたく》なに認めなかったのは、もはや徴収した役銭が、領国経営から容易に切り離せない重要財源となっていたからだろう。

見えてくる「楽座」の本質

これらをもとに考えると、「楽座」の本質とは、戦国大名自らが、目の前にある座組織の解散を指示するためのものではなく、むしろ彼らに奉仕している座商人たちへ、特権商売の対価として義務づけてきた役銭の支払いを免除し、負担をともなわない本来あるべき姿（「楽」）へと立ち返らせる政策であったと理解すべきではないだろうか。

橘氏のような有力商人（商人頭）を介した支配は、国内を行き交う商人の掌握統制や、必要な物資の調達を容易にした。加えて、彼らに与えた特権保障の見返りとして要求する役銭もまた、その規模や範囲が大きいほど、得られる利益も相当なものとなっていったに違いない。

信長や勝家のように、労せず甘い汁が吸える体制に依存していれば、あえて座を撤廃する必要はなく、ましてや領国経営の基盤をも揺るがしかねないのだから、なおさら役銭の減免も容易に認め難いものだったはずだ。

新たな地に根を下ろし、都市・流通支配を円滑に進めようとするならば、未知のリスクを抱えるより、まずは領内各地で発達してきた伝統的な体制を最大限に活用する方が近道であろう。とくに座のもつ豊かな経済力を市場《しじょう》から即刻排除することなど、そもそも想定していなかったのではないだろうか。「楽市」よりも「楽座」がより限られた回数・場面しか現われないのは、そうした保守的な見方に縛られた、領主自身の都合が左右していた証にほかならないのかもしれない。

終章　「楽市楽座」がもたらしたもの

江戸時代以降の歴史と記憶を辿る

ここまで述べてきた「楽市楽座」の多くは、同じ語であっても、実際には地域や時代、さらには実施主体である戦国大名によって、そのねらいや法令の意味するところはさまざまであった。

確かに「楽市楽座」という概念が、中近世移行期の都市史や流通史・市場史・交通史など、多分野の研究に影響を与えてきたことは誰しもが認める通りであろう。だが実際には「楽市楽座」のほとんどの事例において、信長による影響や普及の形跡はほとんど認められないし、ましてや経済改革のようなイメージそのものも根本から疑わざるを得ない。より限られた地域や時間の中でしか浸透しなかったとすれば、そこに「楽市楽座」のもつ限界性があったということになるのだろう。

そうなると、中世以来の伝統的な流通構造を否定する政策であるとか、近世的な支配体制の成立を見極める指標の一つとみなされてきた「楽市楽座」も、実際にはそれを命じた戦国大名自身はもちろん、社会全体にとっても、通説にいうほどの価値（経済効果）があったといえるのだろうか。筆者がこうした疑問をあえて投げかけるのは、「楽市楽座」の果たした役割や通史上の位置づけを問うべく、さまざまな分析を行ってきたこれまでの研究の多くに、一つの重要な視点が欠けていたためである。

というのも、通説が主張してきたのは、都市法のひな型として城下町への移行（都市建設）をすすめる、いわば近世社会という新しい時代を形成する上で、辿るべき必然的な歴史段階であった。そうだとするなら、法令が出された事実と向き合うだけで事足れりとせず、「楽市楽座」という〝変化の象徴〟を受け容れた地域がその先、つまり江戸時代に、通説が示すような道を歩んでいくかを追いかける必要もあるのではないだろうか。

もっといえば、影響の大小はともかく、「楽市楽座」は市や村、都市の歴史を構成する一つの「言葉」として確かに存在していたわけである。一次史料からわずか半世紀余りで姿を消すなど、まさにブームの過ぎ去った「死語」のようにも捉えられるが、それが、地域の由緒を形作る重要なキーワードであったのならば、後世まで語り継がれた可能性が高い。

とくに江戸時代は〝由緒の時代〟〝覚書の時代〟などとも称されるように、人々が過去の出来事を振り返り、「歴史」として叙述していく作業が盛んに行われた。たとえば、一次史料（同時代史料）をもとにした編纂物をはじめ、系譜や系図、町村などの由緒を記した由緒書がよく知られている。これらの多くは、単純な記憶違いに加え、改ざんや創作など編者の主観が働くこともあり、同時代性をもたない二次史料として、利用価値や重要性は低く見られることが多い。しかし、記述内容について史料批判や裏づけを行えば、そこには一次史料だけでは分からない「歴史」を垣間見ることもできる。

社会を震撼させた事件・事故ではないにせよ、時代の転換を象徴するほどのインパクトが「楽市楽座」というものにあったのならば、それらが人々の記憶の片隅になに一つ残らず、文書や記録の類《たぐい》に書き留められることもなく、語り継がれていかないことの方が不思議というほかない。

実際に「楽市楽座」の原本が現在まで守り伝えられている地域があるということは、少なくともそれが個々の家や集団・地域の歴史にとって、何らかの役割を果たし、ある段階で継承すべきものとして認識されたからであろう。たとえそれが紙であれ木札であれ、発給された文書と向き合う中で、人々は「楽市楽座」という文字にも接し、その上でこれをどのような「歴史」として残していくかを模索したに違いない。

地域に数ある市や村・都市の中で唯一、領主から選び与えられた権限である以上、由緒を意識する時代に、それはなおさら地位を再確認する一つの根拠にもなったはずである。

このように人々が過去の出来事として「楽市楽座」をどう認識し、どこまで言及し、どのような姿で記録の数々に留めていたかは、これまでの研究が見落としてきた点である。また、家や集団の歴史を紡ぎ、由緒を証明する根拠となる相伝文書の一つとして、「楽市楽座」と記された文書が、いかなる過程を経て保管・伝承されていたかを分析することも、地域史料としての役割や価値を正しく把握する上で欠かせない。

以下では、前章までに述べてきた各地域のその後の歴史を追いかけながら、人々が「楽市楽座」にどのような意味を見出していたのか。由緒書や覚書、編纂物を通して、「楽市楽座」がそれぞれの地域社会に果たした役割を探りながら、革新性を前面に押し出す「通説」を見直す視点としたい。

その後の石寺

信長の近江支配が進むにつれて、幹線道路に置かれていた六角氏の拠点城郭は姿を消し、安土山下町の成立に至って、隣接する観音寺城も政治・軍事拠点としての役目を終えることとなった。そのためか、城の麓近くにあったとみられる「石寺新市」も、同じ運命を辿ったとみられがちである。

だが、安土山下町に出された掟書第二条では、中山道を行き交う「往還之商人」の存在が前提となっているから、主要街道沿いでは未だ、六角氏と結びついていた商人たちが拠点とする市が健在だったと想定される。石寺でも「楽市」としての姿はうかがえないまでも、商人が立ち寄る場としての性格をなお留めていた可能性は否めない。

そのため、信長は六角氏の支配した経済基盤を一部で継承しつつも、近江国内では自らが打ち立て、あるいは再興した市という空間を新たな流通支配の要とした。そこに発布された掟書の随所で、流通する商品やそれを扱う商人たちに通行規制をかけたのは、こうした事情があったからだろう。

その後の小山

天正三年（一五七五）五月、織田・徳川連合軍と武田軍がぶつかった長篠《ながしの》合戦は、連合軍の大勝で終わり、武田氏はその勢力を大きく衰退させることとなった。遠江国内にある諏訪原（現、静岡県島田市）・二俣《ふたまた》（現、静岡県浜松市）をはじめ、武田方の主城は相次いで落ち、天正九年の高天神落城をもって、遠江国内で唯一残されていた状態だった小山城も、籠城する武田方の武将が城を捨てたことで、家康方の手に渡った。こうして、遠江国ならびに小山城をめぐる徳川・武田の攻防はついに決着した。小山城はその後、これといった利用がないまま廃城になったと伝えられている。では、その近くで開かれたはずの「小山新市」は、その後どうなったのだろうか。

天保《てんぽう》五年（一八三四）成立の地誌『遠淡海地志《とおとうみちし》』によると、「小山町、十二月廿六日、市立」との一文が、初倉《はつくら》庄川尻村（現、榛原郡吉田町川尻）の項に記されている。天保九年に作成された国絵図（天保国絵図）にも、「川尻村之内小山町」の名がみえることから、どうやら少なくとも、江戸時代に「小山町」という町場があったことは疑いない。

それが家康によって開かれた「小山新市」とどう関係するかは明らかでないが、市の開催日が歳末のみ（歳末市）となっているのは、家康「楽市」掟書の発給時期（十二月）に倣ってのものなのだろうか。

また、天和三年（一六八三）、川尻村宛てに作成された年貢割付状（村単位で納めるべき年貢額を通達した文書）には、「小山町上下」との地名もみえている（「川尻公民館所蔵文書」『静岡県吉田町史資料』第七集）。この地名は現在も、小山城址の南東（吉田町）に「町上」「町下」という小字としてしっかりと残っており、江戸時代の小山町がこの位置に開かれていたことを示す痕跡といえる。

また幸いなことに、この「小山町」については、正徳《しょうとく》二年（一七一二）に作成された「小山町由緒書」に、成立の経緯が詳しく述べられている（「坂本雄司氏所蔵文書」『静資』一〇—四〇一）。ところが、そこに記された由緒は、家康掟書にみえる「小山新市」とは必ずしも結びつかない箇所が散見される。長文のため、ここでは該当箇所のみを引用しておこう（現代語訳は本文中で述べるため省略、丸数字は条数を示す）。

（読み下し）

①一、遠州榛原郡の内小山町と申すは、先年御殿付の町、御公儀様より御立て遊ばされ候はば、権現公様と信玄様と御取合いの砌、諸事町御役御肴御馬草糠藁御役など相勤め申し候御事、（中略）

③一、百二十四年以前寅の年、権現公様小田原御陣御立ち遊ばされ候時、前々のごとく御肴諸事御馬の大豆糠藁を相川まで運び、御役等相勤め申し候、御褒美として商人十二座御役等御免下し置きなされ候、（中略）

④一、百十九年以前未の年、同郡の内河尻村に山内対馬守様御見立にて、御茶屋御殿御立てなさせられ候時、我等ども植松町より河尻村まで一里余りの間御引越し、町屋御立て遊ばされ候刻五年罷り有り、御役等相勤め申し候御事、（以下略）

（【史料40】正徳二年十一月付け小山町由緒書〔部分〕）

順序立てて見ていこう。

まず由緒書によると、小山町はかつて遠江国をめぐる武田氏と家康の「取合（攻防）」が繰り広げられている最中から、小田原征伐のときに至るまで、「町御役御肴御馬草糠藁御役」を家康に納め、その功績として「商人拾弐座」の役を免除されていたという。

町はその後、十六世紀末に入り、新たに掛川《かけがわ》（現、掛川市）を知行した山内一豊《やまうちかずとよ》の命で、伝馬役を務める宿場町とするべく、一里先の植松《うえまつ》（現、牧之原市）から引っ越してきた住人の手で、相良《さがら》と藤枝《ふじえだ》を結ぶ下街道（田沼街道）沿いの川尻村に、「御茶屋御殿」とともに建てられた「町屋」によって成立したものだとするのである。

先ほど紹介した「町上」「町下」の小字は、このときの町立てによるものとみて間違いないだろう。しかしながら、冒頭の「町御役」については、家康が武田氏と遠江領有をめぐって対峙する過程で出された、掟書の第一条「一切不可有諸役事」とは明らかに矛盾してしまっている。しかも町の母体は、文禄四年（一五九五）に、掛川を拝領した山内一豊が新たに見立て、植松・川尻の住民（百姓？）たちの手で作り上げられたものとあり、「新市」とのつながりはどこにも書かれていない。

この由緒書が示す小山町とは、それまで「植松」に居住して役を務めてきた「我等」が、山内氏の命で「川尻」へ移り住み、そこで新たな町立てを行ったことに由来するもの、ということになる。つまり、江戸時代の「小山町」は、戦国時代に、家康掟書で開かれた「小山新市」の流れを承けて、そのまま発展・成立したものではない可能性が高い。

そうすると、「楽市」となった新市の行方が気になるが、この点は史料がないため具体的な動向を明らかにすることができない。しかし「楽市」という概念が、大井川沿いの領有権をめぐり、対武田を意識して設定されたナワバリに類するものであった以上、市そのものも長くは続かなかったのではないだろうか。おそらくは武田氏との争いが落着したのち、城とともに役割を終えて廃絶した可能性が高い。

その後の世田谷

小田原征伐によって北条氏が滅亡すると、「世田谷」は新たに秀吉の支配するところとなり、次いで徳川家康が関東を治め、江戸を新たな政治拠点に定めたことで、周辺に展開する流通・交通などの機構も江戸を中心に整えられていく。滅亡した北条氏に代わって家康に仕えることとなった吉良氏は、「蒔田《まいた》氏」へと姓を改め、新たに上総《かずさ》国長柄《ながら》郡寺崎村（現、千葉県長生郡睦沢町）一千石を与えられ、ここで近世を生き抜いていった。

中世から近世へ時代が移り変わる中で、北条や吉良の「色」を失った世田谷は、その後どうなったのだろうか。寛政《かんせい》六年（一七九四）、地理学者の古川古松軒《ふるかわこしょうけん》が、江戸近郊の歴史や地勢の調査成果をまとめた『四神地名録《ししんちめいろく》』には、江戸時代中期の世田谷の様子が記されている。そこには「世田ケ谷の地は吉良うじの時は城下の市中にて、荏原郡のうちにては第一の交易所にて商人も数多有りてはんじやふ（繁盛）の所なりしに、吉良家没落し、且江戸の地御在城となりしより自然と衰へ、商人の分は江戸へ所をかへし故に、今のことき辺鄙の僻地となりし」とあり、消費人口の拡大と全国からの物流で潤う大都市・江戸の華やかさの陰で、かつて商人の集う交易拠点だった世田谷が、ひっそりと衰退している姿が綴られている。

家康の関東「御入国」と五街道の整備は、矢倉沢往還《やぐらざわおうかん》の地位を低下させ、結果的に宿駅としての利用はもちろん、それにともなって「古は毎月一六の日」だった六斎市も役目を失い、いつしか「年に一度つゝ」の歳末市へと規模を縮小せざるをえなくなっていく（『新編武蔵風土記稿』）。もはや江戸時代の世田谷に、往時の姿を垣間見ることはできなくなってしまったのである。

このほかに、中近世移行期の世田谷の動向を具体的に知る史料として、中世以来、吉良氏の重臣として世田谷の現地統括を行ってきた大場《おおば》家に伝来するいくつかの文書がある。

同家は、江戸時代に世田谷が井伊家の治める彦根藩領となり、主君である吉良氏が去ってもなお、引き続き世田谷の地に土着し、年貢収納や治安維持を務める代官として、明治の世まで活躍した由緒ある家柄である。先に紹介した「楽市」制札も、同家が現代まで守り伝えてきたものである。

大場弥十郎像（大場代官屋敷保存会所蔵文書、世田谷区立郷土資料館保管）

中世から近代まで、長きにわたって現地の変化を目の当たりにしてきたこの大場家にとって、北条氏の支配はもちろん、天正六年に与えられた「楽市」制札はどのような文書として映ったのだろうか。享和元年（一八〇一）、大場家十代目・弥十郎が、代官としての日々の職務や領内の様子を書き留めた書物には、同家に代々伝えられてきた文書の一つとして、次のようにある（『世田谷勤事録』）。

すなわち「世田谷上下宿市町免許、従往昔持伝書、御朱印之免許之写、如左（制札本文のため中略）昔者如此、世田谷上下宿市町ニ而、月次六度ツヽ、市立候由、尤、吉良家在城之節乎、其後、東照神君、江戸ニ五在城ニ相成候故、此辺大都近郷、因茲都鄙用弁足、東都以後自然ト市町止」といい、弥十郎はこの中で、在りし日の世田谷の賑わいを振り返りつつ、かつて北条氏から与えられた制札は、矢倉沢往還（上下）を行き交う人のための「上下宿市町免許」だと言い切っているのである。

同じく天保五年（一八三四）、弥十郎が世田谷に関する代々の歴史や伝聞についてまとめた歴史書の中でも、「一、天正六戊寅年九月廿六日、世田谷新宿江月次一六之日市町免許御書付」とあるのみであった（『公私世田谷年代記』）。

「楽市」の意味や働きについては一切触れられることなく、現地での実務担当者からみた位置づけでさえ、北条氏から与えられた市立ての免許状、でしかないのは驚きというほかない。どちらも、北条・吉良両氏の時代から二五〇年近く経過した中での記録であるため、「楽市」について触れる余裕がなかったのか、あるいは単に意味を知らなかっただけかもしれない。

いずれにしても、当時を生きる大場家や世田谷の人々にとってすれば、北条氏が直々に与えた「市町免許」の制札が残っていることに最大の意義があった。江戸へと人や物の流れが変わっても、なお逞しく繁栄を続ける世田谷市の源流を伝え、市の開設（存続）を「免許」された証拠となる一級文書であり、彼らにとってはそれ以上でもそれ以下でもなかった。だとすれば、その中に含まれた「楽市」という語だけをことさら取り上げ、それがもたらす働きや、そこに北条氏が込めた真意を突き詰める意味などそもそもなかっただろう。

その後の北野

交通の要衝として求心性を備えた「城端」や、本願寺とのつながりを背景に領主の庇護を得た「勝興寺寺内」に代表されるように、戦国時代の越中国内には、複数もの市町が並び立っていた。そうした中で、安定した基盤を必ずしももたなかった「北野村」の市は、天正十三年（一五八五）、前田利長から「楽市楽座」という独自のあり方を保障された。

城端と市日の住み分けも行いつつ、一定の地位を確保したのかと思いきや、市の賑わいは早くも暗雲が立ち込めたようである。

【史料41】慶長九年閏八月十三日付け城端下町宛て前田長種判物写

定　　城端下町

当町での市日はこれまで通りとする。このほか、七日・十七日・二十七日は北野村でも市が開かれているが、近年は衰退しているため、城端下町へ移すこととするので、制札の通りに市を開くこと。

第二章で部分的ながら紹介したこの文書（発給者は利長の義兄）によれば、北野村での三斎市は、利長の掟書からわずか二十年を経ずに、「たいてん（衰退）」した状態となり、市日は（あるいは市としての機能そのものも？）、城端へ吸収合併されることになったらしい。

どうやらその背景には、慶長元年（一五九六）、藤橋の地（現、南砺市藤橋）に瑞泉寺の仮本堂が再建されたことも影響していたようだ。ちなみに寺はその後、慶長十八年に、井波（現、南砺市）に拝領した屋敷地に仮本堂を移し、現在に至っている。

江戸時代中期の貞享三年（一六八六）、城端では市の由来や北野市が移ってきた経緯について藩から照会が行われ、町役人は次のように述べている。

すなわち「利勝様御代天正三年《ママ》ニ市御札被為成下用来候得共、市場相立不申ニ付、城ケ端下町者共納得を以御札申請、慶長九年右対馬殿御添札被為遣、市場相立不申候所ニ、其後市場及退転申」とあり、どうやら利長に市安堵の「御札」を与えられてなお、北野での市立ては当初から難儀し、出口の見えないまま、退転への道を歩んでいったらしい（「洲崎文書」『富史』四―三四）。城端や勝興寺など、周辺との差別化をはかるため「楽市楽座」が与えられたにもかかわらず、北野市は短期間でその役割を終えたことが分かる。

「楽市楽座」による市の繁栄、ひいては城下町への発展、という図式はイコールと捉えられがちだが、その中には他の交易空間を凌ぐどころか、市としての機能を十二分に果たすことなく、近世を迎える前に姿を消す場合もあったということだろう。

その名称はもちろん、認められた特権の数々が、当代にわずか一握りの特殊なケースだったとしても、「楽市楽座」は本当に江戸時代、幕藩体制下における都市のあり方や商品流通につながる起点と位置づけられるのか、疑問を投げかける事例といえる。

その後の白子

天正十八年（一五九〇）の北条氏滅亡後、関東入国を果たした徳川家康の下で、「白子」の宿駅機能は引き継がれ、江戸時代初期には、江戸と川越を結ぶ川越街道の宿場町として、五と十の日に市が開かれる六斎市とあわせて賑わったという。交通を媒介に、一大消費地である江戸への物流を支える後背地として、その地位を保ち得たといえるだろう。

現在、白子地区の鎮守である熊野神社の門前から、旧家（旅籠）までの南北一帯（現、和光市白子二丁目）が、かつての白子宿の中心地と推定されている。ここから川越街道を北に少し逸《そ》れたところ（現、和光市白子三丁目）にいくと、「市場稲荷」の通称で知られる豊川稲荷神社が祀られるほか、「市場上」「市場峡」「南市場」など市の名を冠する小字が複数みえ、昭和四十七年（一九七二）の道路工事中に、古甕《ふるがめ》入りの永楽通宝《えいらくつうほう》も大量に出土している。

地元では、多くの行商人が行き交う場所であったとの伝承も根強く残っていることから、宿の外れに位置するこのあたり一帯に、中世から近世にかけて展開した市の姿を重ね合わせることができそうだ。

そんな折、元禄《げんろく》年間（一六八八〜一七〇四）に宿場で発生した火災から、白子市は一時的に「休市」状態となっていたらしい。その後、安永四年(一七七五)に、困窮する百姓たちは村方《むらかた》存続のため、「往古ゟ月ニ六度之市相立」ようにとの願書を代官所へ提出し、市の再興にこぎ着けたという(「冨澤家文書」『和光市史』史料編近世二—一三七)。

また、十九世紀初めに編纂された武蔵国の地誌『新編武蔵風土記稿』では、現在(地誌編纂当時)残る毎月五・十の市について、幕府代官所からの糾明が行われた際、住人たちが、かつて北条氏から与えられた新宿・六斎市の設置を認める文書を「証とし、古来よりの市なること」を証明したと述べている。

白子宿の賑わいを生む市の再興に向けて、後世にその由緒をひもとくにあたり、地元では北条氏の文書を引き合いに出して、参照することとなった。ところが、そこで与えられた評価は、どちらも「月ニ六度之市」「古来よりの市なること」を証明する文書とだけあって、市開設にかかる「楽市」の意味にはまったく触れていない。

白子で古くから続いてきた市は、町の成り立ちだけでなく、もはや住民にとっても欠かすことのできない存在となっていた。だからこそ、かつて同じように退転状態にあった白子を救済する目的で発せられた北条氏の文書は、当時の彼らにとっても大変都合のよい内容であったといえる。

しかし、市の再開に向けて根拠とした一文(原文)は、本来「毎度六度楽市」を開くことであったはずが、彼らはそれを、ごくありふれた「普通の市」として解釈してしまったらしい。単純にその意味が理解できなかったのか、不必要なものとしてあえて削ぎ落としたのかは分からないが、少なくとも「楽市」という言葉に、さほど重要性を感じていなかったことは間違いないようだ。

その後の富士大宮

領主である富士氏が先頭に立ち、今川氏が「楽市」という平和調停を進めてまで、その存立に意を注いだ「富士大宮」と門前市は、永禄十二年七月、駿河侵攻をはかる武田氏の支配するところとなった。武田氏による富士大宮への向き合い方は、浅間大社の修築や社領再編、神事興行の保護など、富士信仰の聖地としての姿を重視するもので、人馬の往来や宿駅利用を促す施策など、経済発展に努めようとする姿勢とは程遠い。

今川氏が離れ、さらには武田氏が滅亡した後も、秀吉・家康の天下人によって引き続き手厚い保護をうけていた富士大宮であったが、その繁栄とは裏腹に、天正末期頃にある問題と直面することになる。

というのもこの頃から、富士参詣へ向かう道者の中に、大宮を通らずに登山口へ向かう者が現われるようになり、しきりに「如先年大宮を通可申」との触れ書きが、領主や代官から出される事態となった（「公文富士文書」二九『浅間文書纂』）。

富士登拝をめざす道者にとって、浅間大社前の湧玉池《わくたまいけ》で行う水垢離《みずごり》（精進潔斎《しょうじんけっさい》）を含め、富士大宮はかならず立ち寄るべき中継地であった（「大宮司富士家文書」『静資』三―二三〇）。それが、いつしかこれを迂回して、直接富士山へ向かうようになったというのである。

こうした動きが生じたのは、富士大宮を通らない最短経路での参拝ルートが見出されたことや、道者向けに設けられた関所（道者関）の通行、あるいは大宮で徴収される山役銭《やまやくせん》（入山料）の支払いを避けようとしたためと考えられる（「四和尚宮崎氏文書」『浅間文書纂』）。

その後も事情は変わらず、富士大宮や各地の宿坊でも、客人との「もんたう（問答）」や、宿泊客の奪い合いが起こる有り様となり、この動きは、江戸中期頃まで尾を引くことになる（「公文富士文書」『富嶽之記』）。

また、慶長十二年（一六〇七）、京都の商人・角倉了以《すみのくらりょうい》が富士川を開削したことで、中道往還や潤井川《うるい》を利用した物流にも大きな変化をもたらした。それまで富士大宮を窓口として、魚や塩など駿河湾から運び込まれた品々の多くが甲斐へと流通し、逆に甲斐から仕入れた商品が売買されるなど、富士大宮は富士信仰の起点となるだけでなく、交通の要衝に相応しく駿河と甲斐を結ぶ物流の窓口としても賑わっていた。

しかし、右の事情から以降、甲斐へ向かう品は中道往還を通らず、すべて富士川を用いた舟運で運ばれ、反対方向である富士大宮へ集まる物資も、富士川下流の岩淵へと集められるようになったという（『駿河国志』）。

つまり安定した人馬往来が保障されるどころか、「道ノ往来少ク」なり、市へ集うはずの物資は、交通網の再編という変化の波に抗えなかったのである。享禄《きょうろく》・天文年間頃の「三十ヶ余坊」をピークとした道者向けの宿坊も、十七世紀初めには、七坊にまでその数を減らしてしまう結果となった（「大宮道者坊記聞」）。

江戸時代の富士大宮では、今川氏自らが調停に携わり、平和保障として宣言した「楽市」というあり方が顧みられるどころか、権力交代を経たわずか二十数年の間に、流通・交通の拠点という輝かしい側面を失っていったことが分かる。こうした姿からも「楽市」のもつ恩恵が起点となり、賑わいの絶えないまま近世という時代を迎えたとは到底いえないだろう。

その後の荻野

先の世田谷や白子と並び、北条氏の拠点城郭を結ぶ、軍事的な重要拠点として繁栄した「荻野」であったが、同氏が滅亡した後は、享保年間までを幕府領、以降は荻野山中藩領と推移していく。

江戸時代の荻野は、法界寺《ほうかいじ》（浄土宗）の門前を中心に多くの商家や旅籠が大山道沿いに立ち並び、富士登山や身延山《みのぶさん》、あるいは江戸中期に盛んとなる大山信仰《おおやましんこう》を背景に、街道を行き交う参詣者が立ち寄る宿場町として賑わっている。

しかし白子と同じく、荻野でも寛文四年（一六六四）に発生した大火の影響で、家財や商売道具をことごとく焼失する事態となり、市は「中絶」状態へと追い込まれてしまった。まもなく宿は復興し、市も再開されはしたものの、その維持には苦心したようである。

というのも、荻野市が中断を余儀なくされていた頃、隣り合う厚木では、矢倉沢往還や八王子道・甲州道、相模川水運といった交通網を利用して多くの物資を集めることに成功した。やがて近江商人も店を構え、百軒余りが軒を連ねるなど、沿線における有数の宿場町として、荻野を凌ぐ賑わいを見せるようになっていた。

こうした状況が重なり、ついには閉市に追い込まれたため、荻野は正徳三年（一七一三）、「衰微」を訴える住民たちが、幕府代官へ市の再興を申し出ることとした。その際に作成された連判証文ならびに願書や、これを承けて代官が幕府勘定所へ提出した窺《うかがいがき》書では、北条氏から与えられた制札について触れた一節がある（現代語訳は本文中で述べるため省略）。

（読み下し）　※本文のみ

〈願書〉

一、相州愛甲郡下荻野村の儀は、甲州筋往還の宿に御座候に付き、往古北条様御料の節より市立ち仕り候処に、五十ヶ年程以前、村中出火に付き、商物ならびに道具家財焼失し、以後市中絶仕り候、これにより、段々村中別して困窮に及び申すに付き、この度先年の通り、市の儀取り立て申したく願い奉り候、則ち北条様御朱印御家老松田兵衛太夫殿より下し置かれ、今に所持仕り候、もっとも近村障りにも毛頭罷りならず、構えなく御座候間、御慈悲をもって、先年の通り市取り立て申す様に仰せ付け下され候はば、有り難く存じ奉り候、以上、

則ち御朱印高札写お目にかけ奉り候、以上、

【史料42】正徳三年十一月十八日付け下荻野村宿市場再興願（部分）

〈窺書〉

一、拙者御代官所相州愛甲郡下荻野村百姓願い奉り候は、往古北条家領国の節、右村は松田兵衛太夫知行にてこれあり候処、天正十三年、所の者ども市町興行仕りたき旨相願いそうらへば、則ち北条家より免許候て市立ち来たり候処、五十年以前荻野村

出火の節、町並家残らず類焼、それより段々市間遠く罷りなり候処、なかんずく、四十五、六年以来は中絶仕り候に付き、所も段々衰微仕り候間、何とぞ賑いのため、先規の通り市町興行仕りたき旨、願い出で候に付き、委細相尋ね候処、右市場へ北条家より建て候朱印高札、今に以所持仕り候由（以下略）

（【史料43】正徳三年十二月付け代官小林又左衛門勘定所宛市場再興窺書〔部分〕）

結論からいえば、村の要求は受け容れられ、翌年（正徳四年）に旧来通りの市立てが実現した。ここで注目すべきは、村側が市の由緒として掲げた制札について、百姓の望むままを北条氏が認めた文書と主張している点である。

また、証文の最後には、「楽市」を含む制札本文とその形状までもが克明に写し取られている。つまり、再興を申請した荻野はもちろん、これを受理した代官側も、市の根拠となる制札の一文に目を通していたことは間違いないのである。

にもかかわらず、そこで示された制札に対する両者の認識は、「市之儀取立」（荻野村）、あるいは「市町興行」（代官）などという表現に留まり、「楽市」という言葉には一切踏み込んでいない。つまるところ荻野にとっては、市立てを認めた証拠文書として、今にこれを守り伝えていたことに意味があったのであり、代官にとっては村の主張を通す「賑のため」の制札でしかなかった。

市を立てるという行為そのものの正当性を裏づけ、「衰微」からの早期脱却という緊急性を鑑みれば、そこに付随する性質、すなわち「楽市」という語だけを、あえて問い質す必要はなかったのだろう。北条氏が演出し強調した、市の平和を意味する「楽市」は、天下泰平という江戸時代においては、もはや何の意味もなさなかった。

その市も、天保十二年（一八四一）に編纂された『新編相模国風土記稿』には、「厚木村の市盛に成しより、当所は衰微し、今は十二月二十九日のみ市立」つとして、幕末には歳末市のみとなり、かつてのような勢いを取り戻すことなく近代を迎えていくことになる。

その後の嶋田

関ヶ原合戦が明けて間もない頃に、周辺地域の中で唯一「楽市」の対象となった「嶋田」では、早くも十七世紀初めに、濃州三湊と並び立つ湊の機能をもとに、勢至宿の商人たちが「家をも立て」る町場として発展していくこととなった（「玉井直氏所蔵文書」『岐史』補遺）。

嶋田町の「楽市」とは、あくまでも〝天下分け目の決戦〟直後の未だ不安定な地域情勢を考慮し、平和の確立と地域活性化を外向けにアピールしようとした、間宮氏なりの復興策といえるだろう。

その後の、江戸時代にみられる経済発展は、地域に根差した交通事情、すなわち当初から水陸交通に富んだ地勢を基盤として、船や人馬の往来が絶えなかった点に最大の要因があると考えられる。

というのも、同じ交通の要衝で「楽市」まで実現していながら、街道の付け替えや他都市の台頭がつよく影響し、町場化に至ることなく、近世という時代を迎えた地域も対照的に存在していた。「楽市之事」だけが、商人の来場や交通網の拡充など、経済発展を加速化させる条件だったとはいえないということである。

その後の黒野

第二章で紹介したように、「黒野」は城主である加藤貞泰が米子へ移封となったことで、城はその役割を終えることとなった。一方、慶長十四年十月の検地帳「濃州方県郡黒野村御縄打水帳」をひもといてみると、城下では「しよく人町」「こんや町」などの地名がみえ、すでに「楽市」となる以前から、町人町が形成されていた様子がうかがえる（「玉木文書」『岐市』近世二）。

その後も、貞泰の手を離れた城下は、正木《まさき》（現、岐阜市）から移転させた浄土宗・正木御坊（黒野別院）を中心に繁栄をつづけ、享保十四年の「黒野町差出帳」（村の概要を記した帳簿）では、「当町海道筋ニてハ無御座候得共、伊自良・岐阜・長良道筋ニて御座候、地方町ニて商人諸職人御座候」とあり、商工業者の住む長良川流域の在郷町として栄えていったことが分かる（「専長寺文書」『岐市』近世二）。

江戸時代の城下町形成が、「楽市」の動きとは無関係に進められていたことをこれらの史料は明確に物語っていよう。

その後の金森

かつて一向宗門徒の結集地であった「金森」寺内町は、信長との二度にわたる戦いの末、「楽市楽座」という条件をもとに、織田方の町場として再生されることになった。網の目に走る中小河川と、本願寺を支えるほどの経済基盤を有していたこともあり、信長にとっては今後の近江支配の行く末を左右する上で、重要な物流拠点の一つに組み込むべき存在だったわけである。

このあと周知のように、近江国内では信長の新しい政治拠点となる安土城が築かれ、城下に成立した町場には、信長直々の「楽市」が仰せ付けられる。商人支配に重きを置く旧六角氏体制からの脱却と、新しい拠点城郭を構えていく過程と並行し、信長はそれまで国内の移動手段として頻繁に利用していた琵琶湖水運から次第に離れ、新たに陸路（中山道）を重視する方向へと舵を切っていく。

続く豊臣政権の時代になると、安土のもつ都市機能はそのまま、隣り合う八幡（近江八幡）に形成された城下町へ移されていく。交通面でも、京都と清洲を結ぶ東海道の整備がすすめられ、沿線には伝馬を備えた宿場町が立ち並ぶようになる。瀬田と八幡の中間点に位置する守山もその一つであり、江戸時代には中山道六十九次の宿駅の一つとして、守山宿を中心とする助郷圏《すけごうけん》も成立していく。

商品流通についていえば、金森がその一角を担っていた商品米の集荷は、新たに大津城《おおつ》が築城された豊臣期の段階から、蔵入地として渡舟が集う矢橋《やばせ》（現、滋賀県草津市矢橋町）へ徐々にその機能が移っていくようになる。

慶長五年（一六〇〇）九月、関ヶ原の戦いに勝利した徳川家康が、草津から大津へ渡る際、「浦々船共」を矢橋へ着け置くよう命じたことをきっかけに（「芦浦観音寺文書《あしうらかんのんじ》」七一『草津市史資料集六　芦浦観音寺』）、以降、大坂の陣や上洛時に徳川将軍の利用する御座船《ござぶね》が置かれるなど、その地位は決定的なものになる（『駿府記』『当代記』）。江戸時代には、草津宿と大津宿の中継地として、東海道や中山道沿線の村々から商品米や年貢米が一堂に集う、米の物流センターへと発展していく。

「楽市楽座」からわずか半世紀の間で、このようなめまぐるしい経済機能の再編が進んだことにより、江戸時代の金森は大きな転機を迎えることになる。

第三章で紹介した信長の「楽市楽座」文書を伝える善立寺《ぜんりゅうじ》（現、守山市）には、江戸時代後期に作成された、「当地ヲトロエタル事」と題する記録が残っている（「善立寺文書」）。

それによると、かつて寺内町が立った時代は「志那海道筋ニテ家モ二百軒ニ及ヒ問屋酒屋見セモアリ繁昌富栄ノ処」であったが、信長が近江に進出し、その支配下に入った後は、「村形モ出来昔ニ立カヘル」まで復興を遂げたとある。

その後も、江戸時代初期までは一定の繁栄を保ち続けたという。記録には「海道替リ八幡ノ方へ通ル人少ケレハ、守山ヨリ矢橋へ出ルヤウニナリ、権現様御上洛ノ初メマテハ此町ヲ御通也」として、先に述べた街道（東海道・中山道）の整備と、矢橋へと湊機能が移り変わっていく様子も記されている。

ところが、街道の変遷は思いがけない余波を生んだ。すなわち、「売物等モハカス、田地モ作ラス通リカケニテスグル人ハ住居ナリカタク、百姓分ハカリ捗《はかど》ル」として、金森への往来は目に見えて減り、商売も思うように振るわず、農業ばかりが捗る有り様に陥ってしまったのだという。
　こうした中、金森ではさらなる事件が勃発する。元禄十六年（一七〇三）、守山宿への助郷役負担を不服とした住民たちが、幕府奉行所へ訴え出るという事態に発展したのである。事の顚末はこうだ（現代語訳は本文中で述べるため省略）。

（読み下し）
一、十ヶ年以前戌年（元禄七年）より守山宿大助郷仰せ付けなされ、畏み奉る人馬触れ来たり候節は、遅滞なく相勤め申し候、しからば金森村の義は、古来信長公様より諸役御免給の御朱印頂戴仕り、それゆえ御代の十ヶ年以前戌年までは、御公儀御役等、一度にても仰せ付けなされず候事、
一、十ヶ年以前、助郷仰せ付けなされ候節、御朱印の趣、江戸御表へ御訴詔申し上げたく存じ奉り罷り下り候処に、御地頭御停止なされ候故、御上聞に相達せず、去る午年（元禄十五年）まで助郷役相勤め申し候（以下略）
（【史料44】元禄十六年三月付け金森村言上書〈部分〉）

訴人は「江州野洲郡金森村百姓」たちである。このときすでに、金森が「村」となってい

ることも気になるが、まずは彼らの主張を聞いてみよう。

訴状（言上書）によれば、信長から与えられた「諸役御免」の朱印状をもつため、金森では役勤めの義務は元々負っていなかった。ところが、助郷役負担の命が下ったため、金森側は、信長朱印状を所持している旨を幕府へ訴え出ようとしたが果たせず、結果的に致し方なく昨年まで助郷を負担してきたのだという。そのため、今般になって改めて守山宿への役負担を命じられるのは、はなはだ「困窮いたし迷惑」しているという。

彼らはまた、訴状提出にあたって、「信長公様御朱印頂戴仕候由緒之事」と題した、朱印状拝領にまつわる由緒を記した文書も作成している（現代語訳は本文中で述べるため省略）。

（読み下し）

一、江州野洲郡金森村と申すは、志那海道と申して一つの往還筋にて御座候所、信長公様坂本へ御発賀の節、よき中宿と御定め遊ばされ候て、御茶屋建てられ則ち御屋敷御留守居として、原田与助殿と申す人暫く当村に御座候故、信長公様御発賀の節、当村庄屋年寄ども、御迎えに罷り出で御茶屋に御入れ遊ばされ候砌、御菓子ならびに御料理の品々まで、当村の者ども相調え指し上げ申し候、いよいよ御機嫌よく御出座遊ばされ候義、度々に及び重ねて御発賀の節、御機嫌の上御褒美として、御自

筆にて諸役以下御赦免の御朱印、其の節当村庄屋太郎継善正と申す者に頂戴仕り罷り有り候（以下略）

（【史料45】元禄十六年七月付け金森村言上書〔部分〕）

金森が諸役負担を回避する手段として、信長朱印状を長く守り伝えてきたことが分かる。その前後にあった佐久間信盛・信栄父子の文書に触れていないのは、諸役免除の記載がない（信盛）、信長文書と同内容（信栄）という理由からだろうか。

元亀二年（一五七一）九月の比叡山焼き討ち時に、金森が常宿と定められ、立ち寄った信長に対する接待への褒美として与えられたと述べるなど、文書獲得の経緯には誇張や事実誤認もあり、信用に足る内容とはいえない。ただし、獲得した信長朱印状を、一貫して「諸役御免給之御朱印」「諸役以下御赦免之御朱印」などと表記している点は、注目すべきであろう。

しかも、この信長朱印状はもともと、助郷役回避のために持ち出されるまで、村の中にある屋敷の藁《わら》屋根に挟み込み、雨水で変色するほど杜撰《ずさん》な状態で保管されていたもので、文書の存在自体も、住人の間ではすでにほとんど忘れ去られていたという（「信長公御朱印之事」『郷土誌小津（五）』）。

金森の百姓たちにとってすれば、信長朱印状は、助郷をはじめとする不当な「諸役」賦課を、正当な立場で回避し得る最善の手段となり、まさに第一級の証拠文書と呼べる代物だった。発給当時と異なり、今となっては「諸役免除」が認められた、という結果が第一であるから、それを実現する前提となった「楽市楽座たる上ハ」の一文が示す歴史は、もはや何の意味ももたなかったということだろう。

時代の変化で、人馬で賑わう市町から農村へと姿を変えたとはいえ、金森の人々にとって、諸役免除は代々認められてきた、いわば当たり前の特権（歴史）であった。そうした認識が定着したことで、不運にも、信長朱印状という存在を一時的に「記憶」から消し去ってしまったのである。

後年、助郷役免除の正当性を主張するため、その由緒を語る文書として、歴史の表舞台に再び現われることが叶ったとはいえ、右のような経緯を経た金森の人々に、信長朱印状が説く「楽市楽座」の歴史を語らせることは不可能に近かったに違いない。

その後の淡河

三木合戦を終えた秀吉は、姫路を新たな足がかりとして、さらに西へと歩を進め、反信長勢の一掃と国内平定へ向けた軍事行動を展開する。

この間、「三木郡之内淡川」三千二百六十石を知行する有馬則頼が新しい領主となった「淡河」では、楽市制札の翌年（天正八年）に続いて、秀吉からもう一枚の制札を獲得している（「歳田神社文書」『秀文』一―二八五）。その内容は、現地の被官がこれまで通り居住することを認め、町人たちの商売を安堵し、違乱行為に及ばないことを定めた三ヶ条からなり、そのいずれにも「楽市」の文言は加えられていない。

とはいえ、「如先々」「如有来」といった安堵を示す表現が随所にみえることから、前年で定められた内容、すなわち「楽市」というあり方や旅籠経営の方針が、おおむね引き継がれたとみてよいだろう。ただし、三度にわたる「楽市楽座」の文書を獲得した金森と同じく、前年までの安堵を柱としていながら、そこに「たる上」などという表現を用いていないことにも注意が必要である。

秀吉被官も居住する庇護下の町場、という性格が定着し、かつ喫緊の課題であった三木合戦が終結を迎えた以上、今ここであえて「楽市たる上」などと大袈裟に示す必要はなかった、ということなのだろう。

その後しばらく、町の成り立ちや商売に関する制札が出されることはなくなるが、下って慶長五年（一六〇〇）、有馬氏に代わって淡河を知行した、初代姫路藩主・池田《いけだ》輝政《てるまさ》が一枚の掟書を出している。

定　　淡川

一、淡河町では、以前までと同じように商売すること
一、市の開催日に出入りする人に対して、質取り行為をしないこと
一、押買狼藉や喧嘩口論などの争いは止めること
右の条文について、もし違反する者がいれば、厳罰に処す。よって命令は以上の通りである。

（【史料46】慶長五年十一月二十九日付け淡河宛て池田輝政掟書）

それまでの淡河宛て制札を承けた内容で構成され、当然というべきか、やはり「楽市」の文言はない。ここに至って、かつての「楽市」という概念がもはやどれだけ残っているかは明らかでない。けれども、前線基地としての姿を打ち出すための緊急対策であった「楽市」が、守るべき特権として後世に顧みられることはまずあり得なかったであろう。

その証拠として、第三章で紹介した江戸時代中期の「淡河町由緒書」をよむと、淡河にとってのの秀吉制札は、秀吉の播磨出兵に適う「宿次之町」の景観を整えた褒美として授かった

「月二六日之市日を御定、御制札」と紹介されている。江戸時代の淡河にとって、それはもはや市の開催に関わる文書でしかなかったのである（「歳田神社文書」、木村修二・村井良介「〈史料紹介〉淡河の羽柴秀吉制札」）。

とはいえ、本陣を置く街道の宿場町として繁栄していく起点となったことは疑いない。由緒書の続きには、「御制札」が領主交代後も「御札場」に長く掲げられていたとあることが、その最たる証拠であろう。

三木城と指呼《しこ》の間《かん》にある毛利氏の拠点という性格こそが、淡河に「楽市」を実現させた最大の要因であった。しかし、三木城攻略という大方の目標を達成し、播磨平定をも成し遂げた秀吉にとって、軍事面での重要性を帯びなくなった淡河は、ありふれた町場の一つにすぎなくなっていた。権力による町への向き合い方が変わることで、「楽市」という概念やその事実も、人々の記憶から容易く消え去ってしまうということだろうか。

その後の加納（楽市場）

平和条約としての復興の実現から、次なるステップ——経済振興の加速化——へ。信長が「楽市場（加納）」に発した二枚の制札が成果として実を結んだのか、まもなく岐阜城下には、宣教師が伝えたような賑わう町の景観が着実に広がっていった。

その後、織田家家督を継いだ嫡男・織田信忠《のぶただ》（天正三年十一月〜）や、秀吉時代における織田信孝《のぶたか》（天正十年七月〜）、池田元助《もとすけ》（天正十一年五月〜）・照政《てるまさ》兄弟（天正十三年正月〜）、豊臣秀勝《ひでかつ》（天正十九年三月〜）、織田秀信《ひでのぶ》（文禄元年九月〜）など、短期間のうちに岐阜城主はめまぐるしく変わっていく。

慶長五年八月、関ヶ原合戦の前哨戦で、西軍方に与した岐阜城は落城したが、城下町は維持されたまま、近世を迎える。この間、城下にあった円徳寺（寺内）や加納村では、混乱に乗じた乱暴狼藉を停止する禁制を獲得している。

だが、肝心の加納市（楽市場）に関する文書はというと、池田兄弟が岐阜城に入った直後に発した制札が最後になっている。驚いたことに、いずれの制札も、内容はもちろん宛所まで、永禄十一年に信長が「加納」へ発したものとほとんど変わっていないのである。しかも、印象的だった「楽市楽座之上諸商売すへき事」という一文までも、そのまま引き継がれているではないか（「円徳寺文書」『岐史』一）。

「如前々」などという安堵文言を用いずに、あえて表現をそのまま踏襲して文書が作成された理由については、受給者側の要望が優先されたためと考えられている。彼らにとって諸役免除はもちろん、商売に関わる文言を含んだ「加納」宛ての信長制札が、今なお大きな意味をもっていたことの証なのだろう。もらう側の強い意思がそのまま反映された形と考えれば、「楽市楽座」という言葉に、文書を作成した池田兄弟の意図が組み込まれる余地はなかったのではないだろうか。

こうした歴史を辿りながら、江戸時代中期から後期にかけて相次いで編纂された地誌の数々に、岐阜城下、とくに信長時代の加納市（楽市場）の様子は触れられてはいない（『濃州徇行記』『濃陽志略』『新撰美濃志』）。だが、その繁栄と時をほぼ同じくして、城下周辺では別に新しい町場も広がりつつあったようである。

近世中山道のすぐそばに位置する「加納町」では、天正十一年（一五八三）、織田信孝から「如前々諸役門並」を免除とする特権が安堵された（「棚橋家文書」『岐史』二）。おそらくこれ以前から、岐阜城下の出入口を預かるような町場として存在していたとみられる。

この付近は、かつて斎藤氏が築いた守護所の跡地（岐阜市加納）で、江戸時代にこれを利用した近世加納城（城主・奥平信昌《おくだいらのぶまさ》）が築かれるなど、中近世の政治拠点が置かれる交通の要衝でもあった。その加納城下は、江戸時代に岐阜と並び立つ経済力を誇る、中山道の宿場町として栄えていく。

池田氏（豊臣政権下）の時代に、加納市（楽市場）が引き続き信長時代と同じ「楽市楽座」というあり方を求めたのは、自らの立場を再確認するとともに、こうした城下周辺に広がりつつある町場に対抗し、独自の経済発展を進めようと模索したためかもしれない。

その後の安土

天正十年六月、京都・本能寺《ほんのうじ》に宿泊していた信長を、明智光秀《あけちみつひで》が襲撃する。本能寺の変である。その報せが届くや、「安土」城下町は大混乱に陥り、家臣たちはとるものもとりあえず本国へと逃げ帰る有り様だったという。その後、明智軍から城を取り戻すことに成功した織田信雄《のぶかつ》・羽柴秀吉により、残された城下町はかろうじて荒廃を免れることになった。

翌年正月、安土への入城を正式に果たした信雄は、すぐさま「安土山下町中之儀、任先代條数之旨、聊不可有相違」との掟書を出した（「近江八幡市立資料館所蔵文書」『八幡』下）。安土入城にともなう後継者宣言であると同時に、信長以来の城下町のあり方を安堵することで、未だ混乱の余波が残る城下の治安回復につとめようとしたものだろう。「楽市」という言葉こそないけれども、「先代條数」に当たる信長掟書が、引き続き城下町経営の根幹をなしていたことの証といえる。

このほか、安土の対岸に位置する南船木《みなみふなき》（現、滋賀県高島市安曇川町《あどがわちょう》）の材木座商人から、「安土御殿御材木」を取り寄せるなど、信雄は安土の復興事業にも尽力していたようである

（「山本家文書」）。しかし翌年、信雄が小牧長久手《こまきながくて》の戦いで秀吉の前に屈服したことにより、以降、都市としての安土山下町は歴史からその姿を消すことになる。

天正十三年（一五八五）閏八月、叔父の羽柴秀吉より近江国（甲賀・野洲・蒲生・坂田・浅井五郡）四十三万石を与えられた羽柴秀次は、安土の目と鼻の先にある八幡山《はちまんやま》に居城を、山麓に城下町の建設を開始した。

同年十一月、安土と八幡（嶋郷）の境にある長田《おさだ》村の孫兵衛という人物が、周辺の村々では「あつち町之儀、こと〲く嶋郷へ被成御引、寸の隙なく取乱」すほど、忙しい有り様だと伝える文書が残っている（『八幡』上）。安土山下町がその役割を終え、八幡城下の形成が本格化するのも、おそらくこの時期と考えられる。

既存の集落に規制された安土と異なり、八幡では先行集落は確認されていない。更地にも近い土地を舞台に、都市としての機能を安土から引き継ぐ形で、碁盤目状の地割による計画的な街区が形成された点に特徴がある。

八幡が政治拠点に選ばれたのは、軍事的な意味合いよりも、経済都市として商業の発展を重視するためと考えられる。それを示すのが、天正十四年の「八幡山下町中」宛て「楽市」掟書である（「近江八幡市立資料館所蔵文書」『滋史』五―三〇二）。

内容や宛所、条数、はては日付まで、一見すると安土のそれを丸ごと模倣したかのような錯覚をうける。だが細かく分析すると、「楽市」の意味合いの違いや、安土にはなかった、新しい都市としての明確な「志向」が含まれていることにも気づかされる。煩雑さを避けるため、該当箇所のみ抜き出して紹介しよう（丸数字は条数を示す）。

①一、当所中を楽市として申し付ける上は、諸座諸役諸公事はすべて免除とする

②一、往還の商人は、上街道（中山道）を通る場合はもちろん、下街道（朝鮮人街道）を利用する者も、必ず八幡町に宿泊すること。また、往来する船について、近辺を通る商船は、必ず八幡町に寄港すること。ただし、商人が抱える荷物の積み下ろしについては、持ち主の裁量に委ねる

豊臣秀次像（慈舟山 瑞泉寺蔵）

⑫一、国内での馬売買は、すべて八幡町で行うこと。また、八幡町にある船（役）は、

御用の場合を除いて免除する

⑬一、周辺に点在する諸々の市については、八幡町へ集約する

〔【史料47】天正十四年六月付け八幡山下町中宛て羽柴秀次掟書（部分）〕

第二条と第十二条で、琵琶湖水運とそれを用いた商船の出入りが、町づくりの一角をなす存在として重視されていることは特筆すべき点だろう。岐阜と京都を頻繁に行き交うことの多かった信長個人の都合からか、先行する港湾（常楽寺湊）機能を取り込むことのなかった安土山下町とは対照的である。

在郷市を八幡町へ集約する第十三条も、馬売買のみという不徹底なものであった安土と比べれば大きな飛躍であろう。信長個人の実力ではなし得なかった、地域最大規模の都市がここに成立した。安土の都市機能をただ継承するだけでなく、立地する特性を活かした町づくりと、経済面の拡充につとめる姿勢からは、前代の模倣という評価は導き出せない。

天正十八年、尾張清洲《きよす》への秀次転封にともない、新たな八幡城主となった京極高次《きょうごくたかつぐ》は、文禄三年（一五九四）八月に城下へ「楽市」掟書を出している。都市機能が充実したためか、条数は七ヶ条と半減しているが、わずか十年あまりの間に、八幡では大規模な都市法が立て続けに作成された格好である。

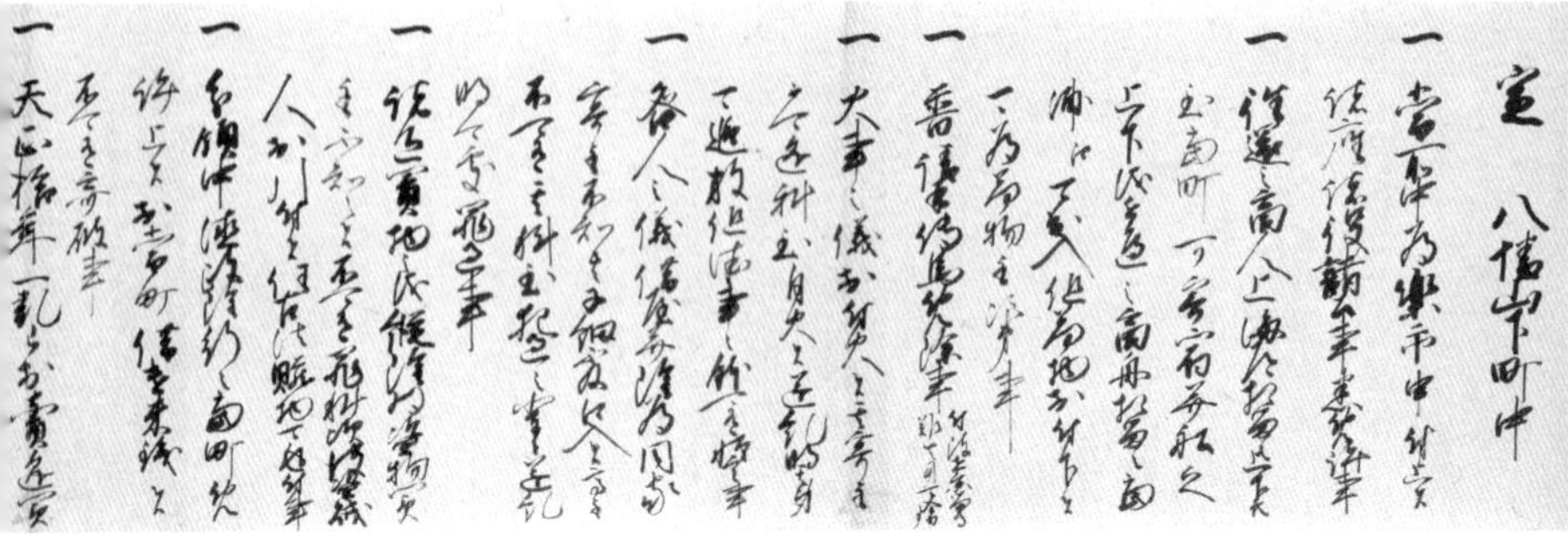

また、この前後には、中野《なかの》城（日野城）や坂本城・松坂城のような、織豊《しょくほう》大名が拠点を置いた城下町にも掟書が出されている。いずれも「楽市楽座」の文言はないが、十一〜十三ヶ条の長文からなる都市法として知られている。

（日野）
当町為楽売楽買上者、諸座諸役一切不レ可レ有レ之事、

（坂本）
当所町中諸座諸役地子普請諸公事等□御免許之上者、異議有間敷候、

（松坂）
当町之儀、為二十楽一之上ハ諸座諸役可レ為二免除一、但油之儀各別之事、

これら特徴的な第一条をはじめ、商人の通行規制や連座制の否定・町人保護など、条文には共通点や類似点も多く、

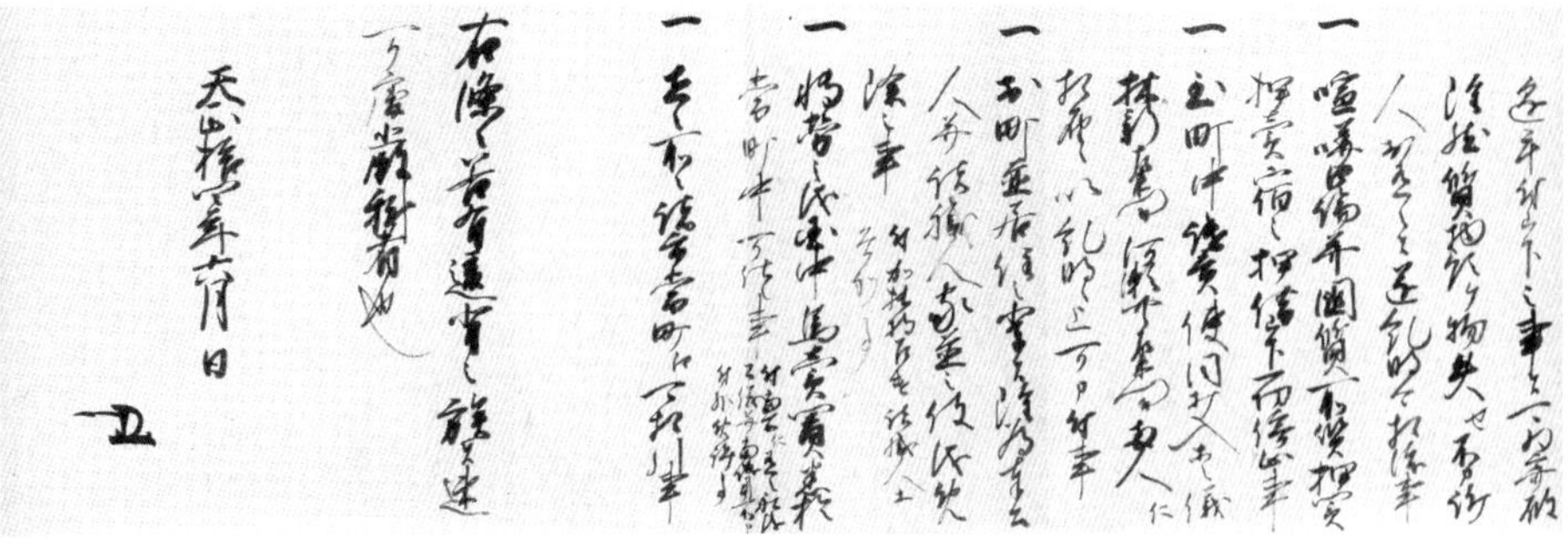

天正14年（1586）６月付け八幡山下町中宛て羽柴秀次掟書（近江八幡市蔵）

いずれも安土の影響をうけていることは間違いなさそうである（「馬見岡綿向神社文書」『近江日野の歴史八巻』、「永田文書」『滋史』五―三〇六、『松坂権輿雑集巻二』）。

しかし、この視野を全国にまで広げてみると、安土のもつ「影響力」は、どうやら普遍的かつ恒常的なものではなかったらしい。

そこでいま一度、安土以降に出された「楽市楽座」の事例を思い出してもらいたい。

文書の構造はというと、先ほど紹介した、八幡・日野・坂本・松坂を除けば、いずれも三〜五ヶ条という簡潔な内容で成り立っていたはずだ。

また、「楽市楽座」という言葉の用いられ方にも注目してみると、いずれも「楽市之上」（八幡）、「為楽市定置」（世田谷）、「為楽市間」（荻野）、「楽市可取立」（白子）、「楽市之事」（嶋田）、「為楽市之上」（黒野）といったシンプルな形を取っており、安土（「為楽市被仰付之上者」）のよう

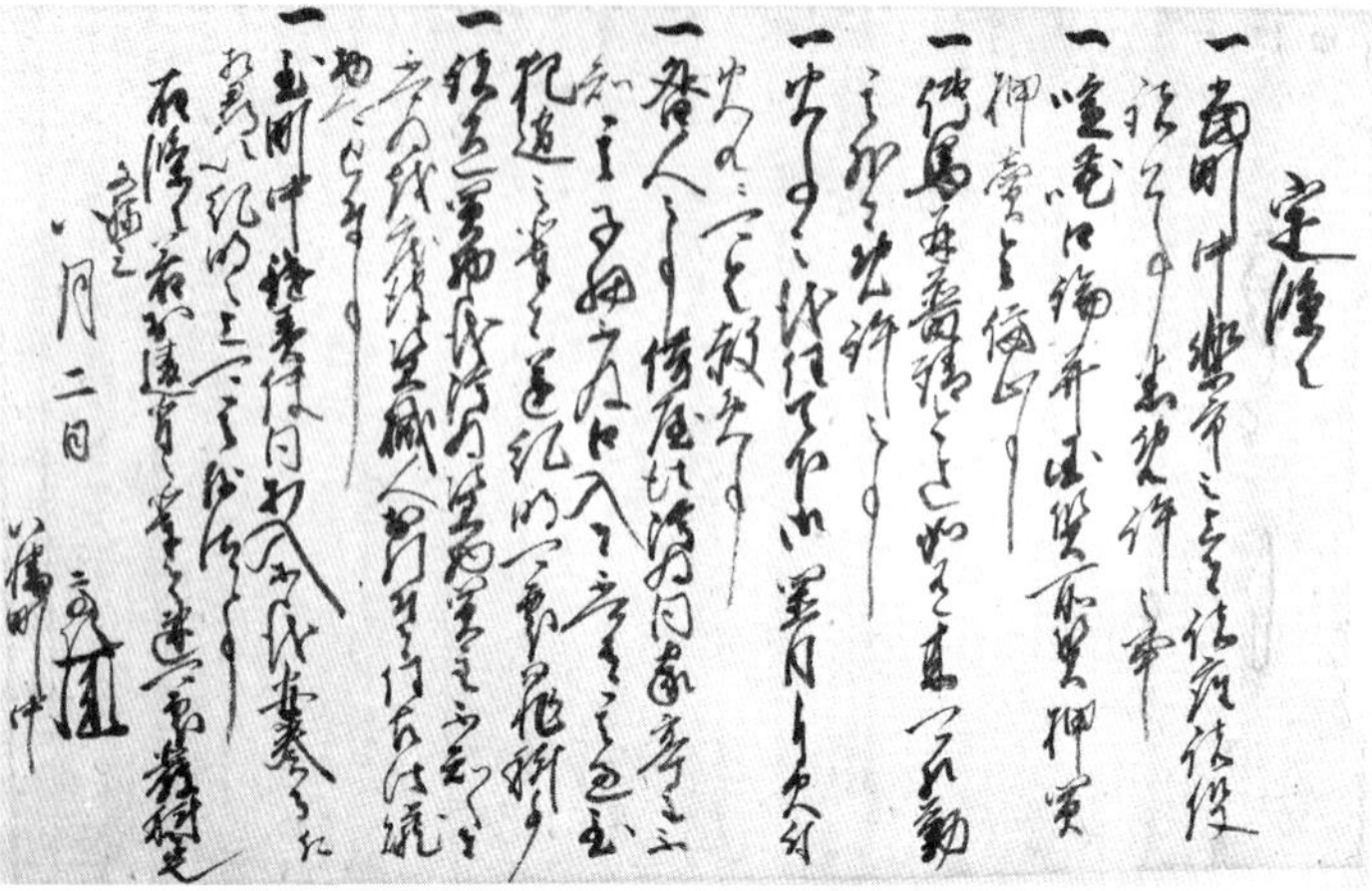

文禄３年（1594）８月付け京極高次定条々（近江八幡市蔵）

な尊敬表現は一切用いられていない。

つまり、掟書のもつボリュームが継承されているのは、安土周辺の地域がほとんどで、言葉としては、安土だけが必要以上に強調（尊大化）しているにすぎなかったことが分かる。安土という存在が与えた影響力とその範囲は、私たちが想像していたよりもはるかに低く狭い、ローカルなものだったことが明らかとなった。

これまでの通説はいわば、信長個人のもつカリスマ性につよく引き付けられ、導き出されただけにすぎない。近世社会に一般化する都市法の母体、あるいは「楽市楽座」の典型などという飛躍した見方は、そろそろ「卒業」してもよいのではないだろうか。

さて、江戸時代に幕府領となった八幡町は、寛文十二年（一六七二）九月、琵琶湖沿岸の町村に課された瀬田川普請という役儀の問題に直面する。町では、その免除を幕府に願い出るための由緒書を作成することとなるが、そこで諸役免除の正当性を示す証拠文書に掲げられたのが、まぎれもない信長・秀次の「楽市」掟書であった（『竹橋余筆』四）。

一、八幡町は安土町から移転したゆえ、安土町の時代に、信長公から下された諸役免除の朱印状を、現在まで所持している。それによって、関白である豊臣秀次公からも八幡町へ諸役免除の文書を下されており、これらは両通とも今なお所持している。

【史料48】寛文十二年九月二十七日付け八幡町覚書写〔部分〕

安土からの都市機能を移した経緯もあってか、八幡町は、信長文書も所持しているとした上で、往古から諸役免除の地であることをつよく主張する。いずれも、時の領主が命じた「楽市」という言葉が冒頭に掲げられているにもかかわらず、彼らが重視したのは、諸役免除という特権の存在のみだったのである。

これまで見てきた他の事例と同じように、文書の機能という点からすれば、近世社会を生きる人々にとっては、諸役免除という特権を領主が認めたとする事実にこそ大きな価値があり、地域一丸《いちがん》となって語り継ぎ守っていく由緒だったということになろう。

また、日野や坂本など、当時早い段階から周辺の城下町の間で、「楽市」という概念を含まない掟書が主流になりつつあったことも少なからず影響していると思われる。

安土から八幡へ、代々の領主たちが意識した「楽市」というあり方は、町の経済発展と領内の平和が定着していく中で、その有効性や価値をあっという間に失っていく。たとえ信長という「偉大な領主」が町づくりの柱として直々に仰せ付けると宣言した地であっても、その流れに逆らうことはできなかったのだ。

「楽座」のゆくえ

役銭の減免、すなわち「楽座」を望む国内の商人たちの声が高まりを見せる中で、これを領国経営の基盤と位置づけた勝家は、引き続き徹底した役銭納入を義務づけていった。

そんな重い負担を課せられ続けた彼らではあるが、まもなく大きな転機を迎えることになる。それが天正十一年（一五八三）四月、羽柴秀吉と勝家がぶつかった賤ヶ《しずが》岳《たけ》の戦い（現、滋賀県長浜市）である。この戦いで勝家が討たれたことで、越前には秀吉に与した丹羽《にわ》長秀《ながひで》が新しい領主として入り、国内の支配体制が刷新されることになる。

この動きをいち早く察した橘氏は、すぐに秀吉から「越州きたの橘家」に宛てた禁制を獲得し、秀吉権力の下で新しい道を歩み出していく（「橘栄一郎家文書」二〇『福資』三）。その第一歩として、丹羽長秀からは早速、居屋敷の地子銭ならびに臨時諸役を従来通り免除する文書が与えられ、翌年には「臨時諸役軽物之座之役」をも免除するという特権を獲得することに成功したのである（「橘栄一郎家文書」二二・二三『福資』三）。

あくまで「臨時」という条件付きではあるが、勝家時代には実現しなかった役銭の免除がわずかながら達成されたといえよう。しかしこの特権については、「臨時」という一文が示すように、遍く適用されたものではなかったようである。

【史料49】天正十三年六月二十日付け橘屋三郎左衛門宛て丹羽長重判物

軽物座の事について、（信長）朱印状によって、これまで定められていた通りに（役銭を）運上すること。もし商人たちの中に役銭納入を渋る者がいた場合、その者は座から追放することを、厳重に申し付けるものである。

丹羽長秀の息子である長重《ながしげ》が出したこの文書からは、引き続き軽物座商人に対する役銭徴収が継続されていたこと。さらに、役銭を出し惜しみした商人に対しては、かつて勝家時代に常態化した町奉行人による催促ではなく、座からの即追放という重い処分が待っていたことが分かる。

これでは勝家時代からの脱却につながるどころか、それをはるかに飛び越えて、「若無沙汰之輩在之者、座を召放」とした信長時代の方針にまで立ち返ってしまったも同然である。以後の役銭徴収をめぐる領主と軽物座のやり取りは、史料がなく明らかでない。ただし、丹羽氏の「恫喝《どうかつ》」にも似た役銭徴収の命令に屈したのか、同年七月には、北庄《きたのしょう》城下の一乗《いちじょう》町に拠点を置く軽物座商人たちが、役銭納入を橘氏へ誓った連署状を出している（「橘栄一郎家文書」一二八『福資』三）。

これを最後にして彼らの足取りは一切摑めなくなるが、一方で彼らを統《す》べる橘氏には、徳川政権の時代に至るまで、居屋敷の諸役地子免除や調合薬の売買を認める文書が引き続き与えられている。

結果的に彼らは、織田・豊臣の時代を通して役銭免除を実現することは叶わなかった形だが、この「楽座」について、秀吉の時代にはどこまで実現できていたのだろうか。本書で取り上げた限りでは、美濃国加納、そして越中国北野村でそれぞれ「楽市楽座」が打ち出されているが、やはり限定的であることに変わりはない。

ところが不思議なことに、この北野村（天正十三年十月）での事例を最後にして、「楽座」という言葉は掟書から突如として姿を消し、以後はすべて「楽市」だけが用いられるようになっていくのである。

ここまでみた秀吉権力下での軽物座の動向と、この「楽座」文言の消失は時期的にも近接しているため、おそらく両者に共通する何らかの出来事が、背後に存在していたと考えるのが妥当だろう。では、一体それは何なのか。その答えは、天正十三年七月に京都で行われた、秀吉の関白《かんぱく》任官に求められるのではないかと筆者はにらんでいる。

その後に、秀吉は「豊臣」へと改姓し、翌年十二月には太政大臣《だじょう》にまで上り詰めていく。武家として史上初めての関白任官をはたした秀吉は、官位による秩序の下で大名編成をすすめ、「豊臣政権」を樹立させることになるのである。

この出来事を境にして、以後、秀吉の下で出された都市・流通支配に関わる掟書や、その施行を伝える記録の数々には、特徴的な文言が相次いで見受けられるようになる。代表例を挙げていくと、

①京都「公家武家地下商人に至って、諸役を止め座を破らる」（天正十三年九月）
②摂津「無座無公事の事」（天正十三年九月）
③奈良「諸公事悉く座破れと触れたる」（天正十五年正月）
④博多「諸問諸座一切これあるべからざる事」（天正十五年六月）

豊臣秀吉像（高台寺蔵）

⑤京都「諸職人の事、諸座御棄破の上は」（天正十六年八月）
⑥奈良「諸職の諸座、御棄破たるの上は」（天正十六年九月）
⑦奈良「商う者は座を破るなり」（天正十九年十二月）
⑧会津「諸座これあるべからざる事」（文禄四年七月）

いずれも「無」「破」「棄破」「不可有」などという表現をもって、同業者組合である座の存在を真っ向から否定する動きが全国各地へ一斉に広まっていった様子が分かる（①『四国御発向并北国御動座記』、②「清水家文書」、③⑦『多聞院日記』、④「毛利家文書」、⑤⑥「清涼寺文書」、⑧「簗田家文書」）。

従来は、こうした座の解体策こそが「楽座」を意味するものと考えられてきたはずだ。ただ仮に、これらの手法が「楽座」と同じ意味合いであったならば、掟書には従来通り「楽座」と表現すればよいはずである。

その違いの意味を問わず、「楽座」とこれらを同一のものだと解釈するのは、通説に縛られた思い込みだろう。すでにみたように「楽座」の本質はまったく逆のところで、ここに示した座の否定策とは無関係であると断言しておきたい。

では、改めてこの違いをどう理解すべきだろうか。それは、秀吉自身の政治的立場の変化に大きく左右された結果であると考えられる。

というのも、本能寺の変直後の秀吉にとっては、信長が構築した支配体制をいかにして継承し、自身の立場の正当性をどう示すかが大きな課題であった。その過程で信長の重臣を次々に討ち倒し、彼らを支配下へ置くことに成功した秀吉の脳裏には、次なるビジョンが描かれていく。

それはすなわち、前代の支配体制をひたすらに維持するのではなく、そこに独自のカラーを打ち出し、奇をてらった政策を導入することで、「秀吉」という新しい権力の存在を広く社会に浸透させていくことであった。そのトップバッターとなったのが、市場経済の大改革ともいうべき、座を否定する「棄破」「不可有」への方針転換だったと考えられる。

かつては信長体制の継承に気を取られ、彼と同じように座商人からの役銭納入を重視する体制を貫いていた秀吉であったが、今や一大政権を築き、新しい国家権力としての支配体制を確立していく段階にまで達しつつあった。

立身出世した秀吉からすれば、旧体制の保護や温存という、小さな世界に長く留まっていた信長の手法は、いつまでも見習い追従するものではなかったに違いない。

市の繁栄につながる点で、「楽市」という表現を家臣たちが用いることには目をつむったが、秀吉自身が出す掟書の中でそれが使用されることはなくなっていく。

一方、座の存在を容認し、彼らの専売活動を助長させるだけの「楽座」に関しては、早急の見直しが必要と判断したに違いない。そこで、これまで信長が多用してきた「楽座」に見切りをつけ、座商人支配というあり方について、真逆の方向へと進む決断を下すことになったのではないだろうか。

そこで生まれたのが、領主交代と政権樹立を体現する「徳政」のような位置づけとして打ち出した各地の座組織を一斉に否定し、商人支配体制を再構築する動きだったと考えられる。中世社会の市場経済を長らく席巻してきた、座組織の否定へ舵を切る一つのきっかけを作った点でいえば、結果的に「楽座」は近世社会につながる政策だったといえる。

消えゆく「楽市楽座」

なぜ「楽市楽座」は長続きすることなく、わずか半世紀余りでその姿を消すことになったのか。読者の多くが疑問に感じていることの一つだろう。

「楽市楽座」という言葉のさす真意がどうであれ、文書そのものは江戸時代に入っても、町や村の成り立ち、あるいは特権獲得までの経緯を示す重要な証拠であったことは間違いない。「楽市楽座」に関わる史料の多くが、文書保管機能をもつ寺社に伝来し、あるいは町・村の共有文書に含まれている現況は、そうした地域社会の歴史に対する関心の高さを如実に反映したものといえる。

そのため、江戸時代に盛んとなった訴願《そがん》運動や歴史叙述という場面で、町や村では由緒の根拠としてこれらが持ち出され、参照される機会も増えていくようになる。ところが、近世社会では、特権文書の保有という事実、とりわけ諸役免除という文言の有無（結果）に価値を見出す動きが一般的であったため、「楽市楽座」は、諸役免除の事実（獲得過程）を印象づけるだけの存在へとその役割を変えてしまうことになるのである。

とはいえ、本書で見てきたように、「楽市楽座」には、そのあり方を示す具体策の一つとして、諸役免除という特権を帯びているものが多かったこともまた事実である。中には、「楽市楽座」の成立を前提にして、諸役免除を新たに認めたケースもあり、地域によっては、両者をセットで捉えなければ、諸役免除という特権を獲得できた経緯が不明瞭になってしまうおそれもあったはずだ。
だが、仮に「楽市楽座」という特徴的な言葉を欠いたところで、法令そのものは、他の市町に当時ありふれていた禁制や掟書と何ら変わりないから、文書としての機能でも大きな支障は生じなかった。むしろ安土や八幡のような十数ヶ条に及ぶボリュームの法令が一般化するどころか、時代が下るにつれてその中身はさらに絞り込まれ、嶋田や黒野のように、特権内容だけをみれば、他の市町と同等かそれ以下となる場合も増えていく。

こうした弱点を突かれる形で、江戸時代になると、「楽市楽座」の有無が問われることはほとんどなくなり、各地に伝来したほかの数ある特権文書と変わらない位置づけにまで、その相対的地位を低下させていく。

諸役免除と結びついて頻出する「楽市楽座」とは一体どういう意味なのか。なぜこのような言葉を含む文書が出されたのか。学術研究の切り口からみれば、今でこそ当たり前のように抱く疑問だが、近世という時代を生きた人々は、この問題をさほど重く捉えてはいなかったようである。

一方で「楽市楽座」が当時、どれほどの地域で歓迎され、好意的に受け止められていたかは定かではないが、少なくとも本書でみたように、それが通用される場所（範囲）や時期は、私たちが想像していた以上にはるかに狭く、あまりにも短かった。

そうした中でいま、「楽市楽座」が行われた地域の動向をふりかえってみると、近世に入り、在郷町や宿場町・門前町などとして繁栄したり、あるいは従来以上の賑わいを生んだものも決して少なくはない。とはいえ、実際にはそのほとんどが、「楽市楽座」を出した権力との接点を失ってもなお、遠隔地を結ぶ水陸の交通網を上手に引き込むなど、自立的かつ安定した経営基盤となりうる条件を備えており、これが直接的な要因として働いたからにすぎない。

これとは反対に、その規模や範囲は異なれども、「楽市楽座」によって、一定の経済発展（秩序維持）や地位向上を実現していながら、その後のわずかな期間で経済力や地位が一気に衰え、唯一無二として認められたはずの特権や集約機能すら、他の市町に奪い去られてしまう場合もあった。中には複数回にわたって「楽市楽座」が実現していながら、のちに農村化したり、市が衰退したりするなどの憂き目を見たケースすらある。

それらは「楽市楽座」に関わった権力の突然の失墜や転封、あるいは領主交代にともない、新たな政治・経済の柱となる都市や湊、市町が立ち、それを結ぶ交通網の再編が加速化したことに、大きな原因があったからだろう。

このように、たとえ「楽市楽座」が実現したところで、中長期的な発展は保障されておらず、地域にとっては必ずしも利点があったとはいえないのが実情であった。こうした認識が早くに一般化していれば、「楽市楽座」という言葉のもつ重みが失われたのも、由緒の時代である近世を生きる人々が意識を向けることなく、歴史として語り継がれなくなっていくのも、ごく自然な流れだったのではないだろうか。

「楽市楽座」の残照

江戸時代になって、信長という存在や諸役免除といった言葉の重みは、地域の歴史を構成し続けることはあっても、「楽市楽座」はそうした特徴を持ち合わせてはいなかった。

実際に本書で取り上げた由緒書や訴状の数々には、いずれも「文書」としての姿を見せながらも、その記し手や地域の人々が「楽市楽座」に関して、何らかの言及を加えた形跡はない。それどころか地域によっては、文書の存在すらも記憶から消失させてしまっていた。右に述べた兆候は、予想以上に早くから現われていたということだろう。

つまるところ、近世における地域社会のあり方とは、「楽市楽座」になったという事実と直接結びついたものでも、その有無に左右されるものでもなかったということである。

ましてや統一政権の成立との関わりはもちろん、幕府法や守護法を継承し、自立的な国家支配の根幹をなした分国法とも異なる。戦国大名が幅広く普及させ、制度として定着したとみることもできない。

通説ではしばしば、信長や秀吉が、全国各地に広がりつつある「自由」商売の気運をいち早く察知し、「楽市楽座」という形を通して積極的に広めたことが、近世社会へ突き進む道筋を開く最大のきっかけであったと語られる。ただそれでは、信長や秀吉とも深い関わりをもたず、挙げ句「楽市楽座」がまったく実現しなかった地域に関しては、中世から近世という時代の転換を説明できなくなってしまう。

既存の流通構造を再編し、新しい社会体制を切り開く原動力だったとすれば、「楽市楽座」のもつ存在感や後世に残したインパクトは計り知れないものとなったであろう。しかし実際には、時の権力が独自の判断や価値観で生み出した一時的な特区でしかないため、近世という新しい時代へ矛盾なくつながっていく未来志向型の政策でもなければ、幅広い地域の成り立ちを左右するほどの影響力をもっていたわけでもなかった。

最初期にあたる石寺新市の事例が暗に示しているように、「楽市楽座」とはおそらく、市で商売に従事する商人たちの自立的活動の中で、その原型が形作られたものであった可能性が高い。しかし戦国大名はそれを追認するという立場だけでなく、やがてこれを取り込み、あるいは独自に作り出すことにも意識を注ぐようになる。

本書で明らかにしてきたように、当時、各地で行われた「楽市楽座」は、個々の地域や領主が抱えていた政治・経済に関わる問題を前提としつつ、そこに戦国大名の都合や目的意識が重なり合うことで初めて生み出されることが多かった。

しかも、「楽市楽座」という文言がいつ、どこの市町に適用されるかは、その使用主体である権力に最終決定権があったわけで、その限りではかなり恣意的な側面もあったといえる。

なるほど、確かに文書を作成する戦国大名の意思や都合を優先する形で、「楽市楽座」の有無が独自に決定されていくようになるとすれば、本来、あらゆる負担や束縛のない「自由」を求めようとした商人たちの間で生み出された世界は、いつの間にか彼ら権力にとっての、まさに「自由」（勝手気まま）な世界へと姿を変えてしまっていたということになるのだろう。

おわりに

「楽市楽座」という魔法のような言葉がもつ化けの皮を剥がしてみたい。本書の出発点は、そのちょっとした動機がきっかけにある。

本来なら、確固たる通説（研究史）があり、広く現代社会にも浸透している「常識」（学術用語）を疑い、真正面から批判しようとする姿勢は、恐れ知らずの無知と言われても仕方ない。非常に都合のよい言葉であるがゆえ、筆者もかつてはその「魔法」にかかり、「楽市楽座」はむしろ、織田信長という戦国時代を生きた英雄の姿を描き出すための材料という程度の狭い認識しかなかった。

「税のかからない自由な市」と一言で片づけてしまえばそれまでである。だが、いざ掘り下げてみると、実例数という決定的な違いを除いたときに、信長と他の戦国大名とで、「楽市楽座」は何が違うのか。「楽市楽座」を享受した地域社会が、その意味をどう受け止めていたのか等々、十分な説明がなされていないことに気づく。中世から近世へと時代が移り変わる段階にのみ姿を見せるセンセーショナルな事象だからこそ、その意義を突き詰めて位置づける必要があるのではないか。

しかも、人気者である信長に比べて、ほかの「楽市楽座」はどれもオマケのような扱いで、存在すらまともに知られていない史料も少なくないのが現実である。そのため、これらにも確かな光を当てて、「楽市楽座」という議論の俎上に載せたいという思いも強くあった。紙幅の都合で詳しく触れられなかった部分もあるが、本書はそうした疑問や課題と向き合いつつ、最新の研究成果を取り入れた「楽市楽座」像を描き出したつもりである。

地域や時代を行ったり来たりする構成で、読み辛さもあったかもしれない。だが、読者の多くは本書を通して、これまで知っていた「楽市楽座」とは大きくかけ離れ、まったくの別物のような姿を目の当たりにしたことと思う。

言葉としては表向き単純でも、その実態は辞書的な意味ではあまりに説明し難い。肝心の経済効果たるや、とても全国展開していくような伸びしろはなく、はたしてこれが、当時の社会全体にとって有益で、かつ魅力ある政策だったのかは疑問というほかない。皆さんはどのような感想を持っただろうか。

もちろん本書によって、信長という人物像はもちろん、中近世移行期の捉え方までもが、たちまち変わるわけでは決してない。本書はあくまで、そうした研究の見直しにつながるきっかけを提示するものにすぎない。

本書は前著『楽市楽座令の研究』（思文閣出版、二〇一七年）をベースとして、一般向けに新たに書き下ろしたものである。ちょうどその刊行を目前に控え、校正作業に追われていたある日に、平凡社編集部の坂田修治氏からお手紙をいただいたのがきっかけであった。

本シリーズの刊行が開始されてまもない頃で、とても興味深い企画が始まったと、一読者として期待に胸を膨らませていた折でのお話だった。聞けば、とある戦国史研究者の方から推薦していただき、「楽市楽座」という通説に対して、ズバズバと異様な批判を展開している筆者の研究成果が、坂田氏の興味を惹いたということらしい。

これまで取り組んだ研究に加え、未解決の課題も含めて、あらためて別にまとめる機会があれば、という漠然とした考えは頭の片隅にあったが、それはまだ遠い先の話と思っていた。すでに刊行予定にラインナップされていた執筆陣の中に、無名の筆者を加えていただくだけでも恐れ多かったが、坂田氏とお会いして、このシリーズ刊行に賭ける意気込みに接し、信長という古い縛りを捨てて、「楽市楽座」を試金石に、新しい歴史の見え方を読者に示したいという熱い言葉にも後押しされ、執筆をお引き受けすることとした。

とはいえ、前著で触れられなかった事例や、言及し尽くせなかった点も含めて書き下ろし、再構成する作業は思いのほか難儀した。当初の刊行予定時期から大幅に遅れる結果となり、ご迷惑をおかけしてしまった。

元来、堅苦しい文章になりがちで、「本当にここまで言ってしまって良いのだろうか」という疑問にも、坂田氏からは折々で的確かつ頼もしいアドバイスをいただけたことで、楽しく筆を進めることができた。改めて厚く御礼を申し上げたい。

本書が、「楽市楽座」という事象のもつ意味を改めて考え直す機会を提供し、中近世移行期研究の進展に少しでも寄与するところがあれば、筆者としては望外の喜びである。

二〇一八年一二月一五日

長澤伸樹

史料編

本文において、二字下げで現代語訳を引用した史料の該当部分を、原文あるいは読み下しにして掲げる。活字刊行物による出典は〈凡例〉にある略称で示したが、刊本とは一部読みをあらためた箇所がある。また常用漢字を基本とし、カタカナはひらがなに改めた。

【史料1】『中右記』寛治六年六月七日条

（原文）

堀川院殿上小庭幷南池東頭虹見事（中略）召陰陽頭成平、（中略）抑々世間之習、虹見之処立市云々、若是本文歟如何、件由内々被尋諸道、（中略）長元年中宇治御時、此処有虹見事、被立市也、

（読み下し）

堀川院殿上小庭ならびに南池東頭に虹見ゆる事（中略）陰陽頭成平を召し、（中略）そもそも世間の習い、虹見ゆる処に市立つと云々、もしこれ本文か如何、くだんの由、内々に諸道を尋ねらる、（中略）長元年中宇治御時、この処に虹見ゆる事あり、市立てらるなり、

【史料2】『中右記』寛治六年六月二十二日条

（原文）
今日又賀陽院殿有虹見気、同廿五日重被立市、
（読み下し）
今日また賀陽院殿にて虹見ゆる気あり、同二十五日重ねて市立てらる、

【史料3】『百錬抄』寛治三年五月三十日条
（原文）
上皇六條中院前池虹立、可立市之由雖有議、公所依無先例被止之、
（読み下し）
上皇六條中院前池に虹立つ、市を立つべきの由儀あるといえども、公所先例なきによりこれを止めらる、

【史料4】『百錬抄』寛治三年六月二十五日条
（原文）
高陽院立市、依虹蜺立也、先令諸道勘申、
（読み下し）
高陽院に市立つ、虹蜺立つによるなり、先づ諸道勘申せしむ、

【史料5】『愚管記』応安五年八月四日条

（原文）

辰刻、自金堂艮角虹吹上坤方、満寺驚之、自廿五日三个日間立市之由、

（読み下し）

辰の刻、金堂艮《うしとら》の角より虹、坤《ひつじさる》方へ吹き上ぐ、満寺これを驚かす、二十五日より三日の間市を立つの由、

【史料6】天文十八年十二月十一日付け枝村惣中宛て六角氏奉行人連署奉書案（「今堀日吉神社文書」『戦六』六七六）

（原文）

紙商買事、石寺新市儀者、為楽市条不可及是非、濃州幷当国中儀、座人外於令商売者、見相仁荷物押置、可致注進、一段可被仰付候由也、仍執達如件、

天文十八年十二月十一日

忠行（能登）在判

高雄（池田）在判

枝村

惣中

（読み下し）
紙商売の事、石寺新市の儀は、楽市たるの条是非に及ぶべからず、濃州ならびに当国中の儀、座人のほか商売せしむるにおいては、見合いに荷物押し置き、注進致すべし、一段仰せ付けらるべく候由なり、よって執達くだんの如し、

天文十八年十二月十一日

忠行在判

高雄在判

枝村

惣中

【史料7】年月日未詳六角氏奉行人奉書土代（「今堀日吉神社文書」『八史』五―三一二）

（原文）

書跡

於石寺、保内町就◯被仰付、保内之諸商人者、於保内町□可致売買、万一此旨相違輩在之者、衆中而可処罪科者也、仍而執達如件、

年号日付

（読み下し）

書跡

石寺において、保内町仰せ付けらるるに就いて、保内の諸商人は、保内町において売買致すべし、万一此の旨相違の輩これあらば、衆中として罪科に処すべきものなり、よって執達くだんの如し、

年号日付

【史料8】永禄十三年十二月付け小山新市宛て徳川家康朱印状（「松平乗承家蔵古文書」一〇『岡史』六）

（原文）

（朱印）（印文「福徳」）　小山新市之事

一、為楽市申付之条、一切不可有諸役事、

一、公方人令押買者、其仁相改可注進事、

一、於彼市国質郷質之儀、不可有之事、

右条々、如件、

永禄拾三季

十二月　日

（読み下し）

（朱印）（印文「福徳」）　小山新市の事

一、楽市として申し付けるの条、一切諸役あるべからざる事、

一、公方人押し買いせしめば、その仁を相改め注進すべき事、

一、彼の市において国質郷質の儀、これあるべからざる事、

右条々、くだんの如し、

永禄十三年

十二月　日

【史料9】永禄九年正月九日付け本多左近左衛門宛て徳川家康判物写「譜牒余録巻三三」『愛資』十一―四六九）

（原文）

根石原新市之事、三ヶ年之内諸役令免除、但於三ヶ年過者、自余之如市可致諸役、彼市場住宅之輩者、縦借銭借物等雖有之、三ヶ年之間者不可沙汰之、彼市場之事、毎事左近左衛門ニ申付之上者、永不可有相違者也、仍而如件、

永禄九丙寅年　　権現様

正月九日　　御諱御書判

本多左近左衛門殿

（読み下し）

根石原新市の事、三ヶ年のうち諸役免除せしむ、但し三ヶ年過ぎれば、自余の市の如く諸役致すべし、彼の市場に住宅の輩は、たとい借銭借物等これあるといえども、三ヶ年の間は沙汰すべからず、彼の市場の事、毎事左近左衛門に申し付けるの上は、永く相違あるべからざるものなり、よってくだんの

如し、

永禄九丙寅年　　権現様

正月九日　　御諱御書判

本多左近左衛門殿

【史料10】元亀三年二月二十三日付け孕石元泰宛て武田家朱印状（「孕石文書」『静資』八―三九五）

（原文）

定

如旧規、於于鬼岩寺門前可立市、諸御法度等、重而自奉行衆以連判可被相定之旨、厳重之　御下知候
者也、仍如件、

元亀三年壬申

二月廿三日（竜朱印）　山県三郎（昌景）兵衛尉奉之

孕石主水佑殿

（読み下し）

定

旧規の如く、鬼岩寺門前において市を立つべし、諸御法度等、重ねて奉行衆より連判をもって相定め
らるべきの旨、厳重の御下知に候ものなり、よってくだんの如し、

元亀三年壬申　山県三郎兵衛尉これを奉る

二月廿三日　（竜朱印）孕石主水佑殿

五六）

【史料11】年未詳九月晦日付け松木宗清等宛て穴山信君判物写（部分）（「判物証文写今川二」『静資』八―八

（原文）

定於半手商売之事

一、出合之様子、償銭如取替、於水川之郷、互河端ヘ出合可商売事、

一、自敵方鐵砲并鉄無相違出之候者、弐百疋三百疋之夫馬可遣之事、

一、書付之外之商人、商売可停止之、若違犯之族、見合荷物等可奪捕事、

右、守此旨、自今以後可商売之者也、仍如件、（以下略）

（読み下し）

定むる半手において商売の事

一、出合いの様子、償銭を取り替わす如く、水川の郷において、互いに川端へ出合い商売すべきこと、

一、敵方より鉄砲ならびに鉄相違なくこれを出し候はば、二百三百疋の夫馬遣わすべきこと、

一、書付のほかの商人、商売これを停止すべし、もし違反の族は、見合いに荷物等奪い捕るべきこと、

右、此の旨を守り、自今以後商売すべきものなり、よってくだんの如し、（以下略）

【史料12】天正六年九月二十九日付け世田谷新宿宛て北条氏政掟書（「大場代官屋敷保存会所蔵文書」『戦北』三―二〇二四）

（原文）

掟

一、市之日一ヶ月

一日　六日　十一日

十六日　廿一日　廿六日

一、押買狼藉堅令停止事、

一、国質郷質不可取之事、

一、喧嘩口論令停止事、

一、諸役一切不可有之事、

已上、

右、為楽市定置所、如件、

天正六年戊寅九月廿九日（虎朱印）　山角上野介（康定）奉之

世田谷

新宿

（読み下し）

掟

一、市の日一ヶ月

一日　六日　十一日

十六日　廿一日　廿六日

一、押買狼藉堅く停止せしむ事、

一、国質郷質これを取るべからざる事、

一、喧嘩口論停止せしむ事、

一、諸役一切あるべからざる事、

已上、

右、楽市として定め置くところ、くだんの如し、

天正六年戊寅九月廿九日（虎朱印）　山角上野介これを承る

世田谷

新宿

【史料13】天正十一年十一月十日付け高萩新宿宛て北条家掟書写（「新編武蔵風土記稿高麗郡八」『戦北』三―二五八八）

（原文）

定市之法度　　　高萩新宿
二日　　七日　　十二日
十七日　　廿二日　　廿七日
一、押買狼藉・喧嘩口論、堅令停止事、
一、国質郷質不可取事、
付、市之日借銭借米、不可催促事、
一、為新宿間、一切可為不入、但、於他郷前々役致来者、其所を明、当宿へ来而有之者、不可置、若
置候者、可勤其役事、
已上、
右、定所如件、
天正十一年癸未（虎朱印）十一月十日
山角上野介（康定）（殿）

（読み下し）
定め市法度　　高萩新宿
二日　　七日　　十二日
十七日　　廿二日　　廿七日
一、押買狼藉・喧嘩口論、堅く停止せしむ事、

一、国質郷質取るべからざる事、

付けたり、市の日借銭借米、催促すべからざる事、

一、新宿たる間、一切不入たるべし、但し、他郷において前々の役致し来る者、其所を明け、当宿へ来りてこれあらば、置くべからず、もし置き候ばば、その役を勤むべき事、

已上、

右、定むる所くだんの如し、

天正十一年癸未十一月十日（虎朱印）

山角上野介殿

【史料14】天正十六年七月二十四日付け柴村百姓中宛て吉良家制札（「芝大神宮文書」『戦北』四―三三五一）

（原文）

制札

右柴村新宿為不入立之候間、若横合非分有之ニ付而者、可遂披露由、被仰出者也、仍而如件、

戊子七月廿四日（印文「諸願成就皆令満足候」）

奉之

江戸近江守

柴村百姓中

（読み下し）

制札

右柴村新宿不入としてこれを立て候間、もし横合非分これあるについては、披露を遂ぐべき由、仰せ出さるものなり、よってくだんの如し、

戊子
七月廿四日（印文「諸願成就皆令満足候」）　江戸近江守これを承る

柴村
百姓中

【史料15】天正十三年十月九日付け直海郷北野村宛て前田利長掟書写（「洲崎文書」『富史』四―一）

（原文）

定　直海郷
北野村

一、如前々市可立之、若非分申懸輩至在之者、可注進、忽可加成敗事、
一、らく市楽座たるへき事、
一、国質所しち停止事、
右條々於違犯族者、可処罪科者也、仍如件、
天正拾三年十月九日　利勝御判

（読み下し）

直海郷
定　北野村

一、前々の如く市を立つべし、もし非分申し懸くる輩これあるに至らば、注進すべし、たちまち成敗を加えるべき事、
一、楽市楽座たるべき事、
一、国質所質停止の事、
右條々違反の族においては、頓に罪科に処すべきものなり、よってくだんの如し、
天正十三年十月九日　利勝御判

【史料16】天正十四年八月十三日付け篠川村宛て前田利長掟書（「中越史料カード」『富史』四―一一）

（原文）

定　篠河村

一、当町市日毎月二日　四日　七日　十二日　十四日　十七日　廿二日　廿四日　廿七日　可相立事、
一、押買押売停止事、
一、国質所質不可取之、幷対町人非分至申懸族者、搦捕可注進事、
右条々於違犯之輩者、忽可処厳科者也、仍如件、
天正十四　八月十三日　利勝（花押）

（読み下し）

定　　篠河村

一、当町市日毎月二日　四日　七日　十二日　十四日　十七日　廿二日　廿四日　廿七日　相立つべき事、

一、押買押売停止の事、

一、国質所質これを取るべからず、ならびに町人に対し非分申し懸くるに至る族は、搦め捕り注進すべき事、

右条々違反の輩は、たちまち厳科に処すべきものなり、よってくだんの如し、

天正十四年　八月十三日　　利勝（花押）

【史料17】天正十三年閏八月付け勝興寺宛て前田利長禁制（「勝興寺文書」『富史』三―一三八）

（原文）

禁　制　　古国府勝興寺

一、寺内陣取免許事、

一、当寺内へ奉公人不可出入事、

一、古国府分不可伐採竹木事、

一、寺内へ立入、非分之儀申懸族於在之者、留置可有注進事、

一、当町市日如先々可相立事、

右条々堅令停止畢、若違犯之輩於有之者、忽可処厳科者也、仍如件、

天正拾参　閏八月　日　利勝（花押）

（読み下し）

禁制　　古国府勝興寺

一、寺内陣取免許の事、

一、当寺内へ奉公人出入りすべからざる事、

一、古国府分竹木伐採すべからざる事、

一、寺内へ立ち入り、非分の儀申し懸くる族これあらば、留め置き注進あるべき事、

一、当町市日先々の如く相立つべき事、

右条々堅く停止せしめおわんぬ、もし違反の輩これあらば、たちまち厳科に処すべきものなり、よってくだんの如し、

天正十三年閏八月　　利勝（花押）

【史料18】天正十五年四月三日付け白子郷代官百姓中宛て北条氏規カ掟書写（「新編武蔵風土記稿新座郡六」『戦北』四―三〇七七）

（原文）

改被仰出條々、

一、当郷田畑指置、他郷寸歩之処不可出作事、

一、不作之田畠甲乙之所見届、五年荒野、七年荒野に、代官一札を以可相聞（開カ）事、

一、当郷儀者、自先代不入之儀、至里（于）当代猶不入御證文、従御公儀可申請間、新宿見立、毎度六度楽市可取立事、

一、白子郷百姓何方令居住共、任御国法、代官百姓ニ申理、急度可召返事、

一、御大途御證文幷此方證文無之、誰人用所申付共、不（可脱カ）走廻事、

右條々、違犯之輩有之付而者、注交名可遂披露者也、仍如件、

天正十五丁亥年

四月三日

白子郷代官
百姓中

（読み下し）

改め仰せ出さる條々、

一、当郷田畑を差し置き、他郷寸歩の所へ出作すべからざる事、

一、不作の田畠甲乙の所を見届け、五年荒野、七年荒野に、代官一札をもって相開くべき事、

一、当郷の儀は、先代より不入の儀、当代に至りなお不入の御証文、御公儀より申し請くべき間、新宿を見立て、毎度六度の楽市を取り立つべき事、

一、白子郷百姓、何方に居住せしむとも、御国法に任せて、代官百姓に理を申し、急度召し返すべき事、

一、御大途の御証文ならびに此方の証文これなく、誰人用所申し付けるとも、走り廻るべからざる事、

右條々、違反の輩これあるについては、交名を記し披露を遂ぐべきものなり、よってくだんの如し、

天正十五丁亥年

四月三日

白子郷代官
百姓中

【史料19】永禄九年四月三日付け富士兵部少輔宛て今川氏真朱印状（「大宮司富士家文書」『戦今』三一二〇八一）

（原文）

富士大宮（印文「如律令」）毎月六度市之事、押買狼藉非分等有之旨申条、自今已後之儀者、一円停止諸役、為楽市可申付之、并神田橋関之事、為新役之間、是又可令停止其役、若於違背之輩者、急度注進之上可加下知者也、仍如件、

永禄九年丙寅

四月三日

富士兵部少輔殿

（読み下し）

富士大宮（印文「如律令」）毎月六度市の事、押買狼藉非分等これある旨申す条、自今已後の儀は、一円諸役を停止し、楽市としてこれを申し付けるべし、ならびに神田橋関の事、新役たる間、これまたその役停止せしむ

べし、もし違背の輩においては、急度注進の上、下知を加えるべきものなり、よってくだんの如し、
永禄九年丙寅
四月三日
富士兵部少輔殿

【史料20】天文二十三年九月十日付け矢部孫三郎宛て今川義元判物（部分）（「矢部文書」『戦今』一一一七八）

（原文）
一、駿河国吉原道者商人問屋之事、今度矢部将監遺跡仁相定之上者、兄弟親類其外自余之輩、雖望之不可許容、如前々不可有相違事、
一、吉原渡船之事、縦湊江雖下之、如年来可相計、是又自余之族雖令競望、不可及沙汰事、
一、立物之事、西者蒲原東者阿野境迄、諸役等如前々令免許、（以下略）

（読み下し）
一、駿河国吉原道者商人問屋の事、今度矢部将監遺跡に相定むるの上は、兄弟親類そのほか自余の輩、これを望むといえども許容すべからず、前々の如く相違あるべからざる事、
一、吉原渡し船の事、たとい湊へ下るといえども、年来の如く相計らうべし、これまた自余の族競望せしむといえども、沙汰に及ぶべからざる事、
一、立物の事、西は蒲原、東は阿野境まで、諸役等前々の如く免許せしむ、（以下略）

【史料21】天正十三年二月二十七日付け松田康長宛て北条氏直制札（「難波文書」『戦北』四―二七八四）

（原文）

定市法度　　荻野□□（新宿）

四日　九日　十四日

十九日　廿四日　廿九日

已上、

一、押買狼藉之事、

一、借銭借米之事、

一、喧嘩口論之事、

已上、

右、為楽市間、於当日横合□□（非分）不可有之、并郡代觸口之綺一□□（切不）可有之、若於違犯之輩者、則□□（可遂）披露者也、仍如件、

天正十三年乙酉　二月廿七日（虎朱印）　宗□□□（甫奉之）

松田兵衛大夫

（読み下し）

定め市法度　　荻野□□（新宿）

四日　九日　十四日

十九日　廿四日　廿九日

已上、

一、押買狼藉の事、

一、借銭借米の事、

一、喧嘩口論の事、

已上、

右、楽市たる間、当日において横合非分これあるべからず、ならびに郡代触口の綺、一切これあるべからず、もし違反の輩においては、すなわち披露を遂ぐべきものなり、よってくだんの如し、

天正十三年乙酉　二月廿七日（虎朱印）

松田兵衛大夫

宗甫これを承る

【史料22】天正十七年九月十三日付け荻野新宿ヵ宛て北条家掟書（「木村文書」『戦北』四―三四九五。欠字は同掟書写し「難波文書」『戦北』四―三四九六で補った）

（原文）

掟

□□《（一於）》当宿馬町□□□《（之儀者）》、□□《（毎月）》十九日より廿五日迄一□□□《（七日之間）》、如前々無相違可立之、為□□《（楽市）》間、自何方来者ニ候共、横合非分一切不可有之、就中□□《（押買）》狼藉喧嘩口論、堅令停□□《（止候）》、若至于違犯之族者、即可

遂□（披）露、可処厳科旨、被□□□（仰付者）也、仍如件、

天正十七年己丑九月十三日（虎朱印）

奉行

大道寺（政繁）代

山上強（久忠）右衛門尉

（読み下し）

掟

一、当宿馬町の儀においては、毎月十九日より廿五日まで一七日の間、前々の如く相違なく立つべし、楽市たる間、何方より来たる者に候とも、横合非分一切これあるべからず、なかんずく押買狼藉喧嘩口論、堅く停止せしめ候、もし違反に至る族は、即ち披露を遂げ、厳科に処すべき旨、仰せ付けられるものなり、よってくだんの如し、

天正十七年己丑九月十三日（虎朱印）

奉行

大道寺代

山上強右衛門尉

【史料23】慶長五年十月二十一日付け嶋田町中宛て間宮直元掟書写（「大橋文書」『岐史』補遺）

（原文）

掟

一、諸役免許之事、
一、楽市之事、
一、国質郷質之事、
一、押買押売之事、
一、喧嘩口論之事、
右條々、於違犯之輩者、其沙汰可申付者也、仍如件、

慶長五年
十月廿一日　　間宮彦次郎印
嶋田町中

（読み下し）

掟

一、諸役免許の事、
一、楽市の事、
一、国質郷質の事、
一、押買押売の事、
一、喧嘩口論の事、
右條々、違反の輩においては、その沙汰申し付くべくものなり、よってくだんの如し、

慶長五年
十月廿一日　　間宮彦次郎印
嶋田町中

【史料24】慶長五年九月二十一日付け嶋田村等宛て徳川家康禁制写（「藤田カツ氏所蔵文書」『岐史』一）

（原文）

歌　村
金谷村
嶋田村
直井村
大塚村

禁制

一、軍勢甲乙人等濫妨狼藉之事、
一、放火之事、
一、妻子牛馬取之事、
右條々、堅令停止訖、若有違犯之輩者、速可処厳科者也、仍下知如件、
慶長五年九月廿一日
御朱印
間宮彦次郎奉之

（読み下し）

歌　村
金谷村
嶋田村
直井村
大塚村

禁制

一、軍勢甲乙人等、乱暴狼藉の事、
一、放火の事、
一、妻子牛馬取りの事、
右條々、堅く停止せしめおわんぬ、もし違反の輩あらば、速やかに厳科に処すべきものなり、よって
下知くだんの如し、

慶長五年九月廿一日
御朱印　　間宮彦次郎これを奉る

【史料25】慶長十五年正月付け黒野年老中宛て加藤貞泰判物（「崇福寺文書」『岐史』一）

（原文）

当町中地子幷諸役、五ケ年之間免之訖、猶為楽市之上者、是又無其煩可申付者也、仍如件、
慶長拾五年
正月　日　　左衛門尉（花押）

黒野

年老中

（読み下し）

当町中地子ならびに諸役、五ケ年の間これを免じおわんぬ、なお楽市たるの上は、これまたその煩いなく申し付くべきものなり、よってくだんの如し、

慶長十五年

正月　日　　左衛門尉（花押）

黒野

年老中

【史料26】（元亀三年）七月十八日付け美濃屋小宮山兵介宛て佐久間信盛書状写（滋賀県立図書館「守山甲共有文書②」）

（原文）

金森市場之事、守山年寄衆令相談、急度相立様可有馳走、可為楽市楽座□□□□□（文字消滅セリ）

恐々謹言、

七月十八日　　佐久間伊織（信盛）

（守山　美濃屋小宮山兵介殿）

（読み下し）

金森市場の事、守山年寄衆相談せしめ、急度相立つ様馳走あるべし、楽市楽座たるべし□□□□□、恐々謹言、

七月十八日　　佐久間伊織

（守山　美濃屋小宮山兵介殿）

【史料27】元亀三年九月付け金森宛て織田信長掟書（「善立寺文書」『信文』上—三四一）

（原文）

定　条々　　金森

一、楽市楽座たる上ハ、諸役令免許畢、并国質郷質不可押□、付、理不尽之催促使停止之事、

一、往還之荷物当町江可着之事、

一、年貢之古未進并旧借米銭已下、不可納所之事、

右、於違背之輩者、可処罪科之状如件、

元亀三年九月　日　（朱印）

（読み下し）

定　条々　　金森

一、楽市楽座たる上は、諸役免許せしめおわんぬ、ならびに国質郷質押買すべからず、付けたり、理不尽の催促使停止の事、

一、往還の荷物当町へ着くべき事、

一、年貢の古未進ならびに旧借米銭以下納所すべからざる事、
右、違背の輩においては、罪科に処すべきの状くだんの如し、
元亀三年九月　日　（朱印）

【史料28】天正二年五月付け金森町宛て佐久間信栄掟書写（「守山甲共有文書二」『大日本史料　第十編之二十』）

（原文）

定　　金森町

一、為楽市楽雇（座）上、（者脱カ）於何方茂同前之事、
一、諸役免許之事、
一、当町出入之者、郷質所質停止之事、
一、上下荷物并京上売買之米荷物、如先々於当町差下有へキ事、
一、喧嘩口論在之者、不及理非双方可為成敗事、但奉公人與於町衆者、奉公人可令成敗事、
右條々、堅令停止訖、若違犯之輩在之者、忽可処厳科者也、仍下執（知）如件、
天正二年五月　日　　甚九郎

（読み下し）

定　　金森町

一、楽市楽座たる上は、何方においても同前の事、

一、諸役免許の事、
一、当町出入の者、郷質所質停止の事、
一、上下荷物ならびに京上売買の米荷物、先々の如く当町において差し下しさるべき事、
一、喧嘩口論これあらば、理非に及ばず双方成敗たるべき事、但し奉公人と町衆においては、奉公人成敗せしむべきこと事、
右條々、堅く停止せしめおわんぬ、もし違反の輩これあらば、たちまち厳科に処すべきものなり、よって下知くだんの如し、
天正二年五月　日　　甚九郎

【史料29】天正七年六月二十八日付け淡河市場宛て羽柴秀吉制札（「歳田神社文書」『秀文』一―一九九）

（原文）

掟条々　　淡川市庭

一、当市毎月　五日　十日　十五日　廿日　廿五日　晦日之事、
一、らくいちたる上ハ、しやうはい座やくあるへからさる事、
一、くにしち・ところしち［　　　　　］□《之》事
一、けんくハ・こうろん、りひせんさく□《に》を□□《よハ》す、双方せいはいすへき事、
一、はたこ銭ハ、たひ人あつらへ次第たるへき事、
右条々、あひそむくともからこれあらは、地下人としてからめをき、ちうしんあるへし、きうめいを

とけ、さいくハにおこなふへき者也、仍掟如件、

天正七年六月廿八日　　　秀吉（花押）

（読み下し）

掟条々　　　　淡川市庭

一、当市毎月　五日　十日　十五日　廿日　廿五日　晦日の事、

一、らくいち《楽市》たる上は、しょうばい《商売》座やく《役》あるべからざる事、

一、くにじち《国質》・ところじち《所質》［　　　　　　　］□《の》事、

一、けんか《喧嘩》・こうろん《口論》、りひせんさく《理非穿鑿》におよ《及》ばず、双方せいばい《成敗》すべき事、

一、はたご《旅籠》銭は、たび《旅》人あつら《誂》え次第たるべき事、

右条々、あいそむ《相背》くともがら《輩》これあらば、地下人としてからめお《搦置》き、ちゅうしん《注進》あるべし、きゅうめ《糺明》いをと《遂》げ、ざいか《罪科》におこな《行》うべきものなり、よって掟くだんの如し、

天正七年六月廿八日　　　秀吉（花押）

【史料30】貞享三年十二月付け淡河町由緒書（部分）（「歳田神社文書」、木村修二・村井良介「淡河の羽柴秀吉制札」）

（原文）

（前略）

一、淡河町ハ古へ中村と申在所にて、道筋ニ漸家弐拾軒計有之候、然所　太閤様西国御発向之時、中

村□両度迄御滞留被遊　上意ニ者海辺通路停止之事ニ候間、此道筋往還ニ可然候、□（中）村を宿次之町ニ取立候様ニと有馬法印へ被　仰付、大庄屋藤兵衛先祖喜兵衛を被召出　太閤様江御目見被為仰付、町取立申様ニとの蒙　上意、牢人或ハ町人共相集、屋鋪を申請、町並能宿次ニ罷成、次第ニ栄へ、太閤様御機嫌能、月ニ六日之市日を御定、御制札ニ御直々御判被成下、町之支配諸事喜兵衛ニ被為　仰付、則同心五人被付置、弥町繁昌ニ罷成候、（以下略）

（読み下し）

一、淡河町は古へ、中村と申す在所にて、道筋にようやく家二十軒ばかりこれあり候、然るところ、太閤様西国御発向の時、中村に両度まで御滞留遊ばされ、上意には海辺通路停止の事に候間、この道筋往還にしかるべく候、中村を宿次の町に取り立て候様にと有馬法印へ仰せ付けられ、大庄屋藤兵衛先祖喜兵衛を召し出され、太閤様へお目見え仰せ付けなされ、町取り立て申す様にとの上意を蒙り、牢人あるいは町人共相集い、屋鋪を申し請け、町並みよく宿次に罷りなり、次第に栄え、太閤様ご機嫌よく、月に六日の市日を御定め、御制札に御直々の御判成し下され、町の支配諸事喜兵衛に仰せ付けなされ、則ち同心五人付け置かれ、いよいよ町繁昌に罷り成り候、（以下略）

【史料31】天正八年正月十七日付け三木町ヵ宛て羽柴秀吉制札（「三木市有宝蔵文書」『秀文』一―二一四）

（原文）

条々

一、当町江於打越者ハ、諸役あるへからさる事、

一、借銭借米年貢之未進、天正八年正月十七日ゟ以前之事、令免許事、

一、□ましき事、付商之さかり銭これをのそくへき事、

一、一粒一銭□有之輩におゐてハ直訴すへき事、

一、をしかいあるましき事、

右あいそむくやからにおゐてハ、速ニ可加成敗者也、仍而如件、

天正八年正月十七日　秀吉（花押）

（読み下し）

条々

一、当町へ打ち越す者においては、諸役あるべからざる事、

一、借銭借米年貢の未進、天正八年正月十七日より以前の事、免許せしむ事、

一、□まじき事、付けたり、商いのさがり銭これをのぞくべき事、

一、一粒一銭□これある輩においては直訴すべき事、

一、おしかいあるまじき事、

右あいそむくやからにおいては、速やかに成敗を加えるべきものなり、よってくだんの如し、

天正八年正月十七日　秀吉（花押）

【史料32】永禄十年十月付け楽市場宛て織田信長制札（「円徳寺文書」『岐史』一）

（原文）

定　楽市場

一、当市場越居之者、分国往還不可有煩、幷借銭借米地子諸役令免許訖、雖為譜代相伝之者、不可有違乱之事、

一、不可押買狼藉喧嘩口論事、

一、不可理不尽之使入、執宿非分不可懸申事、

右条々、於違犯之輩者、速可処厳科者也、仍下知如件、

永禄十年十月　日　（花押）

（読み下し）

定　楽市場

一、当市場越居の者、分国往還煩いあるべからず、ならびに借銭借米地子諸役免許せしめおわんぬ、譜代相伝の者たるといえども、違乱あるべからざる事、

一、押買狼藉喧嘩口論すべからざる事、

一、理不尽の使入るべからず、宿を取り非分申し懸くべからざる事、

右条々、違反の輩においては、速やかに厳科に処すべきものなり、よって下知くだんの如し、

永禄十年十月　日　（花押）

【史料33】永禄四年六月付け神戸市場宛て織田信長禁制（「高橋宗太郎氏所蔵文書」『岐史』一）

（原文）

禁制　　平野之内
　　　　神戸市場

一、甲乙人等濫妨狼藉之事、
一、陣取放火之事、
一、伐採竹木之事、
右条々於違犯之輩者、速可処厳科者也、仍下知如件、
　永禄四年六月　日　（花押）

（読み下し）

禁制　　平野の内
　　　　神戸市場

一、甲乙人等、乱暴狼藉の事、
一、陣取放火の事、
一、伐採竹木の事、
右条々違反の輩においては、速やかに厳科に処すべきものなり、よって下知くだんの如し、
　永禄四年六月　日　（花押）

【史料34】永禄十一年二月付け平賀市場ヵ宛て織田信長掟書写（「塚原文書」『岐史』補遺）

（原文）

制札写

定

一、当市場可為如前々、越居之輩不可違乱之事、
一、新儀之諸役令免許事、
一、郷質所質・付沙汰・理不尽使、不可在之事、
右条々於違背之輩者、速可加成敗之状、如件、

永禄十一年二月　日

（読み下し）

制札写

定

一、当市場前々の如くたるべし、越居の輩違乱すべからざる事、
一、新儀の諸役免許せしむ事、
一、郷質所質・付沙汰・理不尽使、これあるべからざる事、
右条々違背の輩においては、速やかに成敗を加えるべきの状、くだんの如し、

永禄十一年二月　日

【史料35】永禄十一年九月付け加納宛て織田信長制札（「円徳寺文書」『岐史』一）

（原文）

定　　　　　　加納

一、当市場越居之輩、分国往還煩有へからす、幷借銭借米さかり銭、敷地年貢門なミ諸役免許せしめ訖、譜代相伝の者たりといふとも、違乱すへからさる事、

一、楽市楽座之上、諸商買すへき事、

一、をしかひ狼藉喧嘩口論使入へからす、幷宿をとり非分申かくへからさる事、

右条々、於違背之族者、可加成敗者也、仍下知如件、

永禄十一年九月　日　（花押）

（読み下し）

定　　　　　　加納

一、当市場越居の輩、分国往還煩い有るべからず、ならびに借銭借米さがり銭、敷地年貢門並諸役免許せしめおわんぬ、譜代相伝の者たりというとも、違乱すべからざる事、

一、楽市楽座の上、諸商売すべき事、

一、押買狼藉喧嘩口論使入るべからず、ならびに宿をとり非分申しかくべからざる事、

右条々、違背の族においては、成敗を加えるべきものなり、よって下知くだんの如し、

永禄十一年九月　日　（花押）

【史料36】天正五年六月付け安土山下町中宛て織田信長掟書（「近江八幡市所蔵文書」『信文』下—七二二）

定　　安土山下町中

一、当所中為楽市被仰付之上者、諸座諸役諸公事等悉免許事、
一、往還之商人、上海道相留之、上下共至当町可寄宿、但、於荷物以下之付下者、荷主次第事、
一、普請免除事、但、御陣御在京等、御留守難去時者、可致合力事、
一、伝馬免許事、
一、火事之儀、於付火者、其亭主不可懸科、至自火者、遂糺明、其身可追放、但依事之躰、可有軽重事、
一、咎人之儀、借屋幷雖為同家、亭主不知其子細、不及口入者、亭主不可有其科、至犯過之輩者、遂糺明可処罪過事、
一、諸色買物之儀、縦雖為盗物、買主不知之者、不可有罪科、次彼盗賊人於引付者、任古法、贓物可返付之事、
一、分国中徳政雖行之、当所中免除事、
一、他国幷他所之族罷越当所仁、有付候者、従先々居住之者同前、雖為誰々家来、不可有異儀、若号給人、臨時課役停止事、
一、喧嘩口論、幷国質・所質・押買・押売、宿之押借以下、一切停止事、
一、至町中譴責使、同打入等之儀、福富平左衛門尉、木村次郎左衛門尉両人仁相届之、以糺明之上可申付事、
一、於町並居住之輩者、雖為奉公人幷諸職人、家並役免除事、付、被仰付、以御扶持居住之輩、幷被召仕諸職人等各別事、

一、博労之儀、国中馬売買、悉於当所可仕之事、
右条々、若有違背之族者、速可被処厳科者也、
天正五年六月　日
（朱印）

【史料37】天正四年九月十一日付け橋屋三郎左衛門尉宛て柴田勝家判物（「橘栄一郎家文書」一三『福資』三）

諸商売楽座仁雖申出、於軽物座唐人座者、任御朱印幷去年勝家一行之旨可進退、商人衆中法用之儀者、可為如定者也、仍如件、
天正四
九月十一日（花押）
橋屋三郎左衛門尉

【史料38】天正二年正月付け橋屋三郎五郎宛て織田信長掟書（「橘栄一郎家文書」九『福資』三）

条々
一、唐人之座幷軽物座者、三ケ庄、其外一乗・三国・端郷仁可有之事、
一、役銭之儀、上品之絹壱疋宛、若無沙汰之輩在之者、座を召放堅可申付事、
一、諸役免除之朱印雖有遣之者、於此儀者可申付、幷往還之商人役銭可為拾疋宛事、

右嘉吉元年六月十七日任　綸旨可進退、徳用之儀不可有相違之状如件、
天正弐年正月　日　　信長（朱印）
橋屋三郎五郎

【史料39】天正三年九月二十九日付け橋屋三郎左衛門尉宛て柴田勝家判物（「橘栄一郎家文書」一二『福資』三）

唐人座幷軽物座方江令沙汰役銭之事、或号此方被官、或下々申妨族、其外諸商人宿見隠輩於在之者、可加成敗候、先々以筋目、被成　御朱印上者、不可有相違状如件、
天正三
九月廿九日　　勝家（花押）
木田
橋屋三郎左衛門尉

【史料40】正徳二年十一月付け小山町由緒書（部分）（「坂本雄司氏所蔵文書」『静資』一〇―四〇一）

一、遠州榛原郡之内小山町与申者、先年御殿付之町、御　公儀様ゟ御立被遊候者、　権現公様与信玄様与御取合之砌、諸事町御役御肴御馬草糠藁御役等相勤申候御事、（中略）
一、百二十四年以前寅ノ年、　権現公様小田原御陣御立被為遊候時、前々之ことく御肴諸事御馬之大豆糠藁相川迄運ヒ、御役等相勤申候、為御褒美商人拾弐座御役等御免被為下置候、（中略）

一、百十九年以前未ノ年、同郡之内河尻村ニ山内対馬守様御見立ニ而、御茶屋御殿御立被為成候時、我等共植松町ゟ河尻村迄一里余之間御引越、町屋御立被遊候刻五年罷有、御役等相勤申候御事、

（以下略）

【史料41】慶長九年閏八月十三日付け城端下町宛て前田長種判物写（「洲崎文書」『富史』四―八）

（原文）

定

城ケ鼻
下町

当町市日前々立来外、七日十七日廿七日北野村市日たりといへとも、近年たいてんニ付て、城ケ鼻下町へ渡条、如御札可立之者也、

慶長九年閏八月十三日　前田対馬守
長種　御判

（読み下し）

当町市日前々立ち来たるほか、七日十七日廿七日北野村市日たりといへども、近年たいてんに付きて、城ヶ鼻下町へ渡すの条、御札の如く立つべきものなり、

慶長九年閏八月十三日　前田対馬守
長種　御判

【史料42】正徳三年十一月十八日付け下荻野村宿市場再興願（部分）（『厚資』五―一二六五）

乍恐書付を以奉願候

一、相州愛甲郡下荻野村之儀者、甲州筋往還之宿ニ御座候付、往古北條様御料之節より市立仕候処ニ、五拾ケ年程以前村中出火ニ付、商物并道具家財焼失、已後市中絶仕候、依之、段々村中別而及困窮申ニ付、此度先年之通り、市之儀取立申度奉願候、則　北條様御朱印御家老松田兵衛太夫殿より被下置、爾今所持仕候、尤近村障りニ茂毛頭不罷成、構無御座候間、御慈悲を以、先年之通り市取立申様ニ被、　仰付被下候ハヽ、難有可奉存候、以上、

則御朱印高札写奉懸御目ニ候、已上、

相州愛甲郡下荻野村宿
名主
正徳三年巳十一月十八日　七左衛門（以下、三名略）

【史料43】正徳三年十二月付け代官小林又左衛門勘定所宛市場再興窺書（部分）（『厚資』五―一二六七）

一、拙者御代官所相州愛甲郡下荻野村百姓奉願候者、往古北条家領国之節、右村者松田兵衛太夫知行ニ而有之候処、天正拾三年、所之者共市町興行仕度旨相願候得者、則北条家ゟ免許候而市立来り候処、五拾年以前荻野村出火之節、町並家不残類焼、夫ゟ段々市間遠罷成候処、就中、四拾五、六年以来者中絶仕候ニ付、所茂段々衰微仕候間、何とそ賑のため、先規之通市町興行仕度旨、願出候ニ付、委細相尋候処、右市場江北条家ゟ建候朱印高札、今以所持仕候由（以下略）

【史料44】元禄十六年三月付け金森村言上書（部分）（「野洲町共有文書」『野史』下）

一、拾ヶ年以前戌年ゟ守山宿大助郷被為仰付、奉畏人馬触来り候節者、無遅滞相勤申候、然者金森村之義ハ、古来信長公様より諸役御免給之御朱印頂戴仕、夫故御代々拾ヶ年以前戌年迄者、御公儀御役等、一度ニ而も不被為仰付候御事、

一、拾ヶ年以前、助郷被為仰付候節、御朱印之趣、江戸御表江御訴詔申上度奉存罷下り候処ニ、御地頭御停止被成候故、御上聞ニ不相達、去午年迄助郷役相勤申候（以下略）

【史料45】元禄十六年七月付け金森村言上書（部分）（「野洲町共有文書」『野史』下）

一、江州野洲郡金森村と申ハ、志那海道と申而一ツ之往還筋ニ而御座候所、信長公様坂下江御発賀《ママ》之節、能キ中宿と御定被為遊候而、御茶屋被建則御屋敷為御留守居、原田与助殿と申仁暫当村に御座候故、信長公様御発賀之節、当村庄屋年寄共、御迎ニ罷出御茶屋に御入被為遊候砌《ママ》、御果子並御料理之品々迄、当村之者共相調指上ゲ申候、弥御機嫌宜御出座被為遊候義、及度々重而御発賀之節、御機嫌之上為御褒美、御自筆ニ而諸役以下御赦免之御朱印、其節当村庄屋太郎次善正と申者頂戴仕罷有候、（以下略）

【史料46】慶長五年十一月二十九日付け淡河宛て池田輝政掟書（「村上文書」二『兵史』二）

（原文）

定　　淡川

一、当町前々より如有来、商買すへき事、
一、市日出入之輩、郷質所質取へからさる事、
一、押買狼藉喧硴口論停止之事、
右条々、若於違犯族者、可処厳科者也、仍如件、
慶長五年
十一月廿九日　照政（花押）

（読み下し）
定　淡川
一、当町前々より有り来たる如く、商買すべき事、
一、市日出入の輩、郷質所質取るべからざる事、
一、押買狼藉喧嘩口論停止の事、
右条々、もし違犯の族においては、厳科に処すべき者なり、よってくだんの如し、
慶長五年
十一月廿九日　照政（花押）

【史料47】天正十四年六月付け八幡山下町中宛て羽柴秀次掟書（部分）（「近江八幡市所蔵文書」『滋史』五―三〇二）

（原文）

定　八幡山下町中

一、当所中為楽市申付上者、諸座諸役諸公事悉免許事、

一、往還之商人、上海道相留之、上下共至当町可寄宿、并船之上下儀近辺之商舟相留之、当浦江可出入、但、荷物於付下者、可為荷物主次第事、

（中略）

一、博労之儀、国中馬売買、悉於当町中可仕事、付、当所仁有之船儀、公儀并当城用所申付外免許事、

一、在々所々諸市、当町江可相引事、（以下略）

（読み下し）

定　八幡山下町中

一、当所中楽市として申し付ける上は、諸座諸役諸公事等悉く免許の事、

一、往還の商人、上海道これを相留め、上下共当町に至り寄宿すべし、ならびに船の上下の儀、近辺の商い舟これを相留め、当浦へ出入りすべし、但し、荷物の付け下ろしは、荷物主次第たるべき事、

（中略）

一、博労の儀、国中馬売買、悉く当町中において仕るべき事、付けたり、当所にこれある船の儀、公儀ならびに当城用所に申し付くるほかは免許の事、

一、在々所々諸市、当町へ相引くべき事、（以下略）

【史料48】寛文十二年九月二十七日付け八幡町覚書写（部分）（『竹橋余筆』四）

（原文）

江州蒲生郡八幡町従先規諸役御免之覚書

一、八幡町之儀安土ゟ引移申候故、安土町に罷在候時分、従信長公被下候諸役御免許之御朱印、于今頂戴仕候ニ付、以其引付関白秀次公八幡町諸役御免許之御書被下、両通共頂戴仕候御事、（以下略）

（読み下し）

江州蒲生郡八幡町先規より諸役御免の覚え書き

一、八幡町の儀安土より引き移し申し候故、安土町に罷り在り候時分、信長公より下され候諸役御免許の御朱印、今に頂戴仕り候に付き、その引き付けを以って関白秀次公八幡町諸役御免許の御書を下され、両通とも頂戴仕り候御事、（以下略）

【史料49】天正十三年六月二十日付け橋屋三郎左衛門宛て丹羽長重判物（「橋栄一郎家文書」一二五『福資』三）

（原文）

絹之座之事、任　御朱印之旨、如前々令執沙汰可運上、若諸商人中役銭等於難渋者、座を召放、堅可申付者也、

天正拾三

六月廿日　　長重（花押）

橋屋三郎左衛門との

（読み下し）

絹の座の事、御朱印の旨に任せ、前々執り沙汰せしむるが如く運上すべし、もし諸商人中役銭等難渋においては、座を召し放ち、堅く申し付くべきものなり、

天正十三

六月廿日　長重（花押）

橋屋三郎左衛門どの

主要参考文献

阿部浩一「戦国期東国の問屋と水陸交通」(『年報都市史研究四　市と場』山川出版社、一九九六年)
網野善彦「中世都市論」(朝尾直弘ほか編『岩波講座　日本歴史』七・中世三　岩波書店、一九七六年)
同『[増補]無縁・公界・楽――日本中世の自由と平和』(平凡社、一九八七年)
網野善彦・勝俣鎮夫編『日本の歴史6――楽市と駆込寺』(週刊朝日百科二六　朝日新聞出版、二〇〇二年)
有光友學『今川義元』(人物叢書254　吉川弘文館、二〇〇八年)
安野眞幸『楽市論――初期信長の流通政策』(法政大学出版局、二〇〇九年)
池上裕子「後北条領の公事について」(『歴史学研究』五一三、一九八三年)
同「伝馬役と新宿」(『戦国史研究』八、一九八四年)
同「後北条領国における給人の公事賦課権――戦国期在地領主権の検討のために」(『地方史研究』一八九、一九八四年)
同「戦国期都市・流通論の再検討」(中世東国史研究会編『中世東国史の研究』東京大学出版会、一九八八年)
同『戦国時代社会構造の研究』(校倉書房、一九九九年)
同『織田信長』(人物叢書272　吉川弘文館、二〇一二年)
伊藤只人「大宮町の史的研究」(『静岡県郷土研究』一一、一九三四年)

今井修平「大山崎油座の近世的変貌」（『神女大史学』三、一九八四年）
今井林太郎「信長の出現と中世的権威の否定」（家永三郎ほか編『岩波講座　日本歴史』九・近世一　岩波書店、一九六三年）
内田秀雄「蓮如と金森の道西――守山中心に本願寺教団の形成」（『湖国と文化』一九八〇年秋号）
大久保俊昭「戦国大名今川氏の宗教政策――富士大宮浅間神社を中心に」（『地方史静岡』一四、一九八六年）
荻野三七彦『吉良氏の研究』（名著出版、一九七五年）
奥野高廣『増訂 織田信長文書の研究』上巻・下巻（吉川弘文館、一九八八年）
小野晃嗣『近世城下町の研究』（至文堂、一九二八年。のち増補版、法政大学出版局、一九九三年）
笠松宏至『法と言葉の中世史』（平凡社、一九八四年）
勝俣鎮夫「楽市場と楽市令」（『論集 中世の窓』吉川弘文館、一九七七年）
同「売買・質入れと所有観念」（朝尾直弘ほか編『日本の社会史』四、岩波書店、一九八六年）
金子　拓『記憶の歴史学 史料に見る戦国』（講談社選書メチエ519　二〇一一年）
神田千里「石山合戦における近江一向一揆の性格」（『歴史学研究』四四八、一九七七年）
鍛代敏雄「豊臣政権の問屋「諸商売一切停止」について」（『栃木史学』二六、二〇一二年）
木戸雅寿「水系をめぐる中世集落とその関わり――守山市境川水系域を例として」（『琵琶湖博物館研究調査報告』二一、二〇〇四年）
同「安土山と安土山下町」（仁木宏・松尾信裕編『信長の城下町』高志書院、二〇〇八年）
木村修二・村井良介「〈史料紹介〉淡河の羽柴秀吉制札」（『ヒストリア』一九四、二〇〇五年）
久保田昌希「戦国大名今川氏の町支配をめぐって――駿河富士大宮と遠江見付府の場合」（地方史研究協議会

編『日本の都市と町』雄山閣出版、一九八二年）
黒田基樹『戦国大名――政策・統治・戦争』（平凡社新書713　二〇一四年）
桑田　優「近世淡河町の成立過程」（『神戸の歴史』一二、一九八五年）
小島道裕「戦国期城下町の構造」（『日本史研究』二五七、一九八四年）
同　「金森寺内町について――関係史料の再検討」（『史林』六七―四、一九八四年）
同　「織豊期の都市法と都市遺構」（『国立歴史民俗博物館研究報告』八、一九八五年）
同　「戦国・織豊期の城下町――城下町における「町」の成立」（高橋康夫・吉田伸之編『日本都市史入門Ⅱ　町』東京大学出版会、一九九〇年）
同　「平地城館趾と寺院・村落――近江の事例から」（村田修三編『中世城郭研究論集』新人物往来社、一九九〇年）
同　「岐阜円徳寺所蔵の楽市令制札について」（『国立歴史民俗博物館研究報告』三五、一九九一年）
同　「楽市令と制札」（朝尾直弘教授退官記念会編『日本国家の史的特質　近世・近代』思文閣出版、一九九五年）
同　「近江金森一揆の背景」（『講座　蓮如』一、平凡社、一九九六年）
同　『城と城下――近江戦国誌』（新人物往来社、一九九七年）
同　「地域的祭祀の起源と機能――守山市小津神社祭祀圏を事例に」（『国立歴史民俗博物館研究報告』九八、二〇〇三年）
同　『戦国・織豊期の都市と地域』（青史出版、二〇〇五年）
同　「戦国期城下町と楽市令再考――仁木宏氏の批判に応えて」（『日本史研究』五八七、二〇一一年）

近藤　滋「安土城下町の再考」（『滋賀県安土城郭調査研究所研究紀要』九、二〇〇三年）
坂井誠一「近世における在郷町市場について――越中砺波郡城端町の場合」（『日本歴史』一二九、一九五九年）
坂田孝彦「考古学からみた安土城下町の構造」（仁木宏・松尾信裕編『信長の城下町』高志書院、二〇〇八年）
桜井英治「市と都市」（中世都市研究会編『中世都市研究・三』新人物往来社、一九九六年）
同　「市の伝説と経済――十四～十七世紀」（五味文彦編『中世を考える　都市の中世』吉川弘文館、一九九二年）
佐々木銀弥「楽市楽座令と座の保障安堵」（永原慶二編『戦国期の権力と社会』東京大学出版会、一九七六年）
同　「中世市場法の変遷と特質」（『中央大学文学部紀要』史学科第三七号、一九九二年）
清水克行「戦国の法と習俗」（大津透ほか編『岩波講座　日本歴史』九・中世四、岩波書店、二〇一五年）
新行紀一「小山新市は遠江である」（『戦国史研究』四三、二〇〇二年）
新谷和之『戦国期六角氏権力と地域社会』（思文閣出版、二〇一八年）
杉江　進『近世琵琶湖水運の研究』（思文閣出版、二〇一一年）
杉山　博「六斎市の展開」（同『戦国大名後北条氏の研究』名著出版、一九八二年）
戦国史研究会編『織田権力の領域支配』（岩田書院、二〇一一年）
髙木叙子「信長と近江の水陸交通について」（『淡海文化財論叢』一、二〇〇六年）
高牧　實「織豊政権と都市――織田信長の楽市楽座令」（豊田武ほか編『講座日本の封建都市』一　文一総合

出版、一九八二年）
橘栄一郎『越前の豪商「橘屋」』（私家版、一九九三年）
田中喜男『加賀藩における都市の研究』（文一総合出版、一九七八年）
谷口雄太「武蔵吉良氏の歴史的位置――古河公方足利氏、後北条氏との関係を中心に」（『千葉史学』五七、二〇一〇年）
同　「武蔵吉良氏の散在所領と関係地域――品川、大井との関係をめぐって」（『品川歴史館紀要』二四、二〇〇九年）
豊田　武「近世初頭に於ける楽市楽座の意義」（『歴史学研究』二―二、一九三四年）
同　「都市および座の発達」（『新日本史講座』中央公論社、一九四八年）
同　『増訂中世日本商業史の研究』（岩波書店、一九五二年）
同　「楽市令の再吟味」（同編『近世の都市と在郷商人』巌南堂、一九七九年）
長澤伸樹『楽市楽座令の研究』（思文閣出版、二〇一七年）
仲村　研『中世惣村史の研究』（法政大学出版局、一九八四年）
仁木　宏「播磨国美嚢郡淡河市庭（神戸市北区）の楽市制札をめぐる一考察」（『兵庫のしおり』七、二〇〇五年）
同　「「信長の城下町」の歴史的位置」（仁木宏ほか編『信長の城下町』高志書院、二〇〇八年）
同　「美濃加納楽市令の再検討」（『日本史研究』五五七、二〇〇九年）
同　「書評・小島道裕著『戦国・織豊期の都市と地域』」（『史学雑誌』一一八―一、二〇〇九年）
同　「近江国石寺「楽市」の再検討」（千田嘉博ほか編『都市と城館の中世――学融合研究の試み』高志

書院、二〇一〇年）
同「都市における「場」の特質――戦国大名法からみる」（中世都市研究会編『中世都市研究』一七 山川出版社、二〇一二年）
橋詰　茂「石山戦争と讃岐真宗寺院」（同『瀬戸内海地域社会と織田権力』思文閣出版、二〇〇七年所収、一九八三年初出）
播磨良紀「楽座と城下町」（『ヒストリア』一一三、一九八六年）
久角健二「福井城下町の家と由緒――橘家を事例に」（『福井県立歴史博物館紀要』一〇、二〇一三年）
平泉　澄「座管見」（同『我が歴史観』至文堂、一九二六年）
深井甚三『近世の地方都市と町人』（吉川弘文館、一九九五年）
藤木久志「統一政権の成立」（朝尾直弘編『岩波講座　日本歴史』九・近世一、岩波書店、一九七五年）
藤田裕嗣「市庭と都市のあいだ――地理学からの研究視角」（中世都市研究会編『中世都市研究』一　新人物往来社、一九九四年）
藤原良章「中世の市庭」（網野善彦ほか編『講座日本荘園史』三、吉川弘文館、二〇〇三年）
本多隆成『初期徳川氏の農村支配』（吉川弘文館、二〇〇六年）
同『定本　徳川家康』（吉川弘文館、二〇一〇年）
前田利久「戦国大名武田氏の富士大宮支配」（『地方史静岡』二〇、一九九二年）
牧野信之助『武家時代社会の研究』（刀江書院、一九四三年）
増井正哉「蓮如の道――寺内町の形成と展開」第二章・東近江―金森と赤野井―（大澤研一ほか編『寺内町の研究』第一巻、法藏館、一九九八年、一九八三年初出）

松井良祐「神崎町柏尾区蔵羽柴秀吉制札について」（『わたりやぐら』二七、一九九三年）
松下　浩「柴田勝家の越前支配」（『滋賀県安土城郭調査研究所研究紀要』六、一九九八年）
同「安土城下町の町割に関する一考察」（『滋賀県安土城郭調査研究所研究紀要』九、二〇〇三年）
同「安土城下町の成立と構造」（仁木宏・松尾信裕編『信長の城下町』高志書院、二〇〇八年）
同「織豊期の連続と断絶についての覚書」（『滋賀県安土城郭調査研究所研究紀要』一二、二〇〇六年）
松原信之「朝倉氏の財政基盤と交通・商工業政策――寺社領目録・知行宛行状の検証をも含めて」（同『越前朝倉氏の研究』吉川弘文館、二〇〇八年）
峰岸純夫「網野善彦『無縁・公界・楽』によせて（一）」（『人民の歴史学』六〇、一九七九年）
同「戦国時代の制札」（駒澤大学『史学論集』二三、一九九三年）
同『中世災害・戦乱の社会史』（吉川弘文館、二〇〇一年）
宮下睦夫「守山における中世集落遺跡の展開」（『横江遺跡発掘調査報告書』二　滋賀県教育委員会・滋賀県文化財保護協会、一九九〇年）
村井祐樹「佐々木六角氏と近江国内外交通」（同『戦国大名佐々木六角氏の基礎研究』思文閣出版、二〇一二年）
盛本昌広「間宮氏由緒の形成」（『六浦文化研究』一〇、二〇〇一年）
同『境界争いと戦国諜報戦』（洋泉社歴史新書y45　二〇一四年）
八巻孝夫「武田氏の遠江侵略と大井川城塞群」（『中世城郭研究』二、一九八八年）
山村亜希「戦国城下町の景観と「地理」――井口・岐阜城下町を事例として」（仁木宏編『日本古代・中世都市論』吉川弘文館、二〇一六年）

山本隆志「鎌倉時代の宿と馬市・馬喰」（『年報日本史叢』筑波大学歴史・人類学系、一九九九年）
横山住雄「北加納の楽市場と関、平賀市との比較」（『中山道加納宿』三五、二〇〇〇年）
同『斎藤道三と義龍・龍興――戦国美濃の下克上』（中世武士選書29 戎光祥出版、二〇一五年）
脇田 修「信長政権の座政策」（『龍谷史壇』五六・五七、一九六六年）
同「統一権力の都市・商業政策」（同『近世封建制成立史論――織豊政権の分析Ⅱ』東京大学出版会、一九七七年）
同「織豊政権の商業・都市政策」（永原慶二ほか編『戦国時代』吉川弘文館、一九七八年）
脇田晴子「日本中世都市と領主権力」（『歴史学研究』四七一、一九七九年）
渡辺浩一「記憶の創造と編集――日本近世の近江八幡を事例に」（『国文学研究資料館紀要アーカイブズ研究篇』五、二〇〇九年）
同『日本近世都市の文書と記憶』（勉誠出版、二〇一四年）

長澤伸樹（ながさわ のぶき）
1983年山形県生まれ。2012年、東北学院大学大学院文学研究科アジア文化史専攻博士後期課程修了。博士（文学）。専門は日本中世史。日本学術振興会特別研究員（PD）、静岡市観光交流文化局歴史文化課学芸員を経て、現在、仙台市博物館学芸普及室嘱託。著書に『楽市楽座令の研究』（思文閣出版）、分担執筆に日本史史料研究会編『信長研究の最前線――ここまでわかった「革新者」の実像』（洋泉社歴史新書y）、天野忠幸編『松永久秀――歪められた戦国の“梟雄”の実像』（宮帯出版社）などがある。

［中世から近世へ］

楽《らく》市《いち》楽《らく》座《ざ》はあったのか

発行日　2019年2月25日　初版第1刷

著者　長澤伸樹
発行者　下中美都
発行所　株式会社平凡社
〒101-0051　東京都千代田区神田神保町3-29
電話　(03)3230-6581［編集］(03)3230-6573［営業］
振替　00180-0-29639
ホームページ　http://www.heibonsha.co.jp/
印刷・製本　株式会社東京印書館
DTP　平凡社制作

ISBN978-4-582-47744-3
NDC分類番号210.47　四六判(18.8cm)　総ページ356

中世から近世へ シリーズ　好評既刊

兵農分離はあったのか
平井上総
中世から近世への社会転換を示す重要要素「兵農分離」。日本近世社会の根本概念を疑う。

秀吉の武威、信長の武威
天下人はいかに服属を迫るのか
黒嶋敏
自らの政権を正当化する天下人。二人の〝勝者〟が日本に君臨するための本音と建て前を解く。

豊国大明神の誕生
変えられた秀吉の遺言
野村玄
ポスト秀吉をめぐって露わになった日本国独立の問題――死してなお、秀吉は悩み続ける。

松永久秀と下剋上
室町の身分秩序を覆す
天野忠幸
〈稀代の悪人〉は武家社会の家格や秩序に挑む改革者だった。新しい久秀像を描いた決定版。

撰銭《えりぜに》とビタ一文の戦国史
高木久史
人々は外国の銭を輸入し、模造し、英雄たちはその銭に振り回される。銭から時代が見える。

鳥居強右衛門《とりいすねえもん》
語り継がれる武士の魂
金子拓
武士の忠義が《歴史》になるとき――無名にして有名な侍の名が現代まで残った理由に迫る。

今川氏親《うじちか》と伊勢宗瑞《そうずい》
戦国大名誕生の条件
黒田基樹
甥と叔父の関係にあった二人の動向を探れば、戦国大名化を許した社会状況が見えてくる。